先秦儒家经典的理解与诠释

隋思喜　著

XIANQIN RUJIA JINGDIAN
DE
LIJIE YU QUANSHI

人民出版社

目 录

前　言

　　牟宗三先生曾指出："中国哲学，从它那个通孔所发展出来的主要课题是生命，就是我们所说的生命的学问。它是以生命为它的对象，主要的用心在于如何来调节我们的生命，来运转我们的生命、安顿我们的生命。"[①] 可以说，中国哲学经典给予我们的最宝贵东西，就是能够帮助我们塑造高贵生命的东西。那些被称为经典的书不仅仅是书，更是历史上曾经存在过的最伟大的精神生命，而这些生命对阅读者来说，是一种引领，引领我们走过林中路，迎来生命的奇迹。

　　海德格尔曾说："所有的伟大事物都只能从伟大发端，甚至可以说其开端总是最伟大的……伟大的东西从伟大开端，它通过伟大东西的自由回转保持其伟大。"[②] 因此，要成为伟大的人，就需要从伟大的发端处开始进入生命的旅途。对于我们而言，伟大的心灵所创作的伟大经典就是这种发端处。阅读经典是一场思想的盛宴。黑格尔曾说："人的目光是过于执着于世俗事物了，以至于必须花费同样大的气力来使它高举于尘世之上。人的精神已显示出它的极端贫乏，就如同沙漠旅行者渴望获得一口饮水那样在急切盼望能对一般的神圣事物获得一点点感受。"[③] 当时代精神趋于过度"务实"的物质生活而忽略了更为重要的精神生活之趋向时，读一读先秦时期的儒者直抒襟怀

---

　　① 牟宗三：《中国哲学十九讲》，上海古籍出版社 2005 年版，第 12 页。

　　② [德] 海德格尔：《形而上学导论》，熊伟、王庆节译，商务印书馆 1996 年版，第 17 页。

　　③ [德] 黑格尔：《精神现象学》上卷，贺麟、王玖兴译，商务印书馆 1996 年版，第 5 页。

的优美话语，怎能不有"久旱逢甘霖"之叹。对于每一个试图理解它的读者而言，经典是敞开的，所有人都能结合自己的生命体验去阐释它，而且每个个体都在阅读中独自享有一种快乐的体验。只有纯粹为了爱智慧而阅读的时候才能体会阅读的快乐，让自己沉浸其中、品味其中、享受其中。这是一种"悦读"的体验。在一个信息爆炸的年代，"兴趣"才是阅读的第一驱动力。"兴趣"就是愉悦。阅读是要让人快乐的，而快乐是驱动真正的阅读的生命动力。孔子说"学而时习之"是人生最快乐的事情。为什么？因为学以成人，而人是最为天下贵的，所以，成为造化万物中最尊贵的存在，难道还不能让人快乐吗？学以成人是一种"传习"文化精神的生命实践活动。能够传承思想，让文化精神薪火不熄的是书籍。学以成人需要从读书开始。

读书对人意味着什么？孔子曾说"绘事后素"。读书对人而言就是一种绘事，是人为自己增彩塑美的斯文之事。孔子为什么说"绘事后素"？是为了强调一种学以成人的人生选择。在这里，所谓的"素"是指一个人的本性质地。如果我们相信人性本善的话，那么，做个好人就是我们自己的本分事。本分事是责任和义务，是无法选择的命中注定，但我们却可以选择承担还是不承担，这就是孔子所谓的"君子上达，小人下达"。因此，能够选择，体现的是人的自由意志。什么是选择？选择就是自己的心之所向，心之所向的就是人生之道，所以说"人能弘道"。我们应该选择什么？如果人性本善的质地是无法选择的话，至少我们可以自由地选择对其是存养扩充还是断港绝河。存养扩充自己的性善之素就是"绘事"，所以绘事是让自己美起来的一种自由选择和自由创造的修身工夫。真正的阅读即是这样一种阅读。

这样一种修身工夫的目的是让生命优雅起来。何谓生命的优雅？一颗自然纯真的善良心灵自觉自己的通透朗现，这就是生命的优雅；何谓优雅的生命？一颗自然纯真的善良心灵成就自己的通透朗现，这就是优雅的生命。只有有志于生命的优雅，才会自觉地成就优雅的生命。生命的优雅和优雅的生命之合流绵延，则造就最美人生。说到最美人生，前贤是这么说的："君子黄中通理，正位居体，美在其中而畅于四支，发于事业，美之至也。"（《周易·坤·文言》）因此，在前贤看来，人生之美就是扩充自己本有的为人之本而虚灵不昧的善端，而这善端往往也被定义为是人所以异于禽兽的几希之存在，所以美就是扩充己心本有的各种善端，即孟子所谓"充实之谓美"也，这是修身绘事之目的。

那么，我们怎么来做这样一种修身绘事？初学第一步是用心读书。为什么要从读书开始？因为读书是常人立志向学的初始工夫。我们不得不承认的是，人与人在禀赋才能上是有差异的。所以儒家主张人是要"随才成就"的。儒家往往按照才能之差异而把人分为圣人、贤人和常人。这里所谓的才能不同，不是根据人的血脉、出身、肤色以及形貌美丑等无法选择的生理差异而定的，而是根据人是不是有志于学的可选择的自由意志之差异来区分的。孔子就说："生而知之者，上也；学而知之者，次也；困而学之，又其次也；困而不学，民斯为下矣。"王阳明则按照孔子的这一精神，把学以成人的工夫区分为三种："圣人之事"、"贤人之事"和"学者之事"（《传习录·答顾东桥书》）。具体而言：圣人之事是"生知安行"，即圣人是生而自觉知"明德"者，自然能行明明德；贤人之事是"学知利行"，即贤人是学而觉知"明德"者，需要发明明德；学者之事是"困知勉行"，即学者是身处困境之中而激发向学入德之心者，心之所向是为志。因此，王阳明强调说"困知勉行"的学者需要从立志向学开始。按照王阳明的区分，读书显然是"困知勉行"的学者之事。显然，前贤是要告诉我们：学以成人，要从做个读书人开始。读书人就是"士"。士是志于道的，读书人自有见趣。人之立志是需要用心的，而只有用心，才能知道做个读书人，所为何事——成为真正的人。儒家文化里，往往用"圣贤"来指代一种人格的理想状态，所以周敦颐说"士希贤，贤希圣，圣希天"。在儒者看来，"圣"是一种理想的人格，人人都可以成为圣人，所以孔子说"下学而上达"。可以说，做个读书人，就是虽处下而能直面生活困境本身，向着生命之最高境界，以斯文美其身，努力学而上达之人。孔子说："文质彬彬，然后君子。"（《论语·雍也》）斯人之言，于我心有戚戚焉！

曾几何时，做个读书人被视为最高尚的事业，是自信自己"读圣贤书，所学何事？而今而后，庶几无愧"的文天祥一类人所从事的事业；曾几何时，做个读书人被认为是百无一用的事业，是鲁迅笔下那个喊着"读书人的事，能算偷么"为自己偷窃辩护的孔乙己一类人所从事的事业。如果说读书是一种存养生命的修身之绘事的话，那么，做个读书人就是一种让生命优雅起来的人生选择。明儒黄道周说：

> 读书人莫苦纷嚣，莫喜空寂，只是不骄不谄，不淫不滥，如驾安车，导坎过桥，常觉六辔在手，鸡犬放时，亦在家园，何须建鼓。①

儒者选择做个读书人。读书从阅读经典开始。

---

① （清）黄宗羲：《明儒学案》卷五十六《诸儒学案下四》，中华书局 2008 年版，第 1338 页。

第一章　儒道互补与中国
哲学的基本精神

　　哲学总是以解读经典的方式更新着和开放着自身的思想可能性。正如希尔斯所说："伟大哲学家的著作始终保持其知识的有效性，它们一再成为新一代哲学家哲学反思的出发点。"① 就中国哲学而言，我们选择解读哪些经典能够整体上显现其基本精神？进一步言，经典又当如何解读呢？王阳明曾喻学说："与其为数顷无源之塘水，不若为数尺有源之井水，生意不穷。"② 本章试图在儒道互补的思想格局中，选取先秦儒道两家最基本的经典作为思考的出发点，按照一种"由字而达词，由词而达道"的研究方法，即由关键的字词解读关键的篇章段落，由关键的篇章段落解读最基本的哲学经典，由解读最基本的哲学经典而阐释中国哲学的基本精神，并以此疏通中国哲学之基本精神为入路，进入古典儒家的思想世界。

一、沉思的自觉与解释的艺术

　　现代人在思考自己所面临的人生大问题时，总是希望从哲学经典中获得指导与启迪。正如施特劳斯所说："我越多地阅读经典就越清楚，我们得自

---

① 　[美] E. 希尔斯：《论传统》，傅铿、吕乐译，上海人民出版社 1991 年版，第 175 页。
② 　吴光等编校：《王阳明全集》上册，上海古籍出版社 1992 年版，第 21 页。

于古典哲学的教益是何等的不足。"① 宋儒朱熹亦曾说:"盖为学之道,莫先于穷理,穷理之要必在于读书……"② 那么,在卷帙浩瀚的书海中,我们如何获得与历史上的伟大心灵们(书籍是这些伟大心灵们的呈现)进行亲切交流的机会?精力和时间有限,也许我们应该只读经典。那么,何谓经典?关于经典,意大利的伊塔洛·卡尔维诺在《为什么读经典》一文中提出了这样一些定义:

一、经典是那些你经常听人家说"我正在重读……"而不是"我正在读……"的书。

二、经典作品是这样一些书,它们对读过并喜爱它们的人构成一种宝贵的经验;但是对那些保留这个机会,等到享受它们的最佳状态来临时才阅读它们的人,它们也仍然是一种丰富的经验。

三、经典作品是一些产生某种特殊影响的书,它们要么本身以难忘的方式给我们的想象力打下印记,要么乔装成个人或集体的无意识隐藏在深层记忆中。

四、一部经典作品是一本每次重读都像初读那样带来发现的书。

五、一部经典作品是一本即使我们初读也好像是在重温的书。

六、一部经典作品是一本永不会耗尽它要向读者说的一切东西的书。

七、经典作品是这样一些书,它们带着先前解释的气息走向我们,背后拖着它们经过文化或多种文化(或只是多种语言和风俗)时留下的足迹。

八、一部经典作品是这样一部作品,它不断在它周围制造批评话语的尘云,却也总是把那些微粒抖掉。

---

① 恩伯莱、寇普编:《信仰与政治哲学——施特劳斯与沃格林通信集》,谢华育、张新樟等译,华东师范大学出版社2007年版,第6页。

② 朱熹:《行宫便殿奏札二》,载朱杰人等编:《朱子全书》第20册,上海古籍出版社、安徽教育出版社2002年版,第668页。

九、经典作品是这样一些书，我们越是道听途说，以为我们懂了，当我们实际读它们，我们就越是觉得它们独特、意想不到和新颖。

十、一部经典作品是这样一个名称，它用于形容任何一本表现整个宇宙的书，一本与古代护身符不相上下的书。

十一、"你的"经典作品是这样一本书，它使你不能对它保持不闻不问，它帮助你在与它的关系中甚至在反对它的过程中确立你自己。

十二、一部经典作品是一部早于其他经典作品的作品；但是那些先读过其他经典作品的人，一下子就认出它在众多经典作品的系谱中的位置。

十三、一部经典作品是这样一部作品，它把现在的噪音调成一种背景轻音，而这种背景轻音对经典作品的存在是不可或缺的。

十四、一部经典作品是这样一部作品，哪怕与它格格不入的现在占统治地位，它也坚持至少成为一种背景噪音。①

符合这样一些特性的书可以称为经典。简单来说，那些历经千百年依然让读者着迷甚至废寝忘食地去探索的书籍，才能成为经典。经典的功能是把我们文明的思想和精神传递给世世代代，给予我们现代世界以智慧的无尽宝藏，它其实就是文明的守护人。春秋时鲁国大夫叔孙豹有言："太上有立德，其次有立功，其次有立言，虽久不废，此之谓不朽。"（《左传·襄公二十四年》）孟子也有言："君子创业垂统，为可继也。"（《孟子·梁惠王下》）代表人类创造性精神的思想经典就是可继的不朽之精神事业，阅读经典成为建构自身精神世界的最佳途径。

经典是我们思想的盟友。如果没有传统精神之载体的经典作为盟友，我们将成为孤独的思想者，尽管孤独是一种很英勇的选择，但在思想的道路上可能会因此而充满艰险，寸步难移，甚至有可能走向深渊。清人金缨曾

---

① ［意］伊塔洛·卡尔维诺：《为什么读经典》，黄灿然、李桂蜜译，译林出版社 2006 年版，第1—9页。

在《格言连璧》中说："读未见书如得良友，见已读书如逢故人。"读书其实就是一个交朋友的过程。与伟大的心灵交朋友，我们才能成就自己心灵的伟大。在这个意义上，读书是建造一个完全属于自己的心灵世界的过程。所以，人生真正的捷径在于阅读代表着伟大心灵所思所想的那些最一流的著作。正如美国学者亨利·戴维·梭罗曾在他的名著《瓦尔登湖》中所表达的对于阅读经典的理解："书本是世界的珍宝，多少世代与多少国土的最优良的遗产。书，最古老最好的书，很自然也很适合于放在每一个房屋的书架上。它们没有什么私事要诉说，可是，当它们启发并支持了读者，他的常识使他不能拒绝它们。……阅读作为一种崇高的智力的锻炼，他们仅仅是浅涉略知，或一无所知；然而就其高级的意义来说，只有这样才叫阅读，绝不是吸引我们有如奢侈品，读起来能给我们催眠，使我们的崇高的官能昏昏睡去的那种读法，我们必须踮起足尖，把我们最灵敏、最清醒的时刻，献予阅读才对。"①理解与解读经典的过程，实际上是一个关于经典思想的创造性诠释的过程，因为它部分是通过与经典的对话，部分是通过与他人对经典文本所作的各种带有竞争性的诠释的对话来实现的。正是在这样的理解基础上，我们重视通过经典的阅读而实现与人类最伟大的心灵之间的精神感通。

我们对经典的阅读和研究是诠释性的而非注释性的，"这种分析有助于我们获得有关该文本的根本主题的某种洞见"②，之所以如此，是因为我们为了在整体的意义上理解儒道两家的哲学思想及其开创的精神方向而进行这样的诠释性工作。有时候，经典给予我们的意义，不是因为我们了解这一经典的整体思想而后有的精神碰撞之火花，相反，恰恰是因为我们对某一句话有了更多的悟解与体验。对经典做掘井及泉的工夫，其目的不仅仅在于期待发现一些我们本来就知道的观念，相反，我们憧憬的是那些能给我们以启迪的，让我们找到新的方向或道路的想法或洞见。正如芬格莱特在理解孔子时所指出的，主要目标"就是要去发现孔子思想的卓异之处，学习并体会他所

---

① 〔美〕亨利·戴维·梭罗：《瓦尔登湖》，徐迟译，外文出版社 2014 年版，第 96—98 页。

② 杜维明：《中庸：论儒学的宗教性》，段德智译，生活·读书·新知三联书店 2013 年版，"英文初版序"第 3 页。

能够给予我的教诲与启迪，而不是为了寻求那种有点儿学究式的快乐，也就是说，不是为了在一个古代的异域思想者身上，期待某些已经为我们所十分熟悉的看法"①。芬格莱特对孔子的期望不仅仅是他自己的独特体验，对我们而言依然如此。尽管作为孔子思想的直接继承者，我们还是希望在每一次回顾《论语》时，总能发现为我们所忽略的，却正关涉到我们时代之精神和问题的那些思想智慧。

　　关键是，我们应该如何阅读经典？孔子说："人能弘道，非道弘人。"（《论语·卫灵公》）如果把这里的"道"理解为思想的话，思想并不会直接启迪人，只有经过人们的艰苦卓绝的思索之后，思想才会被人们发现和揭示。因此，人们进行思考时的想象空间有多大，所能发现和揭示的思想就有多大。如何让自己在进行经典的阅读与思考时具有最大的想象空间？要实现这点，按照孔子的说法，既要能思，还要会学，所以孔子说"学而不思则罔，思而不学则殆"（《论语·为政》）。关于孔子所说的"学"与"思"之关系，宋儒张载说："凡致思到说不得处始复审思明辨，乃为善学也。"② 二程（程颢、程颐）也曾说："学原于思。"③ 学以思为本体，思以学为工夫，这是阅读经典的哲学门径。雅斯贝斯曾说："历史成果必须在意识上被传递下来，它可能会丢失。一切根植在人性领域中并突然绽开的创造之花，一切在人身上留下烙印、并因成为文化传统而改变了人类外观的东西，都如此密切地与这种传统结合在一起，以至于没有传统，历史就会完全消失，因为传统在生物学上是不能遗传的：我们会带着赤条条的原始躯体而退回去。"④ 正如雅斯贝斯所说的，历史必须在人的意识上被传递下来。如何传递这种意识并使其能够绽开更加美丽的"创造之花"？依靠的是"知识"而不是"意见"。关于

---

　　① ［美］赫伯特·芬格莱特：《孔子：即凡而圣》，彭国翔、张华译，江苏人民出版社2002年版，第2页。

　　② （宋）张载：《张载集》，中华书局1978年版，第377页。

　　③ （宋）程颢、程颐：《二程集》，中华书局1981年版，第80页。

　　④ ［德］卡尔·雅斯贝斯：《历史的起源与目标》，魏楚雄、俞新天译，华夏出版社1989年版，第37页。

知识，陆九渊曾说："人之知识，若登梯然。进一级，则所见愈广。上者能兼下之所见，下者必不能如上之所见。"①那么，如何通过阅读经典而实现知识的提升？遵循的基本原则有二：沉思的自觉和解释的艺术。具体而言：

所谓"思"，即首先要有"沉思的自觉"。米歇尔·福柯说："哲学阅读的目的不是认识作者的作品；它的作用甚至也不是深化它的学说。它主要是通过阅读提供一次沉思的机会，总之，这是它的主要目标。"②中国哲学经典的特点是"文以载道"，对于读者而言，沉思经典比认识经典更重要。

所谓"学"，即首先要有"解释的艺术"。尼采说："一段深刻隽永的格言不可能单凭阅读来解释，阅读仅仅是解释的开端，还需要有解释的艺术。"③中国哲学经典的特点正是由一段段深刻隽永的格言所组成，需要有解释的艺术。

那么，对于解读中国哲学基本经典而言，我们能够运用一种什么样的"解释的艺术"去进行"沉思的自觉"呢？清代学者戴震在《与是仲明论学书》中说：

> 仆自少时家贫，不获亲师，闻圣人之中有孔子者，定六经示后之人，求其一经，启而读之，茫茫然无觉。寻思之久，计于心曰："经之至者道也，所以明道者其词也，所以成词者字也。由字以通其词，由词以通其道，必有渐。"④

在这里，戴震提出了一种进行解读经典的"解释的艺术"，他也将其概括为"由文字以通乎语言，由语言以通乎古圣贤之心志"⑤。戴震的这种

---

① 转引自（清）李绂：《朱子晚年全论》，中华书局2000年版，第16页。

② ［法］米歇尔·福柯：《主体解释学——法兰西学院演讲系列1981—1982》，佘碧平译，上海人民出版社2010年版，第276页。

③ ［德］尼采：《论道德的谱系》，周红译，生活·读书·新知三联书店1992年版，第8页。

④ （清）戴震撰，张岱年主编：《戴震全书》（六），黄山书社1995年版，第370页。

⑤ （清）戴震撰，张岱年主编：《戴震全书》（六），黄山书社1995年版，第378页。

"解释的艺术"，对他来说是匠心独运，对我们来说则具有普遍的哲学方法论意义。西班牙哲学家何塞·奥尔特加-加塞特在《哲学是什么》一书中也说：

> 我们无法阅读哲学，必须"解读"哲学，你必须反复思考每个词句，这意味着仔细推敲句子中的每个字；接下来，你不能满足于字的表面意义，要钻入每个字，沉浸其中，你必须深究其义，彻底理解它的结构与范围，唯有如此，你才能完全明白其秘密，重新进入自由解放的境界。当你用这种方式处理句子中的每个字，这些字就不再只是左右相连而已，它们通过其中潜藏的思想根源结合，唯有如此，这些字才能真正构成哲学词句。我们应该扬弃横向草率的阅读方式，并以纵向深入的方式取而代之，如此才能潜入每个字的深渊，完成不需佩戴潜水钟却满载而归的潜水旅程。①

奥尔特加-加塞特"解读"的哲学思想可以深化我们对戴震解经方法的理解。事实上，二者在如何解读经典的问题上有异曲同工之妙。结合上述中西哲人的思想，我们可以总结出一种解读中国哲学经典著作的方法，即"由文字以通乎语言，由语言以通乎思想"。这一方法论的逻辑是：由字（哲学范畴）以达词（哲学命题），由词以达道（哲学思想）。这一方法最关键的是理解字义。如何理解"字义"？对字义的理解要遵循两个基本原则：第一，循序渐进，从易到难，逐渐提高自己对于字词之内涵和思想的理解；第二，互参式阅读，融会贯通。不能只理解一本经典中的某一段话中的字词，而是要将主要经典中的所有相关段话的同类字词都找出来，进行融会贯通式的理解。

戴震曾依据这样两个基本原则提出了一种"援据经言疏通证明之"的理

---

① ［西班牙］何塞·奥尔特加-加塞特：《哲学是什么》，谢伯让、高慧涵译，电子工业出版社 2013 年版，第 57 页。

解字义的方法，并把这种哲学诠释方法称为"比类合义"①。本章在方法论的运用上，正是通过将对先秦儒道两家的主要哲学范畴进行"比类合义"的基础上实现对基本哲学命题的探讨，进而理解儒道两家的哲学思想，即由文字以通乎语言，由语言以通乎思想，以期通过这样一种解读经典的学思过程，而体验朱熹所说的"昨夜江边春水生，艨艟巨舰一毛轻。向来枉费推移力，此日中流自在行"的思想收获。

二、"道—德"·"仁—义"·"礼—法"的逻辑及精神

经典其实是由语言文字构成的，而语言文字则是人所特有的现象，所以语言文字彰显了人之异于他者的本质所在。甚至我们可以说，语言文字就是人的本质。既然如此，人之心灵的伟大与崇高则往往显现为那些最优美自然能打动他心的语言文字，反过来说，语言文字的优美自然与否就表征了人之为人的高度与厚度。《小窗幽记》的作者将这样一种人的本质属性赞叹为"天下有一言之微"。他说：

> 天下有一言之微而千古如新、一字之义而百世如见者，安可泯灭之？故风、雷、雨、露，天之灵；山、川、民、物，地之灵；语、言、文、字，人之灵。罩三才之用，无非一灵以神其间，而又何可泯灭之？②

那么，对于先秦儒道基本经典之思想的理解，我们能够从哪些最关键的可以作为基源性概念的"字"入手呢？我们选定了这样六个概念："道"、"德"、"仁"、"义"、"礼"和"法"。选择的依据是：

首先，这六个字正好能够涵盖先秦儒道（包括墨法）的核心观念。我们

---

① （清）戴震撰，张岱年主编：《戴震全书》（六），黄山书社 1995 年版，第 7 页。

② （明）陈继儒等：《小窗幽记》（外二种），上海古籍出版社 2000 年版，第 51 页。

选取这六个字的主要文献依据是《老子》第三十八章中的一段关键性话语：

> 故失道而后德，失德而后仁，失仁而后义，失义而后礼。夫礼者，忠信之薄而乱之首。

在这段话中出现了"道"、"德"、"仁"、"义"和"礼"五个关键字，而站在整体上审视先秦诸子之学，在上述逻辑之后我们还可以加入"法"这个概念。这是因为，逻辑上，法的精神正是接着"礼"而兴起的，如荀子说："《礼》者，法之大分、类之纲纪也。"（《荀子·劝学》）所以荀子主张"隆礼重法"的思想。而事实上，法家思想的集大成者韩非子也正是荀子的学生。韩非子也曾通过《解老》《喻老》两篇文章来为法的精神进行学理的奠基。我们认为，这段话体现了老子对中国哲学之基本精神的发展逻辑的价值判断，即在这段话中，隐含着老子对中国哲学之基本精神将经历由道家到儒家再到墨家再到法家的这样一种思想演变逻辑的预言和批判。按照老子的逻辑，上述思想演变的逻辑大体而言是："失道而后德"论的是道家，所以《老子》一书又名《道德经》，分别论"道"和"德"；"失德而后仁"论的是儒家，因为"仁"是儒家的核心精神；"失仁而后义"论的是墨家和孟子学派，因为墨子曾受业于儒者之门而终又非儒，提出了"万事莫贵于义"（《墨子·贵义》）的思想，而孟子主张"居仁由义"，也着重于对儒家之"义"思想的阐发，其区别在于孟子重"义内"说而墨家主"义外"说；"失义而后礼"论的是荀子，因为相较于孟子思想而言，荀子思想的特质就在于他特重"隆礼义"思想；最后，逻辑上我们还可以加上"失礼而后法"一节，这一逻辑论的是法家。基于上述的认识，所以我们选定这样六个字作为分析和理解先秦儒道经典的基源性概念。

其次，我们以为，先秦儒道两家正是在"文化"与"自然"的辩证逻辑关系中，围绕着这六个字展开核心命题的理论建构的。按照我们的理解，"道"的精神是"自然"，而"法"作为人类文明的最主要创造物，其核心精神体现为"文化"。因此，从失道而后德、而后仁、而后义、而后礼到而后法的逻辑，正是"为道日损"的越来越远离自然精神的路向，也正是"为学日益"的越来越成就文化精神的路向。按照道家的逻辑，这是一条人类精神通过学而不断下坠的堕落之途；而按照儒家的逻辑，这是一条人类精神通过学而不断上达的实现之途。这一逻辑用图式表示如下：

（自然）道—德—仁—义—礼—法（文化）

先秦儒道两家对于上述六个字的不同态度代表了儒道两家的思想特质和基本精神的差异。例如：

对于"道"和"德"，儒道两家都崇尚，但对其思想内涵和基本精神的理解则存在显著差异。孔子说："志于道，据于德，依于仁，游于艺。"（《论语·述而》）老子说："道生之，德畜之，物形之，势成之。是以万物莫不尊道而贵德。道之尊，德之贵，夫莫之命而常自然。"（《老子》第五十一章）以孔子为代表的儒家将"道""德"与仁的精神联系在一起，而以老子为代表的道家则将"道""德"与自然的精神联系在一起。

对于"仁"和"义"，儒家崇尚，而道家绝弃。如孟子说："自暴者，不可与有言也；自弃者，不可与有为也。言非礼义，谓之自暴也；吾身不能居仁由义，谓之自弃也。仁，人之安宅也；义，人之正路也。旷安宅而弗居，舍正路而不由，哀哉！"（《孟子·离娄上》）而老子则说："绝仁弃义，民复孝慈。"（《老子》第十九章）

对于"礼"和"法"，儒家重视，而道家绝弃。如荀子说："隆礼至法，则国有常。"（《荀子·君道》）又说："故圣人化性而起伪，伪起而生礼义，礼义生而制法度。"（《荀子·性恶》）而老子则说："夫礼者，忠信之薄而乱之首。"（《道德经》第三十八章）

基于上述言论，儒道两家的上述态度可以归纳为下述基本命题：对于儒家而言，是志道据德，居仁由义，隆礼重法；对道家而言，是尊道贵德，绝仁弃义，绝礼弃法。

再次，中国哲学主要解决三个基本问题：一是天人关系问题，这一问题的意图在于回答"我们来自于何"的问题；二是身心关系问题，这一问题的意图在于回答"我们是谁"的问题；三是人际关系问题，这一问题的意图在于回答"我们如何行动"的问题。事实上，在儒家经典文献中，"道"、"德"、"仁"、"义"、"礼"和"法"这六个字会组成三个基本的词，即"道德"、"仁义"和"礼法"。字与字的结合而形成词，对于词而言，两个字的结合并不是简简单单的左右相连而已，而是具有结构性的关系和潜藏着思想的根源，需要进行深入的思想开掘。因此，"道德"一词其实是"道"和"德"两个字按照一定的思想关系而结成的"道—德"之结构；"仁义"一词其实是"仁"和"义"两个字按照一定的思想关系而结成的"仁—义"之结构；"礼法"一词其实是"礼"和"法"两个字按照一定的思想关系而结成的"礼—法"之结构。就其要解决的问题和相应的哲学形态而言：

"道—德"结构对应天人关系，其目的在于开辟存在之源，是一种形而上学。

"仁—义"结构对应身心关系，其目的在于挺立实践主体，是一种心性之学。

"礼—法"结构对应人际关系，其目的在于成就现实世界，是一种政治哲学。

由此，先秦儒道两家由于对"道—德"、"仁—义"和"礼—法"的态度不同而产生出对这三个问题的不同回答，这些不同的回答彰显了两家基本精神的差异。具体而言：

儒家的"志道据德"，开辟价值之源；道家的"尊道贵德"，开辟自然之源。

儒家的"居仁由义"，挺立道德主体；道家的"绝仁弃义"，挺立自然主体。

儒家的"隆礼重法"，成就伦理世界；道家的"绝礼弃法"，成就自然世界。

可见，对于儒家而言，他们思想努力的方向主要在于"文化"精神的开辟上，是"斯文在兹"，可以说儒家为中国哲学确立了一种文化观点的思维方式；对于道家而言，他们思想努力的方向主要在于"自然"精神的保存上，是"道法自然",亦可以说道家为中国哲学确立了一种自然观点的思维方式。由此,儒道互补思想格局形成的中国哲学之基本精神正是在自然与文化之间求取中道实相。而这种"中道实相"的哲学精神,是通过"文质彬彬"的理想人格的生命形态而透显出来的,所以儒者要成圣贤,道者要成神仙,都是这种精神的体现。

三、在自然与文化之间求取中道实相

自两汉之际佛教传入中国,中国哲学的思想结构分为前后两个模式:前佛教时期是儒道互补的思想结构,后佛教时期是儒佛道三教合一的思想结构。前佛教时期儒道互补的思想结构主要指先秦儒道两家的关系。先秦时期是中国哲学思想最活跃最具创造性的时期。正如吕思勉先生所言:"历代学术,纯为我所自创者,实止先秦之学耳。"[1] 先秦时期的思想家凭借自己的创造力开创了一个"百家争鸣"的思想时代。故而,从深层的民族文化心理结构来看,中国传统文化在秦汉以前,主要是儒、墨、道、法四家笼罩着的文化世界,而唐宋以后,一般而言是儒、道、佛三家笼罩着的文化世界。

我们知道,先秦诸子以儒、墨、道、法等各家为主都针对当时社会的变乱局面提出了"务为治者"(司马谈《论六家要旨》)的思想主张,并按照各自的思想主张去劝导世人过一种他们认为是最好的生活,如儒家主张礼乐的人生,道家主张自然的人生,墨家主张兼爱的人生,法家主张守法的人生。考之历史我们知道,其他各家的自然、兼爱或守法的人生观最终都被统合入儒家的人生观中,儒家所继承并开显的礼乐人生成为中国人最基本的生活方式。

为什么儒家的人生观会成为中国人最基本的生活方式?最主要的原因可

---

[1] 吕思勉:《先秦学术概论》,岳麓书社 2010 年版,第 3 页。

能是由于先秦诸子对继周以来的礼乐文化传统的态度不同，使得儒学成为中华传统文化的主流。先秦诸子之前的文化传统主要蕴含在以《诗》《书》《礼》《乐》《易》《春秋》等为代表的经典中，正如蔡仁厚先生所指出的："六经（《诗》《书》《易》《礼》《乐》《春秋》）是中国文化思想的'源'，六经以下的诸子百家，则是中国文化思想的'流'。平常提及六经，都认为是儒家的经典。其实，六经本是属于整个中华民族的，并不必然地属于儒家。只因为墨家、道家、法家以及名家、阴阳家，都不愿意继承文化的老传统；只有孔子，他不但自觉地承述六经，而且赋予六经以新的诠释和新的意义，这才使得六经成为儒家的经典。同时，也因而确定了孔子'继往开来'的地位。所以，更确切地说：孔子以前，是中国哲学的'源'；孔子以后，是中国哲学的'流'。"① 先秦诸子之学以儒、墨、道、法四家为主，其中，墨子曾"学儒者之业，受孔子之术"（《淮南子·要略》），可视墨家为儒家思想的歧出；韩非子"喜刑名法术之学，而其归本于黄老"（《史记·老子韩非列传》），则可视法家为道家思想的歧出。由此，先秦诸子之学，究其根柢之精神，其实就在儒道两家。儒、道是互补的同源之异流，这两条异流又各自歧出一条支流，儒家歧出墨家，道家歧出法家。牟宗三先生认为："中国可以说哲学，应该是从春秋战国时代说起，从先秦诸子说起。"② 既然从春秋战国时期开始谈中国哲学的起源及其发展，那么最关键的就要从先秦儒道两家开始谈起。

儒道互补之关系的实质，是先秦儒道两家在思想发展逻辑上的"同源异流，分源合道"③。其中，所谓"同源"，指的是先秦儒道两家的思想都同出于夏、商、周以来的三代文化传统；所谓"异流"，指的是儒道两家由于对这个文化传统的态度不同而各自发展出的思想精神有很大差异；所谓"分源"，指的是儒道两家思想上的差异之大，大到为中国文化在今后的发展开出了两个虽然相关但却本原不同的两个思想的源头，即人文精神的源头和自

---

① 蔡仁厚：《中国哲学史》上册，台湾学生书局 2009 年版，第 5—6 页。

② 牟宗三：《中国哲学十九讲》，上海古籍出版社 2005 年版，第 40 页。

③ 这是我的博士导师洪修平先生提出的观点。在我攻读中国哲学专业博士研究生时，先生正在专攻中国儒佛道三教关系之研究。

然精神的源头；所谓"合道"，指的是在先秦以后的中国哲学的发展逻辑中，儒道两家的思想实现了合流，由此开始形成中国哲学的基本精神，如果说魏晋玄学是以道家立场合流儒学的话，那么宋明理学的兴起就是以儒学立场合流道家。

事实上，先秦儒道两家的思想主要是"接着"周文化的精神而生发出来的。儒道两家主要都是在继承周以来的礼乐文化，所以说礼乐的精神是涵摄儒道的，而非仅仅儒者一家才是礼乐文化，但问题在于，先秦儒道两家对礼乐文化这一传统的态度是不一样的，呈现出"同源异流"的发展趋向。继周以来的礼乐精神，发展到先秦诸子时代，其实已经越来越清晰地表现为"自然"与"文化"的问题。《周易》中有"观乎天文"与"观乎人文"的区别，落到人身上，其中所谓的"天文"就是指人所禀受于"天"或"道"的自然本性，所谓的"人文"则是人所创造的文化成就，前者主要以"乐"文化的形式呈现出来，后者则主要以"礼"文化的形式呈现出来，合而言之的礼乐文化其实指的是出于人之自然本性所实现的一种文化成就。由此而言，所谓"同源"指的是儒道思想都源自继周以来的礼乐精神。而"异流"指的是以老庄为代表的道家只是继承了讲人之自然精神的"乐"文化传统，如庄子有对天籁之音的赞赏与向往，而对讲人之文化精神的"礼"文化传统则进行了批评与否定，如老子有"夫礼者，忠信之薄而乱之首"的认识和批评；而以孔子为代表的儒家学者则认识到"先王之道，礼乐可谓盛矣"（《礼记·乐记》），他们希望能够在新的时代，以所怀有的"德之不修，学之不讲，闻义不能徙，不善不能改"（《论语·述而》）的忧患心和"己欲立而立人，己欲达而达人"（《论语·雍也》）的责任心去重建礼乐的精神，进而为真正的人生奠定安身立命的坚实根基。

那么，儒道互补形成的中国哲学之基本精神，是一种怎样的精神？

首先，这是一种在自然与文化间求取中道的人文精神。这是因为，如果儒家思想发展到极致的话，将是完全属人的，体现人为创造性的人文，而道家思想发展到极致的话，则是完全属天的，体现道为创造性的自然。但儒家秉持三代文化传统以来的中庸思维，在进行思考和实践时持守中道的方法和原则，所以儒家既谈"人文"又谈"天文"，通过"观乎天文以察时变，观乎人文以化成天下"（《周易·贲卦·象》）的逻辑，主张实现自然与文化的中道"实相"。如果说宇宙的精神是"自然"的话——自然是有关"存在"的理念，那么人的精神就是"文化"——文化是有关"实践"的理念。中国人解释宇宙是"上下四方曰宇，往古来今曰宙"，那么上下四方的中心点是谁？古往今来的中心点是谁？只能是人。所以，宇宙是由人参与其中的宇宙。如果说自然是宇宙的存在方式，那么，文化就是人的存在方式。人既是存在者，又是实践者，所以"文化"是人在宇宙中表现自我的"自然"方式，即存在者的实践。既然如此，宇宙精神也就是人文精神参与到其中的自然精神，就中国哲学的思想传统而言，既强调自然精神又强调文化精神的，正是礼乐精神。儒家理解和继承的是一种什么性质的礼乐精神？①综合先秦儒家的相关论述来看礼乐精神。

一方面，"礼"的精神和"乐"的精神是相异的。《礼记·乐记》中则说"乐由中出，礼自外作。乐由中出故静，礼自外作故文"，可见，"乐"的精神与"礼"的精神存在着根本差异。就其根本精神而言，何谓"礼"？先秦儒家有很多表述，综而言之是"制度在礼，文为在礼"（《礼记·仲尼燕居》）。可见，礼侧重于人之外在行为的理性建构，基本精神是规范与约束，侧重于塑造人的文化生命。

何谓"乐"？荀子说："夫乐者，乐也，人情之所必不免也，故人不能无乐。乐则必发于声音，形于动静，而人之道，声音，动静，性术之变尽是矣。"（《荀子·乐论》）《礼记·乐记》中说："是故情深而文明，气盛而化神，和顺积中，而英华发外，唯乐不可以为伪。"又说："故乐者，天地之命，中和之纪，人情之所不能免也。"而《中庸》中则说："天命之谓性。"可见，天地之命即是性，所以儒者说"德者，性之端也。乐者，德之华也"（《礼记·乐记》），"乐"是直接与人的天地之性相贯通的，侧重于人之内在心灵

---

①　详细论述参见笔者的《礼乐的没落与重光——追寻儒家和谐秩序的生命韵律》一文，载《孔子研究》2016 年第 3 期。

的情感表达，基本精神是自然与自由，侧重于显现人的自然生命。

另一方面，"礼"的精神和"乐"的精神是相通的。儒家承认礼乐在基本精神与具体作用上的差异，还主张礼乐之精神具有相通性。正如孔子所说的："人而不仁，如礼何？人而不仁，如乐何？"（《论语·八佾》）这种相通性在于，礼乐的精神都是为了实现"人而仁"的目的。在儒者看来，"仁"是礼乐之本原，由此可以说礼乐一致。

正因为"礼"和"乐"之间具有如此的辩证关系，儒者主张"礼乐相须为用"（《礼记·乐记》）。相对于老庄原始道家而言，原始儒家对继周而来的礼乐精神继承与发展得最完整，也最积极。杜维明先生就指出："儒学的兴起，是对于'郁郁乎文哉'的周代文化传统的没落所作的自觉的、全面的反省。这一反省，同墨家、道家、法家的反省不同，基本上是肯定人类文明、文化的价值，因而对于周代文化传统的崩溃，有一种不忍之情，想恢复过去的礼乐制度。但是，这不是一般我们所认为的复古，而是对中华民族从殷商以来所构建的文明作了一个内在的肯定，希望这一文明能够延续下去。"[1]所以余英时先生也说："总之，我们可以断言，离开了古代的礼乐传统，儒家中心思想的发生与发展都将是无从索解的。"[2]可见，儒学是在求取自然与文化之中道精神的理路中继承了周以来的礼乐文化传统，并使其发扬光大，成为中国哲学的思想主体的。

其次，这种在文化与自然间求取中道的人文精神之目的，是为了塑造一种圆融自然与文化之精神的理想人格。这种理想人格是文化精神的生命表现，我们借用"实相"这个词来表述这一思想。在这一思想中，"实相"指的是一种由礼乐文化精神所塑造的生命之真实相状的意思。中国哲学关注的是生命，儒学更是如此。牟宗三先生曾指出："中国哲学，从它那个通孔所发展出来的主要课题是生命，就是我们所说的生命的学问。它是以生命为它的对象，主要的用心在于如何来调节我们的生命，来运转我们的生命、安顿

---

① 杜维明：《儒学第三期发展的前景问题：大陆讲学、答疑和讨论》，生活·读书·新知三联书店 2013 年版，第 7 页。

② 余英时：《士与中国文化》，上海人民出版社 1987 年版，第 93 页。

我们的生命。"① 哲学的基本精神亦即是生命的基本精神，这种"中道实相"的哲学精神，是通过"文质彬彬"的理想人格的生命形态而透显出来的。因此，我们可以说，生命是儒学的实相，而君子正是"和而不同"的中庸之道的人格表现，代表着"在自然与文化之间求取中道"之哲学精神的人格实相，所以先秦儒家以为"礼乐不可以斯须去身"，主张要"致礼乐之道，举而错之天下"（《礼记·乐记》）。因为礼乐的精神亦即是人的精神。而先秦儒家之所以要完整地继承礼乐精神，并试图通过重建礼乐的真精神去建构一种道德的人生，其根由在于他们把人看作是一种道德的存在，并且指出礼乐皆得的生命才是真正有道德的生命。由此可以说，礼乐精神规定了成人的方向和目标。按照孔子"修己以安百姓，尧舜其犹病诸"（《论语·宪问》）的说法，君子的真正完成即是圣人，而圣人是"善之实于中而形于外者"的诚之君子。对于君子而言，"善之实于中"是修己之学，而修己之学体现了乾的精神，即"天行健，君子以自强不息"；"形于外者"是安人之学，而安人之学体现了坤的精神，即"地势坤，君子以厚德载物"。因此，作为人道之实相的君子人格，与作为天道之实相的乾的精神，和作为地道之实相的坤的精神，实现了天人一致的相贯通，这种相贯通时所达到的生命境界就是"圣人"的境界。圣人是"不勉而中，不思而得，从容中道"的"诚者"，"能尽人之性"，"能尽物之性"，"可以赞天地之化育"，"可以与天地参矣"（《中庸》）。由此，立人之道才能与立天之道、立地之道实现三足鼎立。

概言之，儒道互补格局中的中国哲学之基本精神，可以理解为是"在自然与文化之间求取中道实相"，即在自然与文化之间求取中道精神，从而成就文质彬彬之君子的人格实相。最能体现这一精神的关键性话语，正是孔子所说的："质胜文则野，文胜质则史。文质彬彬，然后君子。"（《论语·雍也》）古典儒家继承了周以来的礼乐文化传统，并在求取自然与文化之中道实相的理路中使其发扬光大，遂成为中国哲学的思想主体。正如熊十力先生所指出的："孔子既远承历代圣帝明王之精神遗产，则亦可于儒学而甄明中

---

① 牟宗三：《中国哲学十九讲》，上海古籍出版社 2005 年版，第 12 页。

华民族之特性。何以故？以儒学思想为中夏累世圣明无间传来，非偶然发生故。无间者，谓无有间断也。由此可见儒学在中国思想界，元居正统地位，不自汉始。吕政凶暴，儒生独守道以与之抗，取焚坑之祸而不悔。汉兴，儒生犹有能诵持遗经于穷荒僻壤者。儒学不绝实由民族特性之所存，自然不绝也。"①

---

① 熊十力：《读经示要》，岳麓书社 2013 年版，第 152 页。

第二章 《论语》：开辟价值之源

以孔子的言行为主要素材集录而成的《论语》，为中国人提供了一种有关道德哲学的儒家式的思想典范。孟子赞孔子为"圣之时者"，称"孔子之谓集大成"（《孟子·万章下》）。孔子及其追随者通过建立"一种显示出最深刻生命尊崇的伦理文化而得以理性说明的哲学"，"同时彰显出人之伟大和宇宙之恢弘，具有持续的创造性并达到至善之顶点"[①]的理论学说，为中国人开创了一个伟大的思想传统。这一思想传统作为在轴心时代所做出的一种哲学突破，自秦汉以来一直是中国人的最普遍和最基本的精神指导。杜维明指出："如果英语世界要选择一个词汇以刻画两千年来中国的生活方式，那个词汇便是 Confucian。这一点假定了在中国历史上，没有人能比孔子如此深刻地影响了人们的思想和行为。他是人性的导师、文化的传承者、历史的诠释者以及中国心灵的铸造者。"[②]所以对儒家经典的理解与诠释选择从《论语》开始。

我们认为，对《论语》思想的理解和诠释，可以从解读《论语》最关键性的三段话开始。这三段话分别是：

> 子曰："学而时习之，不亦说乎？有朋自远方来，不亦乐乎？人不知而不愠，不亦君子乎？"（《论语·学而》）

---

① 方东美：《中国哲学之精神及其发展》，匡钊译，中州古籍出版社 2009 年版，第61 页。

② 杜维明：《东亚价值与多元现代性》，中国社会科学出版社 2001 年版，第 132 页。

　　子曰："志于道，据于德，依于仁，游于艺。"（《论语·述而》）

　　子曰："吾十有五而志于学，三十而立，四十而不惑，五十而知天命，六十而耳顺，七十而从心所欲，不逾矩。"（《论语·为政》）

　　作为深入《论语》思想之泉的三口"井"，这三句话分别显现着《论语》的思想和精神：第一句话显示了儒家之纲领；第二句话显示了儒学之规模；第三句话显示了儒者之生命。宋儒程颐曾说："凡看《论语》，非但欲理会文字，须要识得圣贤气象。"[①] 所谓"圣贤气象"，用今天的话说，就是哲学家的思想境界。通过对这三段话的体认，希望可以实现与儒家圣贤生命精神与思想境界的感通，进而体悟君子儒的真精神。

　　《论语》围绕着儒家纲领、儒学规模与儒者生命记录并展开了孔子一生最重要的言行。正如杜维明先生所看到的，"《论语》这部儒家传统中最受尊敬的经典……基本上以夫子所言为基础。在形式和内容上，它都以柏拉图对话录突显苏格拉底教学法的同样方式把握了孔子的精神"[②]。

一、儒家之纲领

　　对于孔子及其追随者，我们一般会用"儒家"这个词来称谓。儒家是先秦时期的诸子百家中的一个学派。作为一个学派，而且是百家学派中的一个，儒家肯定有它不同于其他诸家的思想主张。这些思想主张汇集在一起，就构成了我们今天所见到的儒家纲领性文件——《论语》。所以，《论语》中的那些与其他诸子百家不一样的思想主张，其实就是作为一个学派的儒家的最核心思想。一个人只要信奉和主张这些思想，我们就可以判定他属于儒家。那么，在这些核心的思想主张中，具有提纲挈领性地位的那种主张是什么？

---

　　① 转引自（宋）朱熹：《四书集注》，凤凰出版社 2005 年版，第 87 页。

　　② 杜维明：《东亚价值与多元现代性》，中国社会科学出版社 2001 年版，第 167—168 页。

（一）学为孔门第一纲领

也许有人首先会想到"仁者爱人"，因为通行的观点认为，仁爱思想是孔子哲学的核心。但在我们看来，在《论语》文本与孔子的思想逻辑中，比"仁者爱人"更具纲领性地位的思想主张是"学而时习之"。这一命题出自《论语》开篇的第一段话：

> 子曰："学而时习之，不亦说乎？有朋自远方来，不亦乐乎？人不知而不愠，不亦君子乎？"

历来的学者们对这段话的理解提出了很多有价值的见地，但在笔者看来，作为一部儒家学派的纲领性著作，《论语》开篇的这第一段话，就是在确立整个儒家学派的基本纲领。所谓纲领，往往是表征一家学派的思想特质与理论重心之所在。由一批归宗于儒的人而组成的一家学派，叫作儒家。要成为一个儒家之人，必须信守儒家的基本纲领。这个纲领是什么？就是"学"。学作为儒家的纲领，正是儒家区别于其他诸家的关键性精神之一。

就先秦诸子而言，最主要的两家其实是儒家和道家。其中儒家是一种"为学之学"，这从孔子的下列言论中对"学"的重视之态度可以看出：

> 子曰："十室之邑，必有忠信如丘者焉，不如丘之好学也。"（《论语·公冶长》）
>
> 孔子曰："生而知之者上也，学而知之者次也；困而学之，又其次也；困而不学，民斯为下矣。"（《论语·季氏》）
>
> 子曰："由也！女闻六言六蔽矣乎？"对曰："未也。""居！吾语女。好仁不好学，其蔽也愚；好知不好学，其蔽也荡；好信不好学，其蔽也贼；好直不好学，其蔽也绞；好勇不好学，其蔽也乱；好刚不好学，其蔽也狂。"（《论语·阳货》）

而以老子为代表的道家则明确反对为学之学，而主张"为道之学"。所以老子说：

> 为学日益，为道日损。损之又损，以至于无为。(《老子》第四十八章)

将上述孔、老言论作一番比较，可以看出：孔子的态度是不学为下，所以主张"好学"；老子的态度是为学损道，所以主张"绝学无忧"。就儒道两家的精神而言，重不重视"学"，可以说是儒家区别于道家思想的关键之一。关于这一点，庄子在《德充符》一篇中也有讨论。鲁国有兀者叔山无趾见孔子后，孔子评价说："弟子勉之！夫无趾，兀者也，犹务学以复补前行之恶，而况全德之人乎！"可见孔子是特别重视学的。而无趾见老聃则说："孔丘之于至人，其未邪？彼何宾宾以学子为？彼且蕲以諔诡幻怪之名闻，不知至人之以是为己桎梏邪？"[①] 可见，道家反而把"学"视为人回归真正自己过程中的一种桎梏。庄子通过叔山无趾与孔子、老聃之间的对话也明确地揭示了这一点："学"是儒家有别于道家的显著标志。庄子曾说："夫尊古而卑今，学者之流也。"(《庄子·杂篇·外物》)陈鼓应先生注说："这是对于'尊古卑今'的复古主义思想的批判，已见于《天运》篇。这进一步的观点，和法家主张相同，与儒家相对立。"[②] 按照陈鼓应的理解，庄子"尊古卑今"评价的正是儒学，因而在庄子的眼中，儒者的形象就是"学者"。事实上，在儒者自己的眼中也将自己视为"学者"。如荀子就说："学也者，固学一之也。……全之尽之，然后学者也。"(《荀子·劝学》)

自佛教传入中国以后，最能代表中国哲学之精神的，主要是儒、佛、道三教。其中，就儒家和佛教之关系而言，"学"也是儒家区别于佛家的一个主要方面。作为最中国化的佛教宗派，禅宗最能代表中国佛学之精神。在谈

---

① 所引《庄子》原文据陈鼓应的《庄子今注今译》，商务印书馆 2007 年版。下引同。

② 陈鼓应：《庄子今注今译》下册，商务印书馆 2007 年版，第 826 页。

到禅宗的基本精神时，黄檗希运断际禅师曾说：

> 我此禅宗从上相承已来，不曾教人求知求解，只云学道早是接引之词。然道亦不可学。情存学者却成迷道。道无方所，名大乘心。此心不在内外中间，实无方所。第一不得作知解，只是说汝如今情量处为道。情量若尽，心无方所。此道天真，本无名字。只为世人不识，迷在情中。所以诸佛出来说破此事，恐你诸人不了，权立道名，不可守名而生解。故云得鱼忘筌，身心自然达道。识心达本源，故号为沙门。沙门果者，从息虑而成，不从学得。汝今如将心求心，傍他家舍，只拟学取，有什么得时？古人心利，才闻一言，便乃绝学，所以唤作绝学无为闲道人。今时人只欲得多知多解，广求文义，唤作修行。不知多知多解，翻成壅塞……我此宗门，不论此事。但知息心即休，更不用思前虑后。①

按照黄檗希运的看法，禅宗的态度也是反对"学"的，认为"情存学者"即成"迷道"，所以主张"绝学无为"。在这一点上，禅宗的态度与道家是相同的，因而也就与儒家的态度相左。谢良佐就曾说："儒异于禅，正在下学处。"②

从孔子开始，儒家就明确地把"学"看作是实现自己、提升自己和发展自己的最主要的途径或手段，确立了"学"为儒家最高的纲领性精神，即"君子惟学之为贵"③。所以刘宗周说："'学'字是孔门第一义。'时习'一章是二十篇第一义。孔子一生精神，开万古宫墙户牖，实尽于此。"④ 即是说，"学"是儒家区别于其他各家的根本精神处，所以朱熹解释"儒"的内涵时，

---

① 转引自（宋）赜藏主编集：《古尊宿语录》，中华书局 1994 年版，第 33 页。

② 转引自（清）黄宗羲：《宋元学案》卷二十四《上蔡学案》，中华书局 1986 年版，第929 页。

③ （宋）朱熹：《四书集注》，凤凰出版社 2005 年版，第 188 页。

④ （明）刘宗周：《论语学案》，载《刘宗周全集》第一册，浙江古籍出版社 2012 年版，第 255 页。

就说"儒，学者之称"①。刘述先在探讨儒家哲学传统时，也指出《论语》开宗明义便说"学而时习之，不亦说乎"是有重要指标意义的。② 在这里，儒家所谓的"学"，是兼具知和行而言的，正如王国维所说的："学之义广矣。古人所谓学，兼知行言之。"③ 孔子说"学而时习之"的"学"，即今人所使用的"学习"。孔子曾明确提出"性相近也，习相远也"（《论语·阳货》）的观点。在孔子看来，正是学习而不是其他的人性、权力、地位或财富等将人与人实现了区分。对孔子而言，君子与小人的根本区别不在于人的天性上存在什么先验的区别，恰恰是后天的学习使然。如果说"性"是由天命所决定的，所以对个体生命而言，已经不可避免地带有命中注定的特征，但"习"对于个体生命而言，则具有朝向诸多可能性却能够进行自由选择的特征。这种自由选择的特征就表现为一种"学"或"不学"的态度，即有的人学而知之，有的人困而后学，有的人却困而不学。正因为"学"或"不学"的态度所具有的自由选择特征，现实生活中人在品性、学识、德行与见识等方面上才会因为"习"而渐行渐远。但反过来说，正因为这样一种自由性，人才是可塑的而非命中注定。既非命中注定，则每一个人都是可教化的，也应该得到教化，所以孔子特别强调"有教无类"的理念。

对于每一个人而言，作为具体行动的"习"是自由的，但彻底的自由则意味着没有明确的方向性，所以孔子还特别强调"道"的问题。"道"指的是习的方向性。孔子主张人的活动要向着他应有的方向前进，所以在"习"之前的"学"就至关重要。学的首要作用就是给自己确立一个为之努力提升和发展自己的目标。这个目标以及达至这个目标的过程被称为"道"。遵循着道而生活的过程就是人的"学而时习之"的行动过程。真正的好学，是"君子食无求饱，居无求安，敏于事而慎于言，就有道而正焉，可谓好学也已"（《论语·学而》）。因此，如果说"习"是个体生命作出自由选择的实践活动的话，那么"学"就是个体生命决定作出这样或那样选择的思想自觉

---

① （宋）朱熹：《四书集注》，凤凰出版社 2005 年版，第 92 页。

② 参见刘述先：《儒家思想的转型与展望》，河北人民出版社 2010 年版，第 45 页。

③ 彭华选编：《王国维儒学论集》，四川大学出版社 2010 年版，第 334 页。

过程。仪封人请见孔子，出来后说："天下之无道也久矣，天将以夫子为木铎。"（《论语·八佾》）可见，在孔子的信仰者与追随者看来，天以孔子为人性的榜样和人生的方向。孔子是承担着"人能弘道"之重任的天命之人。这对我们的启示是：儒家的"道"所代表的是一种价值选择的方向性，这是由孔子所确立，并为整个儒家所认同的一种精神方向。换言之，孔子为我们确立了一种"君子学以致其道"（《论语·子张》）的思想典范。

（二）下学而上达

孔子确立了学习为儒家的第一纲领，那么，理解或贯彻这一纲领性精神的关键性话语在哪里？我们以为正在孔子的"下学而上达"这一句话。这句话出自孔子和子贡的一次对话中：

> 子曰："莫我知也夫！"子贡曰："何为其莫知子也？"子曰："不怨天，不尤人。下学而上达。知我者其天乎！"（《论语·宪问》）

孔子把"下学而上达"视为"知我"的关键。朱熹在解释这段话时，也说"然深味其语意，则见其中自有人不及知而天独知之之妙"[1]。可是，这种"知"妙在哪里？朱熹接着引程颐的话说："学者须守下学上达之语，乃学之要。"[2] 从程颐、朱熹的解释中可以看出，如果说学习为儒家之纲领的话，那么解读这一纲领所蕴含着何种深刻思想的关键之要，就在于如何理解"下学而上达"一句上。

所以，我们需要进一步追问这样一个问题：孔子通过"下学而上达"一句话想要表达什么样的思想？如果把这句话视为理解孔子之所以重视学习的思想之密码的话，我们应该如何破解这一密码？首先是准确地进行断句。由

---

① （宋）朱熹：《四书集注》，凤凰出版社 2005 年版，第 170 页。
② （宋）朱熹：《四书集注》，凤凰出版社 2005 年版，第 170 页。

于古人著述往往是没有句读的，对于读者而言，如何准确地进行句读就成为理解话语含义的首先步骤。句读的不同，同一句话往往会得出截然不同的意思。例如，长期以来，学界对《论语》中"民可使由之不可使知之"（《论语·泰伯》）之含义的理解，由于句读的不同便存在着极大的争议。由于对句意理解的不同，对孔子的评价往往也南辕北辙。如果句读为"民可使由之，不可使知之"，评论者就会说这是一种愚民的政治思想；而如果句读为"民可，使由之；不可，使知之"，评论者就会说这是一种教民的政治思想。"愚民"和"教民"显然是两种根本不同的政治理念，其中，愚民体现的是一种反对智识主义的惘民态度，而教民体现的是一种主张智识主义的新民态度。就孔子以后的儒家政治思想之发展而言，儒家显然不是主张愚民的，而是主张教民，所以有"新民"与"教化"思想的提出。就孔子而言，孔子显然也是主张新民态度的。这从他把学习确立为儒家的第一纲领就可以看出，因为学习正是一种自新之道。支持着每一个人坚持不懈地去"学而时习之"，正是这样一种"苟日新，日日新，又日新"的自觉意识。基于这样一种求新的自觉意识，孔子所说的"下学而上达"，其准确的句读，我们的理解是"下，学而上达"。其中，"下"和"上"代表的是每个人自己在人生过程中所处的不同层级的生命境界，而"学"则是实现生命境界之不断提升与超拔的最主要途径。

具体来说，在"下，学而上达"这句话中，"下"指的是每一个现实的具体生命都是有限的，这种有限性不是源于自己先验生命本质的缺陷，而是源于自己对待自己生命本性的态度。为什么这样解释？因为这样的理解已经蕴含在孔子"困而不学，民斯为下"的命题中。人之所以为"下"，是因为在面对自己的有限性（"困"）时，不能自觉地去学着改变和解决它。但孔子又进一步指出，这种有限的生命中也蕴含着一种无限的潜能，即每一个人在"性"的意义上都有可能成为一个仁者，关键是看他能不能在具体的爱人之"习"中，遵循并贯彻自己的生命本性所给予自己的引导。这正是孔子"性相近也，习相远也"所要表达的内涵。所以，事实上，每一个现实的生命都是"虽有限而可无限的"。人虽有限，所以称之为"下"，但可无限，所以称之为"上达"。下之所以能上达的关键在于"学"。正如孔子自己所说的："我非生而知之者，好古，敏以求之者也。"（《论语·述而》）对这一句话所可能蕴含的潜在意义进行玩味，孔子要告诉每一个试图追寻他的脚步的儒者的潜台词，也许就是"努力学习吧，你们也可以成为一个像我这样的人"。

如果把人成为自己需要成为的那种人的过程称之为"成人"的话，孔子是主张"学"以成人的。在孔子看来，任何人——注意我们所说的是任何人，只有通过学习而不断攀登，才能达到"山高我为峰"的那种与天地合其德的生命境界。当然，也许会有读者引用孔子另外的话语来提出反驳，认为学习并不对任何人都具有使之"成人"的功效，因为孔子曾说过："唯上知与下愚不移。"（《论语·阳货》）后来的董仲舒、韩愈等汉唐时期的儒者也都发挥孔子的这一观点，提出了"性三品"说，认为人性可分为善的上知、恶的下愚与善恶混同的中人三类。这种区分是具有先验的决定论色彩的，即认为，对于某些人而言，他们的本性已经先验地被规定了，后天的"习"是无法发挥改变之作用的。朱熹也说："人之气质，相近之中，又有美恶一定，而非习之所能移者。"①很多儒者在理解这句话时，往往是从相近之性的角度切入的。但我们以为，孔子这句话中所蕴含的人是有不同思想的，并不是从相近之性的角度而言的，而是需要从相远之习的角度进行理解。孔子确实认为，学习并不会对任何人都起到使之"成人"的理想功效。但阻碍这一功效实现的，不是人性中先验具有的诸如愚昧、邪恶一类"质"的瑕疵，而是我们头脑中的思想、观念和态度。关于思想，西班牙哲学家奥尔特加-加塞特指出，思想的本质"是一种不断自我引导的活动"②。正因为我们信仰一种思想，我们才会按照这种思想所指示的道路去前进。

这种不断自我引导的活动往往被称为启蒙。启蒙也就是中国哲学所说的"觉"。中国人的觉，是以"士志于道"的形式呈现出对启蒙的追求。处下的现实生命通过学而实现上达的第一步，就是进行"启蒙"，即《周易·蒙卦》

---

① （宋）朱熹：《四书集注》，凤凰出版社 2005 年版，第 191 页。

② ［西班牙］何塞·奥尔特加-加塞特：《哲学是什么》，谢伯让、高慧涵译，电子工业出版社 2013 年版，第 163 页。

中所表达的"蒙以养正"思想。所谓"启蒙",是自己知道自己需要什么,并自觉地按照一种正确的道路去追求自己所需的过程。启蒙是自我的觉悟。当然实现这一觉悟的手段并非完全只能依赖自我的力量。有的人生而就能觉悟自己真正的需求,这就是孔子所说的生而知之的上知之人;有的人却不能觉悟自己真正的需求,但却可以通过学习而实现觉悟,这就是孔子所说的学而知之包括困而后学在内的一般人;有的人既不能觉悟自己真正的需求,且还抵触甚至反对通过学习来实现觉悟,这就是孔子所说的困而不学的下愚之人。

对于一般人而言,启蒙的实现,既需要依靠父母、老师和尊长等人生路的先觉者所给予的教导,也需要依靠朋友这一人生路上的同行者所给予的砥砺,更需要的是反求诸己的真正领会与觉醒。由"先觉觉后觉"的方式而实现的启蒙,往往是一种非自觉的、无选择自由的消极启蒙;由"友以辅德"的方式而实现的启蒙,往往是一种被动性的、有选择自由的消极启蒙;而由"我欲至"的方式而实现的启蒙,则是一种主动性的、自由选择的积极启蒙。孔子的"下,学而上达"之思想,就是要引导大众,先通过"先觉觉后觉"和"友以辅德"的学之方式去开启启蒙之路,进而通过在生活中进行事事上磨炼的"学而时习之"的工夫,来实现真正的自我觉悟,由此才能收获上达的学习效果。

因此,作为儒家的纲领性精神,学习也就构成了《论语》这一经典文本的思想主题。倘若我们承认学习是《论语》的基本纲领和思想主题,它就成为我们理解《论语》的指导原则,那么,我们的任务就是要看文本中所提出的主要思想观点是怎样与这一主题建立联系并发挥作用的。当然,对于《论语》而言,最核心的主要观点是"仁者爱人"。那么,"学习"与"仁者爱人"这两个命题之间是怎样的关系呢?事实上,"仁者爱人"是人之所以要学习的内容和目的,"学习"则是人之所以能实现仁者爱人的过程与方法。按照整个儒家的理解,"仁"是人之为人的本质所在,"学"是学着成为一个仁者,所以是复性之事;"爱"是人成为人的实践所在,"习"是践行爱人的实践,所以是工夫之事。所谓"学习",就是在爱人的过程中如何学着成为一个真正的仁者。于是,《论语》从思考学习的目的和实现仁爱的角度出发,将"学习"这一主题与孔子"仁者爱人"的思想主张建立了密切的联系。孔子曾说："德之不修，学之不讲，闻义不能徙，不善不能改，是吾忧也。"(《论语·述而》)可见，在孔子的忧患意识中，不讲学与不修德、不徙义和不改不善是相通的。换句话说，孔子的讲学正是要修德、徙义和改不善。故孔子由此忧患意识而生发"学"之意识。学什么？学着成为一个有德之人。孔子说："君子怀德。"(《论语·里仁》)刘宗周在《论语学案》中曾这样解释说：

> 学所以求觉也，觉者心之体也。心体本觉，有物焉蔽之，气质之为病也。学以复性而已矣。有方焉，仰以观乎天，俯以察乎地，中以尽乎人，无往而非学也。学则觉矣。时时学则时时觉矣。时习而说，说其所觉也；友来而乐，乐其与天下同归于觉也。人不知而不愠，不隔其为天下之觉也。故学以独觉为真，以同觉为大，以无往而不失其所觉为至。此君子之学也。说学不愠，即是仁体。孔门学以求仁，即于此逼出。①

在刘宗周看来，《论语》中描述儒家之纲领的这一段话，正是要揭示"孔门学以求仁"的根本精神。"仁"是人须觉悟的人生方向和生命正途，这就是"道"。孔子说"士志于道"(《论语·里仁》)。对于那些立志成为真正的"士"的儒者而言，学习的目的在于向着儒家之仁道而自觉地前进。所以，孔子教导我们，要"笃信好学，守死善道"(《论语·泰伯》)。对此话的内涵，朱熹就解释说："不笃信，则不能好学，然笃信而不好学，则所信或非其正。不守死，则不能以善其道；然守死而不足以善其道，则亦徒死而已。盖守死者笃信之效，善道者好学之功。"②也就是说，正因为真诚地相信正道，并按照这种人生善道而努力地学习，我们才能守护这种人生善道并至死不渝。

对于孔子的"下学而上达"的思想，我们可以作世俗性的理解：即使是社会地位卑下的人也可以通过对知识的学习而实现社会地位的提升。这种理

---

① （明）刘宗周：《论语学案》，载《刘宗周全集》第一册，浙江古籍出版社 2012 年版，第 255 页。

② （宋）朱熹：《四书集注》，凤凰出版社 2005 年版，第 113 页。

解在科举考试盛行的年代尤被读书人奉为圭臬。但我们不能认为这种理解是对孔子这一命题唯一的可靠性解释。除了作世俗性的理解外，我们还可以从神圣性的角度，把这看作是一位精神高贵的长者对那些追求崇高与伟大的年轻心灵所作的方向性引领：任何年轻的心灵都可以通过学习而实现自己生命的成熟与丰盈。将孔子"困而不学，民斯为下"和"下学而上达"两个命题结合起来理解，我们就可以体会出孔子的良苦用心。对于大多数人而言，人受其有限性的束缚，若没有外部环境的激励与促进，往往都是属于"困而不学，民斯为下"的一类人。既然大多数人都属于此类人，则孔子最关心的问题就是"下"如何实现"学而上达"，因为他关心的是普遍的人类利益。事实上，孔子正是针对于最大多数人所面临的普遍困境问题而提出了一种解决的办法——学而时习之。正如刘述先所指出的："只要根本处抓得稳，下学而上达，这正是儒家要普及化必须走上的道路。"①

（三）学以成人

孔子提出"下学而上达"的命题，是与他对"君子"与"小人"的人生路向之分判直接联系在一起的。对于年轻的心灵来说，通过学习而实现自己的成熟与丰盈，是孔子一直所孜孜教诲的"成人"追求。如何"成人"是孔子强调学习的根本旨趣所在。成人是有目标的，首要的目标是成为君子。孔子曾明确地告诫子夏说："女为君子儒，无为小人儒。"（《论语·雍也》）蔡仁厚指出，如果把这句话改用现代的语言来说，意思应该是这样的："你要做一个有人格，有学问，有文化理想，有道德勇气，能够以仁为己任，以维护人道尊严自任的知识分子；千万不可以成为一个只靠一点小学问、小知识，以谋求温饱的知识分子。"② 这也是对所有立志成为一个儒者之人的教诲。

---

① 刘述先：《儒家思想的转型与展望》，河北人民出版社 2010 年版，第 76 页。
② 蔡仁厚：《孔孟荀哲学》，台湾学生书局 1984 年版，第 3 页。

孔子说："君子上达，小人下达。"（《论语·宪问》）朱熹解释说："君子循天理，故日进乎高明；小人徇人欲，故日究乎汙下。"① 也就是说，立志于上达的人将成为君子，甘愿下行的人将沦为小人。在孔子这里，区别君子和小人的最主要标准就是学习。所谓的君子儒，就是明白人生正道而努力，希望实现生命境界之自我提升的学习者；所谓的小人儒，则是不明人生正道而甘愿处污下，却不愿意进行自我提升的不学者。在孔子看来，君子和小人不是性之"质"的差异，而是习之"文"的差异。换句话说，君子和小人在人之为人的质地上是平等的，都有天生之德性，但君子能够"质直而好义"（《论语·颜渊》）——既有人之为人的德性本质，又有成为人的德行实践；而小人却是"质直不好义"——虽有人之为人的德性本质，却未有成为人的德行实践。在"质"与"文"上，君子和小人同有质，但却在文上表现出不同的选择差异。这种不同的选择差异就表现为"学"或"不学"。君子学文，所以上达；小人不学文，所以下达。这种区分我们可以从下面一段对话中看出。据《论语·颜渊》中载：

> 棘子成曰："君子质而已矣，何以文为？"子贡曰："惜乎，夫子之说君子也！驷不及舌。文犹质也，质犹文也。虎豹之鞟犹犬羊之鞟。"

棘子成以为君子有其德性之本质就行，不需要还有德行之实践。而子贡则主张"文犹质，质犹文"，认为德性之本质须显现为德行之实践，德行之实践须依据德性之本质，即德性之质与德行之文需要做到相符。子贡的解释是在发挥孔子对"何以为君子"的理解。孔子说："质胜文则野，文胜质则史。文质彬彬，然后君子。"（《论语·雍也》）显然，孔子强调的是文、质之间的辩证张力。而结合孔子"性相近，习相远"的思想来理解文、质之关系，尽管德性之质是对人之为人的本质规定，但德行之文却是人能成为人的决定力量。正因为如此，孔子把学不学"文"看作是君子与小人的分界之处。所

---

① （宋）朱熹：《四书集注》，凤凰出版社 2005 年版，第 167 页。

以朱熹在注解上述棘子成与子贡之对话时，说："若必尽去其文而独存其质，则君子小人无以辨矣。"①

人能实现学而上达，需要持久而有效的动力。孔子把"文"看作是人实现学而上达的关键性力量。基于这样的认识，孔子把"文"列为教导弟子的最基础核心内容。《论语·述而》中记载："子以四教：文、行、忠、信。"朱熹引程颐的话注释说："教人以学文、修行而存忠、信也。"②按照程、朱的解释，"忠""信"能存，显然指的是人的德性本质；"行"是修行，显然是孔子所谓的"时习"之意；"文"是学文，显然是孔子所谓的学之内容。我们可以说，在孔子这里，按照君子之道所开示的生命方向而努力自我圆成的实践道路，是需要从学文开始的。按照孔子的指导，我们成为君子儒的道路虽不简单，需要付出非常大的努力，但每一步都非常清晰明白，只要遵循夫子的教诲，每一个人都可以实现他的上达。正因为孔子有这样的教诲，他的弟子曾子才有"君子以文会友，以友辅仁"（《论语·颜渊》）的理解。希望成为君子儒的有志之士都可以遵循这一道路，学而上达。也正是基于这样的理解，我们把孔子所开创的道德哲学，在基本特质上理解为一种崇尚文化的思想传统。人通过学文而上达是有目标的。就人的自我提升而言，人需要上达于真正人格的完成，即"学以成人"。儒家把真正意义上的人格之完成称为"圣人"。孔子曾说："圣人，吾不得而见之矣；得见君子者，斯可矣。"（《论语·述而》）关于"圣人"和"君子"人格的具体区别，朱熹解释说："圣人，神明不测之号。君子，才德出众之名。"③显然，就人格境界而言，圣人是要高于君子的。虽然君子是孔子所期许的，并希望现实社会中每一个人都达成的一种人格，但却并不是终极的理想人格。对于孔子而言，最终极的理想人格还是圣人。弟子子路曾向孔子问君子的问题，孔子就依次回答说"修己以敬"、"修己以安人"和"修己以安百姓"，并且进一步强调说："修己以安百姓，尧、舜其犹病诸！"（《论语·宪问》）尧、舜是儒家所推崇的圣人理想，

---

① （宋）朱熹:《四书集注》，凤凰出版社 2005 年版，第 145 页。
② （宋）朱熹:《四书集注》，凤凰出版社 2005 年版，第 104 页。
③ （宋）朱熹:《四书集注》，凤凰出版社 2005 年版，第 105 页。

如果说真正的君子所完成的事业，连尧、舜这样的人都犹未完全实现，显然真正的君子其实就是圣人。圣人代表的是一个人内在德性与外在德行的完美契合，其实就是《大学》中所总结的"止于至善"。一个人能够上达于至善的境地而能不迁移、不退转的时候，这个人就是圣人。因此对于士而言，从立志于成为君子来开始自己的人生之道，当其能够真正地"止于至善"时，才是真正的自我圆成。孔子的这一思想为荀子所继承。当谈到学的始终问题时，荀子就明确地说"其义则始乎为士，终乎为圣人"（《荀子·劝学》）。

人格的完成意味着生命境界的达成。我们应该上达于何种生命境界？孔子所主张的人生上达之路，之所以强调首先成为君子而不是圣人，既因为上达成人的阶梯需要一步步的攀登，也因为孔子对君子人格之期许的标准——仁、知、勇三达德——设定得极高。孔子说："君子道者三，我无能焉：仁者不忧，知者不惑，勇者不惧。"（《论语·宪问》）成为真正的君子，事实上也就是成为圣人。圣人是先秦儒家树立的一种自然生命与文化生命圆融无碍的理想人格，也是中国人最期许的理想人格。圣人也是君子上达的境界，而圣人的境界其实就是天地的境界。后来整个宋明理学就是通过对"孔颜乐处，所乐何事"命题的追问，来求索孔子所希望的人上达于何种境界的问题。例如周敦颐就说"圣希天，贤希圣，士希贤"（《通书·志学第十》）。孔子对"君子上达"的期许，开启了整个儒家所遵循的士—贤—圣—天的"学为圣人"的人生上达之路。所以孔子之后，从孟子和荀子开始，都以成为圣人为人之自我圆成的真正实现，而经过宋明理学的发挥，学为圣人则成为整个儒家的基本信念。

圣人不是人中的某一类人，其所代表的是一种人人可以圆成的人格，也是一种人人可以达至的生命境界。"圣人"是就秩序境界而言的，天地的自然秩序内化为心灵的道德秩序，心灵的道德秩序外显为身体的规范秩序，这是秩序不断的由精神具体化为行为的过程；"学"是就秩序工夫而言的，孔子主张"下学而上达"的路径，即由身体的规范秩序进而觉醒心灵本有的道德秩序，由觉醒心灵本有的道德秩序进而悟觉到天地存在的自然秩序，由此实现圣之境界与学之工夫的知行合一。如此，我们也就可以理解，孔子为什么要说"学而时习之，不亦说乎"了。因为人的自我圆成之实现，即学以成人的人生之路的完成，意味着生命本质的真正显现，意味着每一个人找到了生命的真谛，每个人回归了精神的家园。回到了家园故土，做回了真正的自己，难道心情不应该是愉悦快乐的吗？所以孔子说："饭疏食饮水，曲肱而枕之，乐亦在其中矣。"（《论语·述而》）儒家"学以成人"思想的价值在于：人的卓越性不再受天生禀赋或社会地位等因素的决定，而由自己的努力，即学习来负责。

生命的境界指示着人生的方向。对于人生方向，君子选择上达，而小人选择下达。有所选择，说明我们面对着诸多的可能性。面对着诸多的可能性，我们可以做出不同的选择，说明我们是自由的。但是我们选择向何处去的自由，本质上又是命中注定的。这种命中注定的宿命就是我们的生命本质。可以说，我们应该选择的人生方向，就已经被我们的生命本质所预先规定好了。对于孔子而言，自由的选择，意味着在目标和方向已经明确的基础上，选择是否朝着这个方向前进则是可以由自己决定的。但自由的选择又有是非对错之分。如果我们做出决定，决意不朝着这个预定方向前进，甚至是朝着与这个预定方向相反的方向前进，则意味着我们做出了一次错误的选择，即我们甘于处下甚至是下达，此时的自由就是一种自我限制。如果我们做出决定，决意朝着这个预定方向——成为一个仁者的方向——努力前进，则意味着我们做出了一种正确的选择，于是我们就走在了道上，而道的价值和意义也由我的选择和努力而得到彰显，这就是孔子所说的"人能弘道，非道弘人"（《论语·卫灵公》）。由于自己生命具有"仁"的本性，因而生发出通过学而上达为一个真正之人（圣人）的志向，这就是士志于道。对于这样的人，孔子鼓励说，在你生命的所有活动中去努力实践爱吧。在孔子的逻辑中，因为人本质上是仁者，所以人能爱人，这就叫作"人能弘道"。这是儒家"学"的工夫。杜维明说："'人能弘道，非道弘人'是工夫语，因为天道不弘自大，以人配天却必须通过永恒不断的艰苦工夫。"① 所以孔子教导我

---

① 杜维明：《东亚价值与多元现代性》，中国社会科学出版社 2001 年版，第 59 页。

们：每一个人都应该学着成为能爱人的仁者，都应该学着在伦常日用的实践活动中习行仁爱的精神。真正的君子需要做到"无终食之间违仁，造次必于是，颠沛必于是"（《论语·里仁》）。要想在这样一种人生之路上有所成就，乃至成为真正的善人，关键是人要具有一种"有恒"的品质。孔子说："善人，吾不得而见之矣；得见有恒者，斯可矣。亡而为有，虚而为盈，约而为泰，难乎有恒矣。"（《论语·述而》）那么，有恒于何？即要在什么事情上做到有恒？要在学习成为一个真正有德之人的事情上，做到有恒。孔子曾引用《易·恒卦》九三爻辞，即"不恒其德，或承之羞"来表达这一思想，所以朱熹把孔子言有恒之义，看作是在"示人入德之门"[①]。

儒家的自由，是一种"宿命的自由"。这种"宿命的自由"将先验的生命本质和后天的人为努力结合起来思考，后来被《中庸》"天命之谓性，率性之谓道，修道之谓教"的命题所揭示。当然，对于孔子以及整个儒家而言，目标和方向已经确定，但并不意味着这会是对人的一种限制或约束，也不意味着不再强调人的自我努力。相反，这一目标和方向指示给我们的是虽然明确但却无限的提升空间。事实上，我们可以一直朝着这个方向作无限的自我提升与自我超越，至于能够在这样一条确定的人生阶梯上攀登到何种高度，则取决于自己的自由选择与努力程度。显然，这将是一种生命境界的无限提升。在芬格莱特看来，"孔子认为，人类的道德和精神成就并不依靠欺骗或者幸运之神的降临，也不依赖于神秘的咒语（esoteric spells）或者任何纯粹外在的力量。……一个人的精神境界以他一生下来就已经具备的'素材'（stuff）为基础，取决于他为'塑造'自己的精神境界而付出的艰辛努力，也就是他为此投入学习和工作的数量和质量。精神的崇高性要求锲而不舍的意志和坚忍不拔的努力"[②]。杜维明则指出："孔子亦师亦学的一生，体现了儒家这样一种信念：教育是一个自我实现的无尽过程。"[③]

---

① 朱熹：《四书集注》，凤凰出版社 2005 年版，第 105 页。

② ［美］赫伯特·芬格莱特：《孔子：即凡而圣》，彭国翔、张华译，江苏人民出版社 2002 年版，第 2—3 页。

③ 杜维明：《东亚价值与多元现代性》，中国社会科学出版社 2001 年版，第 168—169 页。

孔子曾自我评价，说"其为人也，发愤忘食，乐以忘忧，不知老之将至云尔"（《论语·述而》）。正如杜维明先生所指出的：

> 孔子一生的平凡与真实却说明了这样一个事实：孔子的人性不是一种启示的真理，而是一种修身的体现，是一种就个人而言塑造自己命运的不懈努力的结果。对于知识分子，孔子所体现的是普通人成为令人敬畏的圣贤这样一种信念的可能性。然而，即使是对普通人，可以通过自己的努力而成为成功甚至杰出的人物这样一种信念，并不只是一种想象的可能性，而是一种切实可行的理念。通过个人和社会的努力，人是可以教化的、是可以改善的，并且确实是可以导向完美的。这种坚信深深地植根于中国人的心灵当中。①

概言之，《论语》通过对孔子"下学而上达"之一生的记录，最终呈现给我们这样一种生命图景：每一个平凡而真实的高贵生命，都可以通过为己的学习而实现"即凡而圣"的人生理想。

二、儒学之规模

既然学习是儒家的第一纲领，那么，由之而来的问题就是我们学习什么？这就涉及"儒学"这个概念。简单地说，我们把儒家所主张学习的思想内容之整全称为儒学。在《论语》中，与儒学概念相通的一个字词就是"文"，这是孔子用来教授弟子的学习内容。那么，我们进一步追问，"文"又是由什么内容所组成的？即是说，儒学是由什么内容所组成的？这就需要在儒学思想发展史的逻辑中理解《论语》的第二段关键性话语，即：

---

① 杜维明：《东亚价值与多元现代性》，中国社会科学出版社 2001 年版，第 132 页。

子曰："志于道，据于德，依于仁，游于艺。"（《论语·述而》）

当然这种对《论语》文本的挖掘，事实上已经超出了文本自身本有的内涵。对于挖掘者而言，我们是站在历代儒者对儒学思想深入诠释的理解"前见"基础上进行的。换言之，我们是立足于整个儒学思想的历史发展逻辑基础之上，回过头来，再重新理解《论语》这一儒学的源头活水，当然某种意义上就会带有"过度"诠释的性质。那么，我们如何理解这一段话所具有的思想内涵？这就需要首先解释一下诠释者本身对这一段话语理解的"前见"视角。因为每一位学者对这一段话的理解都可能带有自身的解释"前见"。李泽厚先生曾把孔子上述话语和孔子的"兴于诗，立于礼，成于乐"（《论语·泰伯》）联系起来，并解释说："'道'是意向，'德'是基础，'仁'是归依，而'艺'则是自由的游戏。"[①] 这是他的理解视角。而我们的理解视角则认为，这段话是从宇宙论、人性论、心性论和工夫论四个层面建构了《论语》思想的基本框架。在这段话里，孔子提出了两组概念："道""德""仁""艺"和"志""据""依""游"。这两组概念可以说展现了《论语》乃至整个儒学的思想体系。

（一）道的宇宙论

儒家从"道"的角度理解人所生活于其中的世界，形成了所谓的宇宙论。从儒学的思想发展逻辑来看，"志于道"是《论语》为儒家开显的一种宇宙论。

我们知道，中国哲学在理解人生在内的所有问题时有一个宇宙论预设。所谓宇宙论预设，指的是在宇宙整体的立场上理解最高的原则、精神、价值和境界等问题。这些原则、精神、价值和境界等，《论语》统称为"道"。杜维明先生指出："'道'所关注的问题是人类存在的终极意义。这个问题的提出具有符号思维复杂精密的水平，堪与基础神学或神学宇宙论所提出的问题

---

① 李泽厚：《华夏美学》，载《美学三书》，天津社会科学院出版社 2003 年版，第 238 页。

媲美，尽管'道'在本质上是人类学的，或更为恰当地说，是天人学的（anthropocosmic）问题……鉴于历史悠久的信念'人能弘道，非道弘人'，有关人类存在的终极意义的问题因此就是一个天人学的问题。"①"道"在《论语》中，是以天道（天命）和人道的"天道性命相贯通"的逻辑而层层展开的，所以儒家围绕着天人学问题所进行的理论解释，事实上勾勒出了儒家的宇宙论思想。儒家的宇宙论思想成熟于宋明理学时期，整个宋明理学主要是围绕着《论语》中不可得而言的"性与天道"问题而展开的。

对于"道"，孔子用"志"来搭配。所谓"志"，朱熹解释为："志者，心之所之之谓。"② 心之所追求的那个东西就是"道"，这是人心追寻的终极目标。对孔子而言，没有什么比获得"道"更高的目标了，所以他说："朝闻道，夕死可矣。"（《论语·里仁》）在孔子看来，儒学必须遵循整体性法则来确立一种具有普遍性价值的立场，这就是"道"。所以芬格莱特看到："孔子的道的意象并没有引领我们去沉思人们到达一个命定的或理想的地方，不管那个地方被描绘成海港、家园还是黄金城。相反，君子到达的是一种境界，而不是一个处所，是一种从容中道的境界。他达到身心安宁、平静无纷扰的状态（tranquil states），这种状态来自于对求道或行道的深切体会，并且认识到求道或行道本身就具有终极和绝对的价值。"③ 那么，我们学习谁才能获得一种普遍性的法则？只有宇宙。以宇宙为探索对象而建立的普遍性价值的思想就是宇宙论。《论语》提出"志于道"命题的背后，蕴含着对宇宙普遍秩序的好奇心。宋明理学的兴起，某种意义上就是这种好奇心的产物，无论是程、朱的"理"，还是陆、王的"心"，都是对宇宙普遍秩序的探求。

那么，这个"志于道"的宇宙论是一个什么样的宇宙论？在儒家看来，

---

① 杜维明：《道、学、政：论儒家知识分子》，钱文忠、盛勤译，上海人民出版社2000年版，第1—2页。

② （宋）朱熹：《四书集注》，凤凰出版社2005年版，第99页。

③ ［美］赫伯特·芬格莱特：《孔子：即凡而圣》，彭国翔、张华译，江苏人民出版社2002年版，第19—20页。

这是一个"道德的宇宙论"。所谓"道德的宇宙论"，就是在孔子看来，宇宙的第一原则或最高法则是道德的法则，由道德的法则决定了整个宇宙大化流行所遵守的第一原则就应该是以道德作为最主要的特征的。这一道德原则就是人道的"仁义"原则。对这一内涵的揭示，我们是结合《易·说卦》中的一段话来理解的，即：

> 昔者圣人之作《易》也，将以顺性命之理，是以立天之道曰阴与阳，立地之道曰柔与刚，立人之道曰仁与义。兼三才而两之，故《易》六画而成卦；分阴分阳，迭用柔刚，故《易》六位而成章。①

在这段话里，天、地、人所谓的"三才"构成了整个宇宙论的基本框架。所谓"宇宙"，中国人的定义是"上下四方曰宇，往古来今曰宙"，那么，上下四方，往古来今的中心点是谁？儒家以为是"人"。人与万物相比，既有相同处，但更有不同处。这些不同使得人与动物相区别，所以儒家有"人禽之辨"。正如德国哲学家雅斯贝斯曾指出的："我们在人身上发现的生命形式在一切方面都是特殊的。尽管人在身体构造和行为举止方面与动物有许多相似之处，但人与动物在整体特性上的相似之处和不同之处是旗鼓相当的……既然把人的生物实体同精神实体分割开来证明是不可能的，我们必然会说：不可以把人想象为能够进化的动物种类，精神是某一天外加给他的新获得物。在生物学领域内，甚至在生物学的意义上，人必定是从一开始就跟所有其它生命形式都不一样。"② 事实上，从孔子指出"天地之性，人为贵"（《孝经·圣治章第九》），到孟子对"人之所以异于禽兽者几希"（《孟子·离娄下》）之物的追问，再到荀子"人最为天下贵"（《荀子·王制》）的论断，整个先秦儒家都是站在把人视为天地万物中的最特殊存在者这一自觉的立场上，来追问"人之所以为人"的问题。

---

① 黄寿祺、张善文：《周易译注》，上海古籍出版社 2004 年版，第 571 页。
② [德] 卡尔·雅斯贝斯：《历史的起源与目标》，魏楚雄、俞新天译，华夏出版社 1989 年版，第 48—49 页。

以孔子为代表的先秦儒家，倾向于从人之异于其他存在物的特殊性一面来追问人的本质问题，他们把这种不同于动物而独属于人的生命特性称为"德性"。孔子"性相近，习相远""绘事后素"等说法已经表明，人之所以能爱人，是因为人先验地具有能爱人的素质，他称之为"仁者爱人"。而人之所以先验地具有这种爱人的素质（仁者），是因为仁爱就是宇宙的本原之理（后来的宋儒将其称为"天理"），这就是孔子所谓的"天命"，也就是《中庸》中进一步发挥的"天命之谓性"思想，所以上引《说卦》的作者才能在"立天之道"、"立地之道"和"立人之道"的宇宙论结构中讨论性命之理的问题。在谈到中国哲学对于宇宙的理解时，方东美先生指出："宇宙不能仅被看做自然的，它被儒家特别是新儒家转化为道德的宇宙，被道家转化为美感的王国，并被佛家转化为宗教的领地。所有这些不同的领域最终走向全部宇宙的统一整体，其从哲学角度思考乃是理想的变易的世界。中国形而上学的任务就是分析种种事实并进而理解宿命。变易的世界不过是一种价值论中心的目的论系统。"①

儒家把宇宙视为一个道德的宇宙，由此形成了一种道德的宇宙观。这种宇宙观，以道德的思维方式理解天人关系，将天道运行的自然规律内化为生命的美德属性；以道德的思维方式理解人与他者的关系，将个体的道德行为原则扩展为主体间的交往伦理规范；以道德的思维方式理解人与自我的关系，将自我内在的生命本质扩充为外在身体的行为规范……所以方东美指出："古代中国人的宇宙概念，乃是所有平等的存在者都能围绕最高的道德价值标准之中心而获得其自身生命的完成。于是发展出一种理论，认为只要矫正了道德方面的问题，就会实现生命、社会、经济、政治和文化的福祉。"②

概而言之，所谓道德的宇宙观，是在天人合一思维方式的基础上，通过对道德性的宇宙秩序的前提预设而开辟了道德生命的价值之源；在此基础

---

① 方东美：《中国哲学之精神及其发展》，匡钊译，中州古籍出版社2009年版，第26页。
② 方东美：《中国哲学之精神及其发展》，匡钊译，中州古籍出版社2009年版，第58页。

上，在普遍人性的意义上解释了人之所以为人的问题，实现了对生命本质的道德觉解和伦理认识，由此挺立了道德主体。如果把儒家对生命本质的理解称为人之"自然"的话，那么，这种以"仁"为特征的自然人性，将被扩充为人与人之间相互友爱的伦理交往方式，即"在中国，自然不在伦理之外，甚至可以说，自然的存在方式直接被理解为伦理的存在方式"①，这就是儒家所说的"成就伦理世界"之问题。这是人之"自觉"。可见，无论是道德主体的自我挺立，还是伦理世界的交往行为规范之确立，在理论逻辑上都是由"道"这一价值之源所开辟的。对于儒学而言，道德宇宙论的前提预设，规定了人的本质及其存在方式。

（二）德的人性论

儒家从"德"的角度理解人的生命本质问题，形成了所谓的人性论。从儒学的思想发展逻辑来说，"据于德"是《论语》为儒家开显出的人性论。

哲学上的人性论，探讨的是人的生命之本质的问题。儒家关于人之"质"的讨论包含两层的存有论：一层是本质存有论，这是在强调人作为宇宙万物中最特殊的一种存在，人所具有的异于他者的本质所在，如"天地之性，人为贵"之说，宋明理学称之为天地之性。另一层是性质存有论，这是在强调人作为宇宙万物中的一分子，人所具有的同于他物的属性所在，如"食色性也"之说，宋明理学称之为气质之性。概而言之，孔子所开启的儒家人性论认为：人作为一种生命存在，既具有与动物等其他存在者相同的物质属性，也具有与动物等其他存在者不同的精神属性。儒家人性论的特殊性，在于它把人同于万物的物质属性即气质之性，看作是有限的，因而主张人需要通过自身的努力来克服和超越这种有限性。孔子所提出的"下学而上达"的含义，就是指人能克服或超越自身同于物的有限性，进而达到一种无限的精神

---

① ［日］沟口雄三、小岛毅主编：《中国的思维世界》，孙歌等译，江苏人民出版社 2006 年版，第 4 页。

境界。所以，作为诸多人性理论中的一种，儒家人性论其实是偏向于从人之异于万物的特殊性上追问人的本质问题的。

《论语》所开启的儒家道德宇宙论，把人既看作是宇宙的中心，又视为是宇宙的珍宝。以孔子为代表的先秦儒家，正是通过对"德"范畴的解释，回答了人与万物相比何以特殊的问题。那么，"德"的含义如何理解？"德"包含两层规定性：一层规定性在心，指人涵养于内的精神秩序，即人之为人的心性本源，是谓"德性"；另一层规定性在身，指人表现于外的行为秩序，即人之为人的行为方式，是谓"德行"。所以在孔子这里，"德"是对人之所以为人的全称规定，即人之所以为人的本质在"德"。人是有德之人——人既是德性的存在者，又是德行的实践者。内在的德性与外在的德行，按照"合外内之道"的方式实现真正的结合——"人之所以为人"与"人能够成为人"的问题也就实现了真正的解决。所以，《中庸》说："性之德也，合外内之道也，故时措之宜也。"而孔颖达在解"德"时，说："德者，得也。谓内得于心，外得于物。"①以孔子为代表的先秦儒家，正是以合外内为一体的思维方式来理解"德"，强调"德"是"内得于心，外得于物"的生命秩序。所谓"内得于心"，指人的自然生命本性中先验具有一种内在的道德秩序，即"仁体"；所谓"外得于物"，指人在伦常日用之中建立起了行为的伦理规范，即"义路"。因此，人作为一种道德的存在，就其实质内涵而言，指的是人之内在精神的道德秩序能够外显为外在行为的伦理规范，是仁体与义路的内外一体。这正是孔子"文质彬彬"之论所要阐释的人论。按照孔子对"文""质"的界定，"质"当是指人之真实生命的自然本性，"文"当是指人为创造的文化成就。在孔子看来，"文胜质则史，质胜文则野"，因此，文质之间需要名实相符。由此，孔子"文质彬彬"所理解的人具有一种自然生命与文化生命圆融无碍的生命韵律。

这也是孟子合"人心"与"人路"的"居仁由义"之思路（《孟子·尽心上》）。

---

① 孔颖达：《春秋左传正义》，载阮元校刻：《十三经注疏》，上海古籍出版社1997年版，第1741页。

孟子继承孔子，将人之为人的本质概括为"四善端"，认为四善端就是人之所以异于禽兽的那么一种"几希"之存在，是圣人先得我心之所同然的东西，也是君子存之而庶人往往丢失掉的东西，是"虽大行不加焉，虽穷居不损焉"（《孟子·尽心上》）。所以在孟子看来，人本性既然是纯善的，那么人先验的就是一种德性的存在，人需要过一种德行的人生，所谓"居仁由义"是也。

这也是荀子人皆有"可以知仁义法正之质"和"可以能仁义法正之具"，因而可以"为仁义法正"的思路（《荀子·性恶》）。尽管荀子主张人性恶，与孟子人性善理论有冲突，但荀子基于现实实践的考虑，也把人看作是一种道德的生命，他说："水火有气而无生，草木有生而无知，禽兽有知而无义，人有气有生有知，亦且有义，故最为天下贵也。"（《荀子·王制》）由此，荀子则特别强调一种德行的人生。

所以，无论是孟子先验的德性思路，还是荀子经验的德行思路，儒家都把人看作是一种道德的生命。对于儒家来说，"我们人与世界上其他事物的最大差别就是，我们人类不把彼此当做物质对象来对待，不像动物甚至低等生物那样被驱使、被威胁、被强迫，乃至被屠杀"①。而作为一种道德的生命，养成人之生命秩序的，既是自然生命中所先验具有的内在道德秩序，也是文化生命中所后天教养的外在伦理规范，而内在道德秩序与外在伦理规范又以"合外内之道"的思维统一起来实现与提升生命精神。能够在整体上涵容和实现这一生命精神的是礼乐，礼乐的精神合为"道德的精神"，所以儒者说"礼乐皆得，谓之有德"（《礼记·乐记》），以为礼乐皆得的生命才是真正有道德的生命。

总之，把人当作道德之人来看待，这是儒家最基本的生命态度。既然"德"是人之所以为人的本质规定，所以对于"德"，孔子用"据"来搭配。所谓"据"，按照朱熹的解释，就是"执守之意"②。意思很明确，就是执着地守护自己的道德，人才能真正地称得上是一个人。儒家相信，人只有真正

---

① ［美］赫伯特·芬格莱特：《孔子：即凡而圣》，彭国翔、张华译，江苏人民出版社2002年版，第11页。

② （宋）朱熹：《四书集注》，凤凰出版社2005年版，第99页。

理解了自己的生命本质，才能按照这样一种本质规定去过一种相符的人生。正如奥尔特加-加塞特所说："为获得开化且成熟的人格，我们必须要先为生命提供合适的基本性情。"[①]在人的生命活动开展之前，预先提供一种合适的基本性情，正是孔子及其追随者们的基本思路。孔子之所以提出"据于德"命题的理由在于此，而整个儒家对"德"范畴进行不懈的理解与诠释的目的也在于此。

（三）仁的心性论

儒家从人心中寻找人之所以为人的本质，形成了所谓的心性论。从儒学的思想发展逻辑来说，"依于仁"是《论语》为儒家开显出的心性论。

以孔子为代表的先秦儒家认为，人是按照一种既定的目的不断自觉地自我塑造的过程。这种既定的目的就是"德"，也就是人之为人的生命本性。那么，我们如何实现对自己本性的生命自觉呢？孔子教导说，要"从心"，即认识到自己真正的"心"并跟随心的直觉。因此，在"据于德"的人性论基础上，儒家以为人之异于万物的特殊性表现在"心"上，进而自然逻辑地提出了"依于仁"的心性论。因此，尽管在《论语》中，孔子并未明确地提出儒家的心性论，但他确实开启了儒家心性论的路向。这一开启的关键，就蕴含在孔子对自己生命历程总结的最后一句话里，即"七十而从心所欲，不逾矩"。对于这句话，通行的句读方法是"七十而从心所欲，不逾矩"，我们以为，若是句读为"七十而从心，所欲不逾矩"——意思是到七十岁后，能够真正遵从自己的本心，所思、所想和所行都不会逾越规矩，这样理解更符合《论语》的精神。例如，张载说："从心莫如梦。梦见周公，志也；不梦，欲不逾矩也，不愿乎外也，顺之至也，老而安死也，故曰'吾衰也久矣'。"[②]由张载的"从心莫如梦"和"不梦，欲不逾矩也"可见，张载认为句读应断

---

① [西班牙] 何塞·奥尔特加-加塞特：《哲学是什么》，谢伯让、高慧涵译，电子工业出版社 2013 年版，第 99 页。

② （宋）张载：《张载集》，中华书局 1978 年版，第 40 页。

在"心"字后。朱熹的弟子陈淳说："为学紧要处，最是立志之初，所当谨审决定……孔子说'从心所欲不逾矩'，紧要正在志学一节上。在圣人，当初成童志学，固无可议。自今观之，学之门户虽多，若此处所志者一差，不能纯乎圣途之适，则后面所谓'立'，所谓'不惑'，所谓'知命'，所谓'从心'，节节都从而差，无复有见效处。惟起头所志者，果能专心一意于圣人之学，则后面许多节目，皆可以次第循序而进。果有'不倦'工夫以终之，则虽'从心'地位至高，亦可得而造到矣。"① 从陈淳的"所谓'从心'""'从心'地位至高"等说法中可见，也是主张句读应断在"心"字后。

儒家为什么要在"德的人性论"基础上，进一步谈"仁的心性论"？孔子开启的儒家人性论，目的在于解释人之所以为人的生命本质在于德，即人是有德之人。"德"既是人的本质规定，也是人的存在方式。德是生命的崇高秩序。在孔子之前，生命的秩序是建立在所谓"天命"的基础上的。作为儒学的开创者，孔子的伟大贡献，就是通过"天生德于予"（《论语·述而》）的天人合一之思维方式，把生命秩序的最高保证从"天命"还原到人身上。孔子在人自己身上，找到了天命观念的理性替代物——"仁"。所以孔子才说"当仁，不让于师"（《论语·卫灵公》）。为什么在成为仁人这件事情上，不能够谦虚逊让呢？正如朱熹解释的："盖仁者，人所自有而自为之，非有争也，何逊之有？"② 既是自有，又是自为，显然"仁"是人之生命的本质规定，也是人之行为的秩序规范。所以，自有自为的"仁"，向我们提供了一种道德秩序的最高保证。既然是道德秩序的最高保证，对于"仁"，就需要做到遵从不违，所以孔子用"依"与"仁"搭配，说"依于仁"。关于"依"，朱熹就解释说："依者，不违之意。"③

那么，"仁"是什么？孟子明确地说："仁，人心也。"（《孟子·告子上》）尽管是孟子首先明确地点明了这一点，但在孔子这里，虽然他的话语体系里还保留"天命"概念，甚至有"畏天命""知天命"等说法，实际上

① （宋）陈淳：《北溪字义》，中华书局 1983 年版，第 16 页。
② （宋）朱熹：《四书集注》，凤凰出版社 2005 年版，第 182 页。
③ （宋）朱熹：《四书集注》，凤凰出版社 2005 年版，第 99 页。

已经把我们真正本然的"心"看作是道德秩序的最高保证——这就是孔子说的"七十而从心，所欲不逾矩"。最直观的理解就是，七十岁比五十岁的生命体悟境界更高，所以，五十岁所知的"天命"并不是孔子最终的追求，孔子最终追求的是从自己的"心"。所以这样句读，也最能体现儒家把"心性"视为人之为人的道德秩序之最高保证的意义。当然，这个"心"，指的是真实本然的"心"，是能够作为王夫之所说的"人情天理合一之原"①的心。这一真实本然的心有它的真性情，这一真性情就是心的秩序。遵从自己的真实本然的"心"，并让自己的行为（所欲）完全出于这一心的秩序（不逾矩），这正是儒家的道德秩序之逻辑。儒家以为，"仁"就是人的心性，"依于仁"就是依于心。

孔子说人应该遵从的只有自己的心。那么，这是怎样一颗值得我们用一生去遵从的伟大心灵呢？我们知道，按照孔子"仁者爱人"的命题，一个人之所以是仁者，是因为他有一颗充满爱的心灵。孔子说君子有"仁""智""勇"的三达德，即真正的心灵具有三种最基本的德性：仁爱、智慧和勇敢。因为仁爱保证了人本质上是一个有德之人；智慧能够明辨是非，是实现行为正义的智力保证；而勇敢则表现为坚持不懈的恒久努力，是保证自己不会为任何外力而改变初心的基本品质。在君子的三达德中，又以仁爱为最基本。方东美说："在和平与幸福的时代，正义流行；在暴力和混乱的时代，人格力量必须占上风；在善良意志的和睦时期，则需要温柔的心灵。只有深沉的心灵才能驾驭权力，而最高的温柔正存在于高贵的心灵之中。"②最高的温柔存在于高贵的心灵之中正是儒家"仁心"观念的精神，即心因仁而温柔，仁因心而高贵。

"仁"首先是一种爱的情感。樊迟问仁，孔子答以"爱人"（《论语·颜渊》）。在孔子这里，人实践"仁"为什么要以"爱"的方式来呈现？借用奥

---

① （清）王夫之：《四书训义卷二十六·孟子二》，载《船山全书》第八册，岳麓书社1996年版，第90页。

② 方东美：《中国哲学之精神及其发展》，匡钊译，中州古籍出版社2009年版，第33页。

尔特加-加塞特的话说："爱会预先安排并预备被爱者的可能优点。爱会让我们看到不爱时看不到的东西，因此，爱使我们丰富。最重要的……这股力量会激起我们内心那股迁徙的倾向。"①一个人对他人的爱，会使这个人看到他人身上所具有的优秀特质，并进一步发现，这种优秀特质值得我们欣赏和学习，如孔子就说"三人行必有我师焉，择其善者而从之"（《论语·述而》）。这种欣赏和学习的态度就会驱使我们把他人看作是平等于我甚至是优秀于我的人，于是，这样的态度就会进一步驱使我们做出改变并努力地超越自己。因此，一旦唤起心中的爱，一个人也就具备了志于成为一个仁人的最大的内驱力。所以孔子说："仁远乎哉？我欲仁，斯仁至矣。"（《论语·述而》）一个人依于仁爱的精神去对待他人，人与人之间才能建构一种充满着愉悦感和怡人氛围的道德秩序。

（四）艺的工夫论

儒家对成人之途径与方法的追问，形成了所谓的工夫论。从儒学的思想发展逻辑来说，"游于艺"是《论语》为儒家开显出的工夫论。

何谓"艺"？一涉及这一问题，我们就会想到"六艺"。李泽厚指出："孔子所说的'游于艺'的'艺'，是礼、乐、射、御、书、数，即所谓'六艺'。"②也会想到"六经"。蔡仁厚指出："儒家所继承的，是二帝三王相承下来的全民族的文化业绩：从文献上说，就是人人皆知的'六经'……六经是立国的常经大法，代表民族文化的大统。"③无论是"六艺"还是"六经"，其实质都是孔子所说的"文"。在孔子"游于艺"的命题中，"艺"代表了孔子的一种指示，即志于成为君子儒的我们需要学习的内容，是"文"所代表的文化传统。这一文化传统就蕴含在"六经"和"六艺"中。所以，"游于艺"的内涵，

---

① ［西班牙］何塞·奥尔特加-加塞特：《哲学是什么》，谢伯让、高慧涵译，电子工业出版社 2013 年版，第 149 页。

② 李泽厚：《华夏美学》，载《美学三书》，天津社会科学院出版社 2003 年版，第 238 页。

③ 蔡仁厚：《孔孟荀哲学》，台湾学生书局 1984 年版，第 4 页。

指的是儒家在继承民族性的文化事业的过程中实现自己的提升与发展，即学以成人。

在学以成人的语境中，孔子用"游"来与"艺"搭配。"游"则代表了孔子的另一层指示，即志于成为君子儒的我们应该以一种什么样的态度来对待"斯文"这一文化传统。孔子的建议是"游"的态度。"游"的态度源自孔子对儒学的一种基本理解，即儒学来自每个存在生命对其生命天性的直接感受和深情呼唤，因而儒学应该是一种快乐的活动。快乐的活动就是游戏。孔子说游于艺，这是在暗示我们儒学本身就有它活泼和清新的一面，我们不需要以严肃的心态通过理性思辨去建立信仰，只需要以来自人性深处的冲动与渴望去融入其中，将对其的探索当成一场游戏。西班牙学者奥尔特加-加塞特在思考"哲学是什么"的问题时，向那些对哲学产生兴趣并希望轻松融入哲学的初学者，提出了这样一种建议：

> 当任何人第一次接触一门学问，最能够让他轻松融入并了解自己所从事之工作的方法，就是告诉他："对于你听到的事物和别人要你思考的东西，先不要评判它们值不值得信服；不要想得太严重，当它是一场游戏吧，当自己是受邀观察其中规则的座上宾。"①

他认为，根据自己长久以来的经验，这种游戏的态度，不只对哲学来说有价值，对所有的科学和所有严格意义上的具有理论性质的活动来说，也同样意义非凡。儒学是一种具有理论性质的哲学活动，这种游戏的态度也适合于立志成为君子儒的学人。奥尔特加-加塞特建议人们"能以从事运动或游戏的心境面对哲学"②，这种建议与孔子建议我们用"游"的态度从事儒学运动是心灵相通的。除了指示这样一种游戏的态度外，孔子所说的"游"，还

---

① 〔西班牙〕何塞·奥尔特加-加塞特：《哲学是什么》，谢伯让、高慧涵译，电子工业出版社2013年版，第95页。

② 〔西班牙〕何塞·奥尔特加-加塞特：《哲学是什么》，谢伯让、高慧涵译，电子工业出版社2013年版，第98页。

暗示了从事儒学的活动本身就是一件很快乐的事情。孔子说："知者乐水，仁者乐山。"（《论语·雍也》）用山水之乐来比喻从事于君子儒的仁知之人是会得到最纯真自然的快乐的。所以，到了宋明理学时期，理学家用"寻孔颜乐处，所乐何事"这样的问题来隐喻对儒学精神的追寻。

"游于艺"就是"学而时习之"，是《论语》为志于成为君子儒的人所开示的一种工夫论。这种工夫论是自发的而非强加于我们身上的一种活动，是我们愿意努力进行的，因为这种游的学习带给我们的是愉悦。因为它本身就是快乐的，所以孔子才说"学而时习之"是"不亦说乎"的事情。也正因为主张这样一种工夫论，所以孔子才把"学而时习之"确立为儒家的基本纲领。

学习的目的是为了满足人的需求。人是复杂的，因而具有各种各样的需求。那么，孔子所强调的学习是为了满足人的什么需求？这就需要从理解"儒"的真精神这一问题入手。"儒"代表了一种精神、意义和价值，回答了"下"学什么，如何学，"上"达于何等问题。"儒"是君子提升和实现自己的方向，所以孔子指示每一个参学他门下的弟子都应该成为一个君子儒。事实上，《论语》不仅仅把握了孔子的精神，也通过把握孔子的精神而把握了君子儒的精神。那么，"儒"代表了什么样的精神或信念？关于这一点，学者们已经有很多解释。我们是从解释学而非发生学的角度，来理解"儒"这个概念所代表的基本精神。"儒"，从现代汉语的字形上看，从"人"从"需"，即满足人的需求。英国学者爱德华·克雷格在思索哲学的起源时说："当然不是所有的哲学都因了解生和死的种种方法的需求而起，但是凡能传世的哲学大部分都起因于某种迫切的需求或深刻的信念：纯粹为了真理和智慧而追求真理和智慧也许是个不错的主意，但历史证明好主意只是一个主意而已。"[①] 作为一种传世的哲学，儒学也起因于某种迫切的需求，并最大限度地满足这种需求。孔子说"儒"代表的是一种为己之学，"儒"是自己为了满足自己的需求而进行的一种学习，这种学习的目标是让自己成为君子。

————

① ［英］爱德华·克雷格：《哲学的思与惑》，曹新宇译，译林出版社 2008 年版，第 5 页。

"儒"代表的是一种什么样的满足精神？是满足我们的食色之性吗？显然不是。我们的视听言动之身体化的行为表现，乃是从每个人都具有的真实无妄的心中萌发的，这个"心"构成了人的存在和实践之基础。我们身体的每一项具体行为都是由这个"心"所决定的。归根到底，儒学就是要满足人人具有的这颗真实无妄之心的真正需求。那么，对于人心而言，真正的需求是什么？从孔子"德之不修，学之不讲，闻义不能徙，不善不能改"的忧患意识中，我们可以看出，人心真正需求的是被称为"至善"的那些道德价值。因为"心"是人的一切行为的出发点，所以在孔子看来，人不能以外在世界的某种秩序为最高精神。我们的行为只能是从我们自身信念开始的地方——心灵，来寻找它的最高保证和基本动力。这一点后来孟子也坚持，所以他对告子的"义外"观点有从"义内"的角度进行的反驳。所以，儒学是为了满足和解决人心向善的需求问题。《论语》提出了"下学而上达"的思想，这种上达指的是具体生命追求"止于至善"的道德修养与境界提升。正如孔子的忧患意识所反映的，孔子关心的是人之为人并且成为人的问题。人之为人是从"性"上探索人的本质问题，人成为人是从"习"上探索人的养成问题。因此，"性"表征的是一个人的本性质地，而"习"表征的是一个人的文化涵养。所以孔子把"文质彬彬"解释为"游于艺"的工夫论所必须遵循的基本原则，因为绘事必须后于生命"素质"的。

工夫论是生命之"用"的展开，目的是复归生命之"体"。游于艺的实践最终是为了完成人之所以为人的本质规定，是依用归体，是通过生命自觉的实践去丰富和养成自己的天性。"六经"恰恰代表了人的六种天性，具体而言，《诗》表现了人是文学动物，《书》表现了人是政治动物，《礼》表现了人是社会动物，《乐》表现了人是艺术动物，《易》表现了人是哲学动物，《春秋》表现了人是历史动物。通过"六经"和"六艺"的学习与实践，人自觉到了自己的六种天性并将其养育成熟，这才算是完成了成人的目标。这就是孔子"游于艺"的思想内涵所在。

围绕着"学习"这一儒家的基本纲领，孔子解释了"学什么"与"习什么"的问题。归根结底，"学习"是一种独属于人的创造性的实践活动。这一实践的结果就是文化。文化的核心精神是人为之"伪"。"伪"是通过教化的方式而实现的。如果说"六经"之学象征人有六种天性的话，那么，反过来也就意味着，人的六种天性可以通过学习"六经"的途径来获得存养与成熟。所以《礼记·经解》篇中记载了孔子这样一段话：

> 入其国，其教可知也。其为人也，温柔敦厚，《诗》教也；疏通知远，《书》教也；广博易良，《乐》教也；洁静精微，《易》教也；恭俭庄敬，《礼》教也；属辞比事，《春秋》教也。故《诗》之失，愚；《书》之失，诬；《乐》之失，奢；《易》之失，贼；《礼》之失，烦；《春秋》之失，乱。其为人也，温柔敦厚而不愚，则深于《诗》者也；疏通知远而不诬，则深于《书》者也；广博易良而不奢，则深于《乐》者也；洁静精微而不贼，则深于《易》者也；恭俭庄敬而不烦，则深于《礼》者也；属辞比事而不乱，则深于《春秋》者也。

孔子"游于艺"的思想，其精神实质就是以文化人。以文化人是学以成人的过程。孔子通过在不同场景中，针对不同弟子的不同问题所进行的有针对性的回答，都指向了这一目的。

综上所述，如果说《论语》中的"道"是从天道宇宙论的角度探索道德人生的超越意义的话，那么"志于道"就是"I have a moral dream"；如果说《论语》中的"德"是从"物得之以生"的所以然之性的角度探索自然生命的道德本性的话，那么，"据于德"就是"I have a moral nature"；如果说《论语》中的"仁"是从心性本然的角度探索人的道德实践所应当遵循的基本原则的话，那么"依于仁"就是"I have a moral principle"；如果说《论语》中的"艺"是从行为应然的角度探索人的道德实践应该表现为如何习行的话，那么"游于艺"就是"I have a moral practice"。其中，贯通于四者的所谓"moral"，在孔子这里就是"仁"，因而，"道"即"仁"道，"德"即"仁"性，"仁"即仁心，"艺"即仁术，孔子主张通过这四方面的学习而实现成人的问题。

三、儒者之生命

既然孔子确立了学习是儒家的第一纲领，并且从"道""德""仁""艺"四个层面解释了学什么的问题，那么，继之需要探讨的问题就是如何"习"的问题。"习"是工夫论的问题。从"学"的理论理性逻辑来看，工夫论是由"道的宇宙论"、"德的人性论"和"仁的心性论"思想明确之后，才能逻辑推导出的实践方略；而从"习"的实践理性逻辑来看，工夫论反而就处于生命活动的优先选择地位。正是通过一步一步的扎实而具体的生命实践，让"道的宇宙论"、"德的人性论"和"仁的心性论"这些观念中的思想原则，外显为我们的创造性实践活动。孔子通过对自己一生实践活动的总结，为希望能够实现学而上达的儒者提供了一个生命的榜样。孔子说：

> 吾十有五而志于学，三十而立，四十而不惑，五十而知天命，六十而耳顺，七十而从心所欲，不逾矩。

这段话是对一个真正儒者生命活动的概括。从中也可以看出，孔子所说的"下学而上达"，其实是对自己一生活动的概括和总结。他的夫子自道，正是他自己实现"学而上达"的真实生命历程。孔子所代表的儒者生命的上达与自由，并不是生而就有的，而是通过志于"学"的工夫步步实践而达成的。刘述先指出："孔子并不承认自己是天纵之圣，他的成就乃由学而得来，所以他才更适宜于做我们一般人的楷模。"[1]

（一）学而上达的生命历程

夫子自道的这段话所展示的，是孔子对自己从十五岁到七十岁的人生所

---

[1] 刘述先：《儒家思想的转型与展望》，河北人民出版社 2010 年版，第 74 页。

经历阶段的全面总结。这一生命历程一以贯之的是孔子对如何"学而上达"的体悟和觉解。这是孔子以自己的生命智慧为中国人所开出的一种人生方向。这个人生方向的基本特点是在"天道性命相贯通"的逻辑中挺立人的道德主体性，为中国人确立了一条"合外内之道"以实现上达的人格自我圆成之路。因此，要理解这一人格的自我圆成之路，最好的方式就是紧紧跟随已经走上这条路并获得了成功的先行者的步伐而始终不怀疑地坚定走下去。那么，这个值得追随的生命典范无疑就是孔子。要追随孔子，我们需要理解孔子到底是如何一步步地"学"以成为孔子的。事实上，孔子也通过自我总结的方式向我们展示了一条途径。正如程颐所说："孔子自十五至七十，进德直有许多节次。圣人未必然，然亦是为学者立下一法，盈科而后进，须是成章乃达。"① 因此，以孔子的自我总结为线索，结合相关的论述，我们大致上能勾勒出一个进德次序相对清晰的工夫脉络。

首先看"十有五而志于学"一句。立志成为一个真正有德之人即君子，这个人就可以称为是一个儒者。儒者是通过学而成就的。他的一生就是习其所学的过程。那么，儒者的一生应该如何成就？儒者从立志于学习成为一个有德之人而开始他的生命之历程。孔子说"十有五而志于学"，也就是说他十五岁开始立志于成为一个君子儒。为什么是从十五岁开始总结呢？朱熹的解释是："古者十五而入大学。心之所之谓之志。此所谓学，即大学之道也。志乎此，则念念在此而为之不厌矣。"② 按照朱熹在《大学章句序》中的说法，人生八岁以后，自王公以下至于庶人子弟都要入小学，学习"洒扫、应对、进退之节"和"礼乐、射御、书数之文"；及至十五岁开始，则开始入大学，学习"穷理、正心、修己、治人之道"。③ 按照朱熹的说法，孔子十五岁立志学习的正是《大学》所总结的"大人之学"。所谓"大人之学"，即成为真正的人所应该学习与实践的内容，亦即"下学而上达"的学，这种"学"的目的不是以经验知识的增广为目标的，而是以成人成德为目

---

① （宋）程颢、程颐：《二程集》，中华书局 1981 年版，第 154 页。

② （宋）朱熹：《四书集注》，凤凰出版社 2005 年版，第 56 页。

③ （宋）朱熹：《四书集注》，凤凰出版社 2005 年版，第 1 页。

标。这样的学是成德之学。成德之学始于立志。"志"是心之所向的意思。立志是入道的工夫。有弟子问程颐入道之功问题，程子说："立志。志立则有本。譬之艺木，由毫末拱把，至于合抱而干云者，有本故也。"[①]孔子回顾自己的生命历程，指出自己是在十五岁的时候开始立志于一种能够实现上达的成人成德之学的。

接下来看"三十而立"一句。关于"立"，朱熹曾在解释孔子"不学礼，无以立"（《论语·季氏》）时，说"品节详明，而德性坚定，故能立"[②]。所谓"品节详明"，是就人的外在行为方式而言的，指人能够遵照礼的方式而活动，让自己表现得彬彬有礼；所谓"德性坚定"，是就人的内在心灵秩序而言的，指人能够认同社会的道德秩序，让自己坚定一种道德的信念。合而言之，朱熹以为能够做到"外在品节详明，内在德性坚定"的人才算是实现了一种道德的挺立。这种理解是比较符合孔子思想的，因为孔子就说"道之以德，齐之以礼，有耻且格"（《论语·为政》）。当然，从修身的具体实践而言，一个人的修身总是通过由外而内的路向所实现的，即幼年时先进行外在行为的规范，随着年龄的增长，这种外在行为的规范逐渐内化为一种规范的意识，从而实现了内在心灵秩序的规范。所以，一个人的道德挺立，总是从视听言动的外在形象的挺立开始。这种挺立，在孔子看来，是从礼的学习开始的。所以孔子既说"不学礼，无以立"，又说"不知礼，无以立也"（《论语·尧曰》）。"礼"，首先是规范自己的外在行为方式，即孔子所说的非礼勿视听言动；通过规范自己的身体行为而内化为规范自己的心灵秩序，由此内外兼修，成为一个有德之人。作为立志向德而学的人，在三十岁的时候，孔子经过对周文传统的十五年持之以恒的学习与践行，逐渐从"义以方外"走向"敬以直内"，作为一个真正的人挺立起来，能够表现出一种文质彬彬的高尚人格。孔子所谓的"立"，即是道德人格的自我挺立之意思。需要注意的是，在自我的修身实践中，孔子证明了人能够通

---

① （宋）程颢、程颐：《二程集》，中华书局1981年版，第1186页。
② （宋）朱熹：《四书集注》，凤凰出版社2005年版，第189页。

过礼乐文化传统的学习而实现道德的挺立，但如果这种道德挺立的动力只是来自于外在礼乐秩序的约束与规范，或是出于"畏大人"或"畏圣人之言"的敬畏意识，这种挺立往往是不能持久的。对此孔子是有深切体会的。据《论语·阳货》篇记载：

宰我问："三年之丧，期已久矣。君子三年不为礼，礼必坏；三年不为乐，乐必崩。旧谷既没，新谷既升，钻燧改火，期可已矣。"子曰："食夫稻，衣夫锦，于女安乎？"曰："安"。"女安，则为之！夫君子之居丧，食旨不甘，闻乐不乐，居处不安，故不为也。今女安，则为之！"宰我出。子曰："予之不仁也！子生三年，然后免于父母之怀。夫三年之丧，天下之通丧也，予也有三年之爱于其父母乎！"

孔子对宰我看待三年之丧的观念进行了严厉的直接批评。在其他场合看到宰我白天睡觉时，孔子甚至有"朽木不可雕也，粪土之墙不可杇也"（《论语·公冶长》）这样恨铁不成钢之叹。但到底孔子还是许宰我为"孔门十哲"之一，是孔门"言语"科的高才生。这里暴露出的问题是，即使像宰我这样能言善辩有才能的人，对"三年之丧"这种传习已久的礼仪规范还是心存疑惑，甚至在执行时还有打折扣的念头。所以，仅仅依靠外在礼乐制度的规范作用，并不能让人真正自觉地践履道德。在孔子的生命实践中，他自觉地认识到，真正的道德挺立源于自身的真正觉悟，由此，学礼自立的阶段就需要上升为学以明觉的阶段，即"四十而不惑"。

何谓四十不惑？"惑"字从心，因此是心之所向的方向之迷失，称为"惑"。不惑就是对自己心之所向的东西已经认识到而不再困惑。《周易·恒卦·象》说："君子以立不易方。"即君子要树立一种方向，这种方向能够恒久不改，沿着这个方向进行自我的圆成才能实现道德的挺立。道德的自我挺立因为明确了方向才会不困惑。这是怎样的方向？这就需要理解孔子在四十岁时不惑于何。关于这个问题，我们可以联系孔子所说的另一句话来理解。孔子说："年四十而见恶焉，其终也已。"（《论语·阳货》）朱熹解释说：

"四十，成德之时。见恶于人，则止于此而已。"① 在朱熹看来，四十岁是一个人的成德之时，而他把"德"看作"所以然"的问题，即四十岁时当明悟人之为人的本质所在。如果十五岁开始大人之学，那么，按照《大学》"大学之道，在明明德"的说法，孔子四十岁时成德，实现了明明德。所谓的"明德"，就是心之所向而不再困惑的东西，在孔子看来就是"仁"。所以孔子说："志士仁人，无求生以害仁，有杀身以成仁。"（《论语·卫灵公》）"明明德"亦即成为一个仁者。孔子又说："唯仁者能好人，能恶人。"（《论语·里仁》）这里隐含的前提是唯有仁者才能区分什么是善，什么是恶，换句话说，仁者已经形成了区分是非善恶的标准，这个标准就是"仁"，因为"仁"是行为之所当然的所以然。因此，朱熹才这样理解："于事物之所当然，皆无所疑，则知之明而无所事守矣。"② 当达到这样的境界后，才能够开始做到"无见恶于人"，即孔子所说的"苟志于仁，无恶也"（《论语·里仁》），亦即朱熹所理解的"其心诚在于仁，则必无为恶之事矣"③，由此，道德的自我圆成之路可以继续地提升下去。所谓"四十而不惑"，即在四十岁的时候，孔子找到了人之为人的终极价值和根本规定，也找到了生命的最终方向，能够"依于仁"，所以不再困惑，"认识到仁是人类存在的终极价值逐渐成了一名儒者精神上的自我定位"④。关于孔子的这一内在的自觉发明，张载有深切体认。他说："未知立心，恶思多之致疑；既知所立，恶讲治之不精。讲治之思，莫非术内，虽勤而何厌！所以急于可欲者，求立吾心于不疑之地，然后若决江河以利吾往。逊此志，务时敏，厥修乃来，故虽仲尼之才之美，然且敏以求之。"⑤ 孔子的"四十不惑"，正是"求立吾心于不疑之地"。这个不疑之地即是"至善"之地。所以二程说："'十有五而志于学，三十而立，四十而不惑'，

---

① （宋）朱熹：《四书集注》，凤凰出版社 2005 年版，第 198 页。

② （宋）朱熹：《四书集注》，凤凰出版社 2005 年版，第 56 页。

③ （宋）朱熹：《四书集注》，凤凰出版社 2005 年版，第 73 页。

④ 杜维明：《道、学、政：论儒家知识分子》，钱文忠、盛勤译，上海人民出版社 2000 年版，第 3 页。

⑤ （宋）张载：《张载集》，中华书局 1978 年版，第 376 页。

明善之彻矣。"①

如何理解孔子所说的"五十而知天命"？首先，要理解孔子所说的"天命"是什么意思。中国哲学对"天"的理解，冯友兰曾指出有五义：一是物质之天，即与地相对之天；二是主宰之天，即所谓皇天上帝，有人格的天、帝；三是运命之天，指人生中我们所无可奈何者；四是自然之天，指自然之运行；五是义理之天，指宇宙之最高原理。就《论语》中孔子所说之"天"，冯友兰以为是"主宰之天"②。按我们的理解，孔子对天的基本态度是："天何言哉？四时行焉，百物生焉，天何言哉？"（《论语·阳货》）这基本上是一种人文理性精神审视下的义理天道观。作为一种义理之天，其运行是有规律的，这种规律就是所谓的"理"，因其是有序的，就像道路一样指明了方向，因而称之为"天道"。天道作为宇宙万物运行的基本规律内在于万物的生生变化过程之中，即是所谓的"物理"；作为人之为人的基本规定内显于人的生命成长过程之中，即是所谓的"性理"；又作为人与人交往的基本规范内化于人际的交往活动之中，即是所谓的"伦理"。在孔子看来，无论是物理、性理还是伦理，背后都有"不言之天"参与其中，这种参与方式就像天在发号施令一般，故称之为"天命"。此处所谓"命"，是命令之命，非命定之命。如程颐即说："命者是天之所赋与，如命令之命。"③能够兼备"物之理"、"性之理"或"伦之理"之作用的天命，当是最具普遍性的一种命令，因其出自最具普遍性的存在。所谓最具普遍性的存在也就是超越的存在，所以"天命"就是一个超越者所发出的命令。这种命令以生命本质的方式被超越者赋予万物而成为万物所以然的原因规定，即《中庸》所总结的"天命之谓性"。如果道德生命的自我挺立从学礼开始的话，那么，这种挺立还是道德生命的"自在"状态；到不惑于"仁"的时候，这种挺立已经发展到道德生命的"自为"状态；而当意识到需要"知天命"时，这种挺立已经上升到道德生命的"自觉"状态。自觉，既是对人之为人的所当然的自觉，也是对人何以是道德生命的所以然

① （宋）程颢、程颐：《二程集》，中华书局 1981 年版，第 106 页。
② 冯友兰：《中国哲学史》上册，华东师范大学出版社 2000 年版，第 35 页。
③ （宋）程颢、程颐：《二程集》，中华书局 1981 年版，第 161 页。

的自觉。在孔子这里，这种自觉都指向对天命的自觉。牟宗三把这一自觉的过程概括为"践仁以知天"的过程。他指出："孔子认为从下学可以上达，那就是说：只需努力践仁，人便可遥契天道，即使自己的生命与天的生命相契接，所以孔子作出'知我者其天乎'的感叹……孔子的下学上达，便是希冀与天成为知己。知天当然不易，所以孔子的生命，经过一番践仁的功夫，直到五十岁才敢说知天命……在孔子，五十是德性人格一大转进的年龄，是与天相知的年龄。"① 在牟宗三看来，学而上达的人生路上，从四十到五十是道德人格养成的一个关键阶段，因为这是生命的道德意识能够实现真正自觉的过程。刘宗周曾指出："圣人一生学问，浸假而上，不登颠造极不已。四十以下，犹是凡界人。五十以上，则清虚高远，渐际寥寥，莫知所之。"②

如果把孔子说的"下学而上达"理解为生命境界之提升与超越的话，那么，提升与超越所想达到的终点就是超越之"天"。这样的"天"是生命意义的源泉。刘述先说："故我们不能不把天看作无时无刻不以默运的方式在宇宙之中不断创生的精神力量，也正是一切存在的价值的终极根源。"③ 牟宗三所说的孔子希冀与之成为知己的天就是这样一个超越意义的"天"。孔子能够与这样的天相知。这种"知"不是经验知识或科学知识的"知"，因为这样的知识越多、越丰富，人就越自豪，也就越缺乏对超越者的敬畏，但知天的知，必然引生敬畏的宗教意识。④ 这种敬畏的宗教意识所发挥的作用，是如杜维明所说的"可以使表面外在的超越进入到人内在的结构，不是自我傲慢或人类中心的傲慢，而是责任，是深刻的对人的期许，同时是对人的复杂问题的一种谦敬的理解。如果没有了这些，就是真正的狂妄"⑤。正是基于这样的意识，孔子特别强调说"不知命，无以为君子也"（《论语·尧曰》）。

---

① 牟宗三：《中国哲学的特质》，吉林出版集团有限责任公司 2010 年版，第 40 页。

② 刘宗周：《论语学案》，载《刘宗周全集》第一册，浙江古籍出版社 2012 年版，第 263 页。

③ 刘述先：《儒家思想的转型与展望》，河北人民出版社 2010 年版，第 62 页。

④ 牟宗三：《中国哲学的特质》，吉林出版集团有限责任公司 2010 年版，第 40 页。

⑤ 杜维明：《东亚价值与多元现代性》，中国社会科学出版社 2001 年版，第 44 页。

"知天命"后则"六十而耳顺"。如何理解？杨国荣指出，在孔子这里，天的超验化就表现为命，所以常常合称为"天命"，如果剔除其原始的宗教界定，天命的含义大致接近于必然性，只不过在天命的形式下，必然性往往被赋予某种超自然的色彩。而与天相对的人，自始便蕴含着主体力量或能动作用等规定，因而儒家对天人关系的考察，总是逻辑地引向力命之辩。在杨国荣看来，力命之辩的基本内容表现为这样几个问题：一是人能否把握并驾驭必然之命？二是必然之命是否为主体的选择提供了可能？三是主体权能是否有其限度？① 很显然，这一论述直接指向对孔子"五十而知天命"内涵的探究。这揭示了孔子"知天命"的过程中所经历的心路历程与运思结构。这里的"知天命"代表着天人合一过程中人的自由意志与生命必然性之间张力互动的思辨结构。正如杨国荣所看到的，"对命的把握与支配及主体的选择往往涉及理性与意志的关系，从而，力命之辩同时又与志知之辩相交错。从更广的视域看，无论是力命关系的探讨，还是志知（意志与理智）关系的辨析，最终都指向一个更基本的问题——人的自由"②。人的自由就是"顺"的问题。在孔子这里，知天命真实存在并以"性"的形式内化为我们最基本的生命秩序，由此自然地生发出一种敬畏天命的生命意识。敬畏天命则能遵照天命，自然就会生出"顺"的观念。孔子说的"耳顺"之顺，表达的正是"因敬畏而自然顺化"之意，与"游于艺"的游的精神是一根而发的。人知道天命之性的真实存在，才能遵从此生命秩序而行，如春风化雨润物般无所违逆，因而生命的活动全是生命秩序的自然朗现，故为觉悟的生命。"顺"是生命悟觉之后所达到的心灵境界。"顺"的体验是快乐的。快乐是心灵实现了超拔之后再次回归生命实践时的一种境界，所以朱熹解释为："声入心通，无所违逆，知之之至，不思而得也。"③

---

① 参见杨国荣：《善的历程——儒家价值体系研究》，华东师范大学出版社 2009 年版，第 19—20 页。

② 杨国荣：《善的历程——儒家价值体系研究》，华东师范大学出版社 2009 年版，第 20 页。

③ （宋）朱熹：《四书集注》，凤凰出版社 2005 年版，第 56 页。

最后，如何理解"七十而从心所欲，不逾矩"？自在的自然生命通过以礼立人的规范，逐步走上自然的人文化的发展过程。为了避免人文化过度走向一种文化的虚伪强制，生命需要通过觉醒其内在的价值并将这一价值放在一种普遍性（天命）的基础上，使人逐渐收获了自由的道德意识。按照自由的道德意识去进行实践，自由的精神就外显为自由的行为。正如刘述先指出的，孔子"到七十而从心所欲，不逾矩，内外合一，终于体验到一种彻底自由的境界"，而"这种自由既不是像造了飞机可以在天空飞翔的自由，所谓的'freedom to'；也不是像解脱于红尘的束缚不再有执着的自由，所谓的'freedom from'；而是经过长期的修养工夫，可以让德性随时在自己的行为表现出来的自由"[①]。事实上，在自由问题上，儒家的基本观点是，真正的自由是在心实现了真正的觉悟之后才拥有的。

那么，实现精神自由的孔子，其所从之"心"到底是一颗怎样的心？这是一颗经过礼的磨砺后逐渐自醒透彻而明觉不惑的真心，也是一颗通过知天命之过程而挺立起来的不惧风霜摧折的天地心。《周易·系辞下传》中说："《复》，德之本也。"在孔子看来，《周易》的复卦阐释了"德"的根本。那么，"德"的根本在哪里？我们可以从复卦所象征的根本精神处进行寻找。《周易·复卦第二十四·彖》中说："《复》，其见天地之心乎。"复卦的根本精神在彰明天地之心。天地之心是德之本。孔子通过知天命而知天地之心，知天地之心则开辟了生命的价值之源，进而挺立了道德主体，即确立了人的真心是什么。由此，真心明了，所思所欲的思想和行动可以不逾越规矩。知天命是个反求诸己的过程。《周易·复卦·象》中说："先王以至日闭关，商旅不行，后不省方。"这象征着"复"是一个收敛行为，反求诸内的过程。"闭关""不省方"意味着行为的收聚和精神的内敛。因而，"复见天地心"是一个反求诸己，发明本心的致良知的过程，如《周易·系辞下传》说："《复》以自知。"所谓天地心就是人的真心。因此，孔子七十岁所从之心是天道性命相贯通的觉悟心。按照牟宗三的说法，这是一颗"致广大而尽精微，极高明而道中庸，

---

① 刘述先：《儒家思想的转型与展望》，河北人民出版社2010年版，第74页。

尊德性而道问学"的通透心灵。① 这颗通透心灵能化为指导行为的最高根据，引导我们在"入则孝，出则弟，谨而信，泛爱众"（《论语·学而》）的日常生活实践中过一种道德的人生。换言之，孔子七十岁所从的心，既是"价值之源"，也是"道德主体"。牟宗三曾指出："最重要的问题在使人的生命站起来，这问题一转转到这里，就成了儒家的思想。所以我们从这个地方说，儒家的思想开辟价值之源，挺立道德主体，这方面没有能超过儒家者。"② 孔子将自己的人生之路最终指向"从心，所欲不逾矩"。事实上，这既在"开辟价值之源"，亦在"挺立道德主体"。无论是开辟价值之源，还是挺立道德主体，都基于对秩序的追求，即孔子所说的"所欲不逾矩"。之所以能不逾矩，是因为孔子让天道性命相贯通的"心"成为秩序的最高保证。这就是孔子通过他的生命实践，在雅斯贝斯所谓的"轴心时代"为如何修身以成人的问题所作出的哲学突破。杜维明说："孔子曾经在七十岁时达到了'从心所欲不逾矩'的境界。这种在所是与所当是之间达到完美和谐的能力，几个世纪以来，一直是儒家后学将未经提炼的感性冲动转化为自我优雅的审美表达所仿效的崇高标准。"③

（二）礼乐人生的实践逻辑

"从心，所欲不逾矩"的观念落实在孔子的思想结构中，是"仁"与"礼乐"的关系。如果说"从心"是遵从"仁"的道德原则的话，那么，"所欲不逾矩"就是人的实践有其当然的行为规范，即礼乐秩序。孔子说："人而不仁，如礼何？人而不仁，如乐何？"（《论语·八佾》）在孔子看来，仁者当爱人，而爱是一种秩序精神，这种秩序精神有其规范的表达，这种规范的表达就是

---

① 牟宗三批评颜习斋不懂先秦儒家"致广大而尽精微，极高明而道中庸，尊德性而道问学"的通透心灵。显然，牟宗三认为先秦儒家具有如是的心灵。参见牟宗三：《宋明儒学的问题与发展》，华东师范大学出版社 2004 年版，第 24 页。

② 牟宗三：《中国哲学十九讲》，上海古籍出版社 2005 年版，第 49 页。

③ 杜维明：《东亚价值与多元现代性》，中国社会科学出版社 2001 年版，第 135 页。

"礼"和"乐"。其中，乐与人心相通，表达的是人的精神内容；礼与人身相关，表达的是人的行为内容。由此，仁与礼乐共同规定了人的生命方向。孔子用他自己一生的生命历程向我们呈现了一种礼乐的人生方向。

诚如冯友兰先生所说的，孔子的哲学是"使人作为人能够成为人，而不是成为某种人"①的人生哲学。成人是儒家永恒的话题。子路问成人，孔子就教导说："若臧武仲之知，公绰之不欲，卞庄子之勇，冉求之艺，文之以礼乐，亦可以为成人矣。"（《论语·宪问》）如果把臧武仲的"知"、公绰的"不欲"、卞庄子的"勇"和冉求的"艺"理解为孔子所欣赏的人应该具有的生命品格的话，生命品格是侧重于从生命之质地的"素"层面说的，在此基础上，则有文之的"绘"事，即生命自我的道德修养和道德实践。

这一文绘之事，就是孔子强调的"学而时习之"。孔子主张，每个个体生命都可以以及需要通过学"文"而实现生命境的提升与超拔。学什么？习什么？学习礼乐。斯文的精神，实际上就是一种礼乐的精神。通过学习礼乐来实现生命的上达，这是儒家的礼乐教化之道，就是孔子所说的"兴于诗，立于礼，成于乐"（《论语·泰伯》）的人生道路。正如杜维明所指出的，"孔子相信，人的本性可通过自我努力得以完善，这是对他所处历史时代非人化倾向的回答，引导他致力于由内及外地转化这个世界"②。孔子开启了儒家追求礼乐人生的哲学路向。这一道路之目的在于朝着圣人所象征的至善的精神性价值方向而努力地实现自我之圆成。这种哲学的主要目的是教会人们在面对日常生活时应该采取什么样的行为方式，是在培养指导行为背后的某种思想洞见，所以礼乐教化之道也是儒家式的道德教育。继周以来的礼乐精神成为先秦儒家所认同的文化理念，他们希望把理想的礼乐精神重新落实为现实的礼乐人生，这是他们要思考和想解决的根本问题。为了实现这一目标，他们在这样一种实践逻辑中展开思考：

---

① 冯友兰：《中国哲学简史》，涂又光译，北京大学出版社 2013 年版，第 11 页。

② 杜维明：《道、学、政：论儒家知识分子》，钱文忠、盛勤译，上海人民出版社 2000 年版，第 3 页。

第一个问题：我们希望一种什么样的理想文化？儒者回答说是"礼乐文化"。

按梁漱溟的解释，文化是"一民族生活的样法"①，而生活的样法来自对人之生活方式的理论反思。人通过理性地审视其所处时代的生活方式，在对这一生活方式进行反思与批判的基础上提出一种理想的生活样法，这就是文化。学者们往往把使一个群体不同于其他群体的文化在精神上的特质的整体内容称为"文化精神"，而能够称作中华传统文化之基本精神的就是"礼乐精神"。

如何理解"传统"？汉娜·阿伦特曾用"遗言"来理解传统。她说："遗言，告诉继承人什么是合法地属于他的，把过去的财富遗赠给未来一代。而没有遗言，或回到这个隐喻的所指，即没有传统，在时间长河中就没有什么人为的连续性，对人来说既没有过去，也没有将来，只有世界的永恒流转和生命的生物循环。因为恰恰是传统选择了、命名了、传递了、保存了、指示了珍宝是什么和有什么价值。"②继周以来的礼乐精神成为先秦儒家所认同的文化理念。先秦儒家往往用"先王之道"来指称文化传统，所谓传统就是先王之遗言。正所谓"先王之道，礼乐可谓盛矣"（《礼记·乐记》），作为先王之"遗言"的，正是礼乐文化。这一文化是实现自然生命与文化生命圆融一体的一种文化的"活的传统"。

余英时就说："中国的'道'源于古代的礼乐传统；这基本上是一个安排人间秩序的文化传统。"③由此，重建人类生命的意义根据和精神方向，并能够指示一种生活方向作为神圣价值去追求，正是礼乐文化思考的大问题。人类的精神方向需要由先觉者传递下去，去启迪后觉者。由此，孔子特别强调一种与"学"的精神密不可分的"教"的理念。所以《礼记·学记》中说："建国军民，教学为先。"孔子所说的"学"是一种道德之学，其所谓的"教"

---

① 梁漱溟：《东西文化及其哲学》，商务印书馆 1999 年版，第 32 页。

② [美]汉娜·阿伦特：《过去与未来之间》，王寅丽、张立立译，译林出版社 2011 年版，第 3 页。

③ 余英时：《士与中国文化》，上海人民出版社 1987 年版，第 107 页。

也是道德之教。用今天的话说，孔子关心的核心问题其实是道德教育问题。在分析道德教育问题时，涂尔干曾提供了一种他关于教育概念的理解。在他看来，"教育介于艺术和科学之间。教育不是艺术，因为它不是一种有组织的仪轨体系，而是对这些仪轨有影响的观念体系。教育是一个理论体，就此而言，它与科学非常接近。然而，科学理论只是一个目标，就是表达现实；教育理论则有指导行为的直接目的……它本身不是行动，所以不能替代行动。但是，它能够提供行动的洞见。因此，思想在多大程度上对经验来说是有用的，这种理论在很大程度上就是有用的"①。对于以孔子为代表的儒家而言，礼乐文化，就是我们决定选择以何种方式进行行动背后的深刻洞见。礼乐文化，首先为我们的生活提供了观念上的指导，这也就是梁漱溟为什么要在"生活的样法"的意义上定义文化。

第二个问题：由这样一种理想文化所规划的理想生活方式是什么样的？儒者回答说是"礼乐生活"。

作为生活方式的文化之现实化就是生活。在儒者看来，礼乐文化承载着化成天下的责任，我们需要以这种理想的生活样法来重建我们的生活方式。什么是生活？儒家以为道在伦常日用之中，他们用来指称生活的基本概念是"人道"。那么，"人道"是一种怎样的生活方式之选择？孔子说："立人之道，曰仁与义。"（《易传·说卦》）孟子说："仁也者，人也。合而言之，道也。"（《孟子·尽心下》）荀子说："生，人之始也；死，人之终也；始终俱善，人道毕矣。"（《荀子·礼论》）所谓"人道"，就是有德之人及其道德实践的发展过程，是过一种始终俱善的道德人生从而使人成为人的道路。

孔子从每个人的心中找到一种能够自我引导并为自我行为提供一种深刻洞见的东西。这种东西就是"仁"。"仁"向我们提供了如何进行选择和行动的观念。这种观念告诉我们，选择"爱"，我们的生活将会变得更好。谈到生活，奥尔特加-加塞特说："所谓生活，就是发现自己正在从事某些活动，

---

① ［法］爱弥尔·涂尔干：《道德教育》，陈光金、沈杰、朱谐汉译，上海人民出版社2006年版，第5—6页。

换言之，生活就是某种形式的作为或创造。而所有的作为，都是为了追求某些东西而进行某些活动的过程。这些活动或作为、这些表现自我的方式，都是源于某种我们俗称的目标，而我之所以追求某个目标，选择如此生活、选择如此存在，是因为我认为在所有的可能选择中，我的生活将因为这个选择而变得更好。"①按照奥尔特加-加塞特对生活的理解，作为某种形式的作为或创造的生活，是源于我们为了某种目标而做出的选择。我们为什么认为在所有的可能选择中，我的生活将因为这个选择而变得更好？这就是文化要解决的问题。当我们选择了一种生活时，我们其实就选择了某种形式的作为或创造，这种作为或创造的最主要的表现其实就是政治。从这个意义上来说，文化、生活与政治其实是一体的。文化与生活的结合就是儒家所说的人道，因为"道"首先表现为一种目标，以及为了追求这个目标而选择如此存在、如此生活、如此实现，这就有了人所走的道路。人道就是人的存在、生活与实现，而"仁"或"善"就是引导我们如此存在、生活与实现背后的文化精神和价值理念。

先秦儒家以"仁"和"善"为人道的基本精神，所以认为始终俱善的人生是由礼乐的文化所塑造的一种道德的礼乐人生。这种人生其实就是孔子所倡导的，每一个德性生命都应该努力达成一种"从心，所欲不逾矩"的生活状态。礼乐生活的实质就是追求一种出于人性自然却不违背文明规范的生活方式，其中，"从心"是自然之乐，"所欲不逾矩"是规范之礼。"从心，所欲不逾矩"表现了儒家的秩序精神。先秦儒家主张，道德生命的这种"从心，所欲不逾矩"的生活状态是需要经由礼乐教化而达成的，正如梁漱溟所希望的，是从人的性情根本处入手"大兴礼乐教化陶养涵育天机活泼而和乐恬谧的心理"②。

礼乐生活是一种怎样的实践活动？礼乐生活的核心是在人的现实伦常日用生活中，去实践"爱"的理念。"仁者爱人"的理念中自然蕴含着实践的要求，

---

① ［西班牙］何塞·奥尔特加-加塞特：《哲学是什么》，谢伯让、高慧涵译，电子工业出版社 2013 年版，第 216 页。

② 梁漱溟：《人心与人生》，上海人民出版社 2011 年版，第 86 页。

所以，儒家的"爱"是属于实践问题。牟宗三指出："仁这个观念完全是个道德理性（moral reason）的观念，是属于实践的问题。关心生命并不是生物学所了解的那个生命，仁这个观念也不能通过生物学来了解。了解仁是要了解如何使人类的生命实践地顺适调畅，并不是了解几个细胞。"①孔子把这种爱的精神一以贯之于日常伦理生活之中，具体化为"入则孝，出则悌，谨而信，泛爱众，而亲仁"的爱的作为。孔子提出了"仁者爱人"的理念，并主张将这一理念付诸实践的最主要路径是政治。

第三个问题：为了把理想的礼乐文化实现为理想的礼乐生活，我们应采取怎样的途径？儒者回答说是"礼乐政治"。

儒家把有道德的生命实现修己安人之责任与义务的人生道路称之为"人道"。人为什么要过道德的人生？根本原因在于，按照儒家礼乐精神所呈现的对真正之人的理解，在人之所以为人的本性上，人就是一种道德的存在，其德性的存在本体决定了德行的生活日用。在孔子看来，这种人道实现的关键在"政"。据《礼记·哀公问》记载："孔子侍坐于哀公。哀公曰：'敢问人道谁为大？'孔子愀然作色而对曰：'君之及此言也，百姓之德也，固臣敢无辞而对。人道政为大。'"孔子提出了"人道政为大"的命题，这一命题的一个基本内涵就是，孔子认为人类生活在任何时候都需要思想和政治的引领，所以政治对于人道生活而言至关重要，不可不慎重。

正是基于对政治的如此重视，孔子特别强调为政的问题。那么，孔子所说的"政"是一种怎样的政治哲学？孔子所说的"政"是一种礼乐政治。先秦儒家以为"礼乐不可以斯须去身"，主张要"致礼乐之道，举而错之天下"（《礼记·乐记》）。子张问政，孔子答以"君子明于礼乐，举而错之而已"（《礼记·仲尼燕居》）。孔子曾说："古之为政，爱人为大。所以治爱人，礼为大。"（《礼记·哀公问》）又说："仁近于乐，义近于礼"（《礼记·乐记》）。可见，"乐"的精神体现在为政上即爱人的"仁"精神，而将爱人的"仁"精神贯彻在伦常日用之间的是"礼"，所以儒家主张一种礼乐政治。所谓礼乐政治，既在保有

---

① 牟宗三：《中国哲学十九讲》，上海古籍出版社2005年版，第37页。

人之质朴本性的基础上生成人的内在心灵秩序，又在规范人伦关系的基础上建构人的外在行为秩序，其实质是一种遵循"名教即自然"之文质相符原则的"道德的政治"。孔子说："为政以德，譬如北辰，居其所而众星共之。""德"，是孔子所主张的儒家礼乐政治的基本原则和核心理念。也正是在这样的意义上，徐复观才说先秦儒家的礼乐之治是"儒家在政治上永恒的乡愁"①。

　　政治的主要目的是为了建立秩序。而秩序的目的则是为了成就人，而不是毁灭人。儒家礼乐政治首先试图告诉我们的是，礼乐政治所要建立的最高秩序是道德的秩序，而道德的秩序是完全可以按照人的观念和努力被构建起来，即孔子所希望的"不怨天，不尤人，下学而上达"的自我努力。正是在这样的意义上，儒家的礼乐政治首先是一种道德的政治。作为一种道德的政治，最基本的原则是"己欲立而立人，己欲达而达人"（《论语·雍也》）。简单来说，首先让自己成为"人"，然后才能以"人"的目标去成就他人。所以季康子问政时，孔子才对曰："政者，正也。子帅以正，孰敢不正？"（《论语·颜渊》）儒家的礼乐政治，其实质是礼乐教化之治。这里所说的"教"，正是《中庸》所言"修道之谓教"的"教"。儒家所说的礼乐教化之治，一方面要求人在行为过程中遵循礼乐的规范，另一方面则意味着人按照礼乐的精神塑造自我。所以，儒家的礼乐政治不是"民可使由之，不可使知之"的所谓"愚民政治"，而是"民可，使由之；不可，使知之"的"新民政治"。由此，礼乐政治也是努力实现"富而后教"的政治。"富而后教"是礼乐政治承担的两项基本任务，即"富"的养民之政与"教"的新民之政。所以，礼乐政治也是一种"教养政治"。而在这两项最基本的任务中，儒家最重视"新民之教"，所以孟子有"善政"与"善教"的区别，他说："善政不如善教之得民也。善政民畏之，善教民爱之。善政得民财，善教得民心。"（《孟子·尽心上》）因此，礼乐政治的本质规定是一种礼乐教化之道，而且是一种"言教不言养"②的文化之教，其核心的实践原则是《大学》所说的"自

---

①　徐复观：《中国艺术精神》，华东师范大学出版社 2001 年版，第 14 页。
②　（清）王夫之：《读四书大全说》，中华书局 1975 年版，第 12 页。

天子以至于庶人，壹是皆以修身为本"。

礼乐教化之道，作为儒家对人心向善的肯定，就其实质而言，是用最能体现人之所以为人的礼乐文化来成就人，并使人能够按照这种"生活的样法"去规划和建设一种能够"始终俱善"的礼乐生活的自我修身之政治。儒家所倡导的礼乐教化之道，其合理性就在于引导民众以自身的力量自觉地走上自我完善之路，是实现"自由自在"与"自觉自为"内外合一的人。礼乐之道的成人意义，正如本杰明·史华兹所说："处于自然状态的人没有能力充分实现自身的潜能。只有当圣贤—君王使得规范性的文化格局成为现实的时候，才有可能让所有的人实现人性中全部的内涵。"[1]

（三）礼乐精神的现代重光

陈来指出，周公制礼作乐，实现了中华早期文化由夏以前的巫觋文化，经由商殷的祭祀文化，向周的礼乐文化的转型。[2] 自周以来，礼乐文化开始规范和塑造中国人的政治和人伦等日常生活实践，但到了诸子生活的年代，实际上已经处于"周室微而礼乐废"（《史记·孔子世家》）的形势。作为儒学的实际开创者，孔子就有关于时代之道德困境的"忧患"意识，他说："德之不修，学之不讲，闻善不能徙，不善不能改，是吾忧也。"（《论语·述而》）这种时代的道德困境被概括为"礼崩乐坏"。"礼崩乐坏"，不仅仅是礼乐的表现形式出现了问题，更根本的是礼乐文化失落了它的神圣价值和应有的道德精神，所以孔子才有"人而不仁，如礼乐何"的感慨。在孔子看来，"礼崩乐坏"之所以成为现实人的道德困境，背后的深层原因是关于"人是什么样的人"以及"人应该成为什么样的人"的基本观念出现了问题。由此，孔子试图通过"礼乐的重建"的方式来回答这些基本问题。

---

[1]　[美]本杰明·史华兹：《古代中国的思想世界》，程钢译，江苏人民出版社 2008 年版，第 85—86 页。

[2]　陈来：《古代宗教与伦理：儒家思想的根源》，生活·读书·新知三联书店 2009 年版，第 10—14 页。

儒学之所以成为中华文化传统之主流，是因为其既继承了上古历史的文化传统，是集古帝王圣贤之学之大成，也根源于或者说体现了"中华民族之特性"。儒学所甄明的中华民族之特性，就具体体现在其对礼乐精神的继承和理解中。余英时就曾指出："我们可以断言，离开了古代的礼乐传统，儒家中心思想的发生与发展都将是无从索解的。"①前面在分析时已经指出，孔子认为，作为一种道德的存在，养成人之生命秩序的，既是自然生命中所先天具有的内在道德秩序，也是文化生命中所后天教养的外在伦理规范，而内在道德秩序与外在伦理规范又以"合内外之道"的方式来实现道德生命的自我提升与超拔。能够在整体上涵容和实现这一生命精神的，就是所谓的礼乐精神。最能表现出生命之自然的是"乐"的精神，最能表现出生命之文化的是"礼"的精神。而且在先秦儒家那里，"乐"的精神更高于"礼"的精神。宗白华说："孔子是替中国社会奠定了'礼'的生活的。……然而孔子更进一步求'礼之本'。礼之本在仁，在于音乐的精神。理想的人格，应该是一个'音乐的灵魂'。"②徐复观说："礼乐并重，并把乐安放在礼的上位，认定乐才是一个人格完成的境界，这是孔子立教的宗旨。"③所以，即使是广义的"礼"概念也不足以完整地涵盖"名教即自然"的德性精神，能够整体上表达中国传统文化的基本性格和根本精神是"礼乐"。透过礼乐精神的形式，儒学表征了中华民族的民族特性和文化基因。基于这种基源性地位，儒家的礼乐精神成为中国文化传统的主流价值取向，并在汉以后的道德教化实践中为人的行动提供了一种深刻的思想洞见。

但自近现代以来，礼乐精神实际上是失落了。礼乐精神的失落与中华民族自近代以来所面临的民族危机有关。学者们往往把民族危机看作是文化危机，贺麟先生说："中国近百年来的危机，根本上是一个文化的危机。文化上有失调整，就不能应付新的文化局势。"④以至于流行的观点是把东西方文

---

① 余英时：《士与中国文化》，上海人民出版社1987年版，第93页。

② 宗白华：《美学与意境》，人民出版社1987年版，第239—240页。

③ 徐复观：《中国艺术精神》，华东师范大学出版社2001年版，第3页。

④ 贺麟：《文化与人生》，商务印书馆1988年版，第5页。

化的差异看作是"古今新旧"之别。以列文森为代表的海外汉学家，把中国传统文化看作是博物馆里被归为"文物"一类的陈列品，已经丧失掉了它的生命力和活力。关于这一点，牟宗三等港台新儒家称之为研究"中国文物的好奇心"。他们不无沮丧地说："我们不能否认，在许多西方人与中国人之心目中，中国文化已经死了。……而中国五四运动以来流行之整理国故之口号，亦是把中国以前之学术文化，统于一'国故'之名词之下，而不免视之如字纸篓中之物，只待整理一番，以便归档存案的。"① 面对文化危机，以五四新文化运动为代表的现代学者，视"礼教"为中国传统文化的根本而猛烈批评和否定，成为近现代以来文化的最强音。

礼乐精神的失落虽然不始于五四新文化运动，但与五四新文化运动对"礼教"的批评密不可分。究其根本而言，礼乐精神的失落，则源于试图将传统文化从我们的文化心灵中开除出去的错误的文化观念。所以，当我们意识到中国的现代化道路离不开传统文化的涵养与支撑时，我们需要重建一种"文化自觉"的自我意识。费孝通说："文化自觉只是指生活在一定文化中的人对其文化有'自知之明'，明白它的来历，形成过程，所具有的特色和它发展的趋向，不带任何'文化回归'的意思，不是要'复归'，同时也不主张'全盘西化'或'全盘他化'。"② 礼乐的重光并不是传统的简单复古，而是在文化自觉的意识上的创造性转化与创新性发展。这其实正是先秦儒家建构礼乐思想时所遵循的"因循损益"之原则的现代诠释，现代新儒家称之为"返本开新"。

我们曾经按照这样一种礼乐精神与教化之道去安排人生的道德秩序，但现代中国人失去了用礼乐精神来规范道德人生的自觉意识。为什么我们会遗忘了这样一种追求人之崇高与伟大的礼乐精神呢？究其根本而言，礼乐精神的失落，源于试图将传统文化从我们的文化心灵中开除出去的错误的文化观念。我们将这样一种在人心中塑造秩序的礼乐文化从根本上给否定掉了，但

---

① 张君劢：《新儒家思想史》，中国人民大学出版社 2006 年版，第 557—558 页。

② 费孝通：《反思·对话·文化自觉》，《北京大学学报（哲学社会科学版）》1997 年第3 期。

我们却没有相应地在人心中重建一种能够被普遍认同的心灵秩序，所以导致现代人失去了安身立命的真精神，以至于"精神的焦虑"、"信仰的缺失"、"形上的迷失"、"人生的危机"、"意义的失落"和"人与自我的疏离"等成为现代人普遍的精神困境。在现时代，礼乐依然具有值得重光的价值和意义。

陈来说："在礼乐关系上，重要的不是礼所体现的器物、装饰和仪节，不是诗歌、乐器和乐舞，乐所代表的是'和谐原则'，礼所代表的是'秩序原则'，礼乐互补所体现的价值取向，即注重秩序与和谐的统一，才是礼乐文化的精华。"[1]"礼乐"的现代价值，主要是能让德性生命存养生成和谐秩序之生命韵律的礼乐精神的当代重光。在文化的全球化时代，按照"和而不同"的文化原则，各民族的文化都能对具有全球性的人类梦想提供有益的思想资源。当现代人在精神困顿与道德冲突的现实处境中，试图回到"轴心时代"去重新发现生命的意义和生活的价值的时候，儒家追求"美善相乐"的礼乐精神就正当其用，可以为现代人的生命之自我安顿开显出一片既充盈自然活泼之生机，又洋溢文明教化之涵养的广阔天地。

---

① 陈来：《古代宗教与伦理：儒家思想的根源》，生活·读书·新知三联书店 2009 年版，第 305 页。

第三章 《孟子》: 挺立道德主体

解读完《论语》之后，继之以《孟子》的原因，不仅仅在于历史上往往"孔孟"并称，更在于儒学从孔子到孟子所实现的思想发展。关于儒学的思想贡献，牟宗三先生指出："开辟价值之源，挺立道德主体，莫过于儒。"①就孔孟而言，如果说孔子思想的特质偏重于开辟价值之源即仁的精神的话，那么，孟子思想的特质则偏重于挺立道德主体即"仁"的存养得熟，孟子称之为"人之义路"。所以，陆九渊在概括孔孟思想的内在逻辑时说："夫子以仁发明斯道，其言浑无罅缝。孟子十字打开，更无隐遁，盖时不同也。"②孔子"以仁发明斯道"的"发明"，表明孔子重在开辟价值之源；孟子"十字打开"则隐喻"堂堂正正的人"，因为"打开"正意味着做人，表明孟子重挺立道德主体。正是在这个意义上，牟宗三概括孟子的精神说："孟子亦通体是文化生命，满腔是文化理想，然转化而为全副是'精神'。仁义内在而道性善，是精神透露之第一关。浩然之气，配义与道，至大至刚，乃集义所生，非义袭而取，是精神之透顶。万物皆备于我，反身而诚，乐莫大焉，所存者神，所过者化，上下与天地同流。此是由精神主体建体立极而通于绝对，彻上彻下，彻里彻外，为一精神之披露，为一光辉之充实。"③按照牟宗三的说法，孟子通过"挺立道德主体"的方式打开了孔子所发现的"价值之源"，将绝对的道德精神朗现为道德的主体精神。

---

① 牟宗三:《中国哲学十九讲》，上海古籍出版社 2005 年版，第 49 页。

② （宋）陆九渊:《陆九渊集》，中华书局 1980 年版，第 398 页。

③ 牟宗三:《历史哲学》，吉林出版集团有限责任公司 2010 年版，第 115 页。

一、《孟子》的思想结构及其主要问题

以"挺立道德主体"思想为线索来勾勒和解读《孟子》，主要的问题意识有二：一是何谓道德主体？实质是在追问"人之所以为人"的本质问题，我们可以称之为"人的问题"。二是如何挺立？实质是在追问"人如何成为人"的实践问题，我们可以称之为"做人的问题"。那么，做人实质上是什么问题呢？因为儒家所理解的人是类意义上的人，由此，做人的问题也就转换为人与人的关系问题。而人与人的关系则构成人之实践的环境问题。什么是最好的环境？能够让人成为人的环境。由此，如何建设更好的环境从而让人生活在其中能够很好地完成自己的使命，就成为人类群体的共同任务。因此，对人所生活的环境问题的探讨也就成为儒学探究的重点，这一问题则称为"群的问题"。人的问题与群的问题的合一就是如何"挺立道德主体"的问题。而"挺立道德主体"的问题则是如冯友兰先生所说的，"是使人作为人能够成为人，而不是成为某种人"[1] 的问题。

（一）理解《孟子》的关键话语

关于实践的方法，孟子曾有言："有为者辟若掘井，掘井九轫而不及泉，犹为弃井也。"（《孟子·尽心上》）杜维明将这一方法概括为"掘井及泉"。就思想而言，如果说"挺立道德主体"构成了孟子思想之泉源活水的话，那么，我们挖掘这一泉源的思想之井是什么？《孟子》一书中有很多重要的话语，但如果要寻找一段具有思想之井性质的话语，我们以为是下面这段话：

> 孟子曰："人皆有不忍人之心。先王有不忍人之心，斯有不忍人之政矣。以不忍人之心，行不忍人之政，治天下可运之掌上。所以谓人皆

---

① 冯友兰：《中国哲学简史》，涂又光译，北京大学出版社 2013 年版，第 11 页。

有不忍人之心者，今人乍见孺子将入于井，皆有怵惕恻隐之心，非所以内交于孺子之父母也，非所以要誉于乡党朋友也，非恶其声而然也。由是观之，无恻隐之心，非人也；无羞恶之心，非人也；无辞让之心，非人也；无是非之心，非人也。恻隐之心，仁之端也；羞恶之心，义之端也；辞让之心，礼之端也；是非之心，智之端也。人之有是四端也，犹其有四体也。有是四端而自谓不能者，自贼者也；谓其君不能者，贼其君者也。凡有四端于我者，知皆扩而充之矣，若火之始然，泉之始达。苟能充之，足以保四海；苟不充之，不足以事父母。"（《孟子·公孙丑上》）

为什么这段话能够起到掘井及泉的作用？主要基于以下的理由：

首先，因为这段话包括了孟子思想的两个核心观点，即性善论和王道仁政说。孟子的弟子曾把孟子的思想归结为这样一句话，即："孟子道性善，言必称尧舜。"（《孟子·滕文公上》）这句话表明，孟子思想的基础就是奠定于这样两个理论命题之上的：

第一为性善论，用来解释人的问题。这体现在孟子对"人皆有不忍人之心"思想的阐释上。性善理论最能体现孟子思想的创建。刘述先就指出："孟子道性善，这完全出自他的创发，为孔子潜在的'人的可完善性'的信仰找到了超越的根据，而性由心显，指示了做修养工夫具体入手的途径，岂云小补！"[1]

第二为王道仁政说，用来解释群的问题。这体现在孟子对"不忍人之政"思想的阐释上。关于王道仁政，孟子主要通过言说尧舜之道的方式进行阐释。孟子周游列国，向各诸侯国君主宣传自己的思想学说时，之所以"言必称尧舜"，是因为他所言说的对象是君主，而君主是在群的关系中而言的，君主承担着解决群的问题的责任，对于君主，孟子有特别的期待，那就是能够实行尧舜之道，所以孟子说："我非尧舜之道，不敢以陈于王前，故齐

---

[1] 刘述先：《儒家思想的转型与展望》，河北人民出版社2010年版，第56页。

人莫如我敬王也。"（《孟子·公孙丑下》）何谓"尧舜之道"？为什么孟子无论是对梁惠王、齐宣王还是滕文公等诸侯国君，都"言必称尧舜"？"尧舜之道"何以具有政治上的普遍原则的意义？E.希尔斯在论传统问题时曾说："个别的行动和一系列复合行动所留下的，是以后行动的条件、记忆中的形象、关于这些行动的真实记载，以及在一定条件下，将来行动的规范性先例和规定。"①事实上，尧、舜等先王个别的行动和一系列复合行动成为后王行动的规范性先例和规定，这就是"先王之道"。所谓先王之道是对过去流传下来而依然具有价值和意义的思想传统的探究。如何理解"传统"？汉娜·阿伦特曾用"遗言"来理解传统，她说："遗言，告诉继承人什么是合法地属于他的，把过去的财富遗赠给未来一代。而没有遗言，或回到这个隐喻的所指，即没有传统，在时间长河中就没有什么人为的连续性，对人来说既没有过去，也没有将来，只有世界的永恒流转和生命的生物循环。因为恰恰是传统选择了、命名了、传递了、保存了、指示了珍宝是什么和有什么价值。"②先王的遗言就是先王之道。先王之道探究的是文化的精神、价值、原则和方向的问题，它追问的是价值上应该如何的问题，而不是事实上到底如何的问题。所以，所谓"遗言"，主要是为我们阐明事物的原因，以及指明前进的方向。在孟子看来，尧舜之道，作为一种先王的遗言，为我们提供了关于如何解决群的问题（即政治的问题）的知识。正如霍布斯所说："对未来的关切使人探求事物的原因。因为关于原因的知识使人能更好地以最有利的方式对现在进行安排。"③

其次，这段话以三段论的形式对孟子"性善论"和"王道仁政"说两个基本观点之间的逻辑关系进行了论证。这个三段论的格式是：

A（大前提）："人皆有不忍人之心。"

B（小前提）："先王有不忍人之心，斯有不忍人之政矣。"

---

① ［美］E.希尔斯：《论传统》，傅铿、吕乐译，上海人民出版社1991年版，第16页。
② ［美］汉娜·阿伦特：《过去与未来之间》，王寅丽、张立立译，译林出版社2011年版，第3页。
③ ［英］霍布斯：《利维坦》，黎思复、黎廷弼译，商务印书馆1985年版，第78页。

C（结论）："以不忍人之心，行不忍人之政，治天下可运之掌上。"

这个三段论的基本推理逻辑是：

第一，孟子提出了一个一般性的原则，即"人皆有不忍人之心"。这里的"人"指的是所有人，所以具有一般性原则的性质。而且孟子通过对"今人乍见孺子将入于井"这一案例的分析，证明了何以说"人皆有不忍人之心"是一个一般性的原则——至少孟子认为他证明了这一原则。

第二，孟子又提出了一个全部内涵一定被包含在大前提 A 内的小前提，即"先王（是人亦）有不忍人之心，斯有不忍人之政矣"。对这一小前提，孟子通过举尧舜之道即王道仁政的案例进行了证明。

第三，孟子依据这两个前提而引申出一个基本的结论，即"（后王既是人，也是王，所以能）以不忍人之心，行不忍人之政，治天下可运之掌上"。后王是时王。如果说先王之道探究的是文化的精神、价值、原则和方向的问题的话，那么，后王之道探究的就是途径、方法等具体实践的问题。

再次，这段话体现了孟子如何将性善论和王道仁政这两大理论贯通为一的内在思维逻辑。贯通为一的关键在"先王有不忍人之心，斯有不忍人之政矣"这一句承上启下的话中。说其"承上"，是指尧、舜等先王不是别的，就是自觉到自己的不忍人之心并能自觉充扩的人，即圣人，所以孟子说"圣人"是先得我心之所同然者；说其"启下"，是指尧、舜等先王真正地将"不忍人之心"充扩为"不忍人之政"，所以，尧舜之道代表了一种人道实践的真正榜样，为后王所取法。那么，何谓尧舜之道？孟子由人皆有不忍人之心而尧舜能充扩其不忍人之心而论证尧舜之道，进而指出尧舜之道实质上就是率性之道。孟子说："尧、舜，性之也。"（《孟子·尽心上》）在孟子这里，尧舜之道即是"性之道"，即《中庸》所说的"率性之谓道"。何谓"性之道"？孟子所谓的"性"即是不忍人之心，亦即是孔子所开辟出的"仁"的精神，由此，所谓"性之道"即是"仁之道"。所以孟子说："仁也者，人也。合而言之，道也。"（《孟子·尽心下》）这即是说，尧舜之道，是充扩人人皆有的不忍人之仁心的率性之道。所以，尧舜是人的理想人格的完成，也代表着人之实践的理想道路。孟子通过尧舜之道将人的问题与群的问题实现了贯通。关于孟子思考的主要问题，杜维明先生曾指出："孟子继承了孔子的思想，开始提出中国儒学史上的几个大问题。他的问题意识非常明确，人与一般禽兽有没有区别，文化和非文化有没有分别，真正的公义和唯利是图有没有区别，霸道和仁道、王道有没有区别，这是孟子思想中四个最重要的辩论，也就是所谓的人禽、义利、王霸、夷夏之辨。"[①] 在杜维明所说的四个问题中，"人禽"和"义利"之辨其实追问的是有关"人"的问题，而"王霸"和"夷夏"之辨其实追问的是有关"群"的问题。无论是"人禽"与"义利"之辨，还是"王霸"与"夷夏"之辨，孟子都是以尧、舜的言语和行为为案例展开讨论的。

概而言之，孟子政治哲学的理论基础是性善论，这里的性善是心性善。孟子的逻辑是人人都有不忍人之心；先王也是人，也有不忍人之心，所以能以不忍人之心行不忍人之政；后王应该效法先王以不忍人之心行不忍人之政的做法，也应该以不忍人之心行不忍人之政，即实行王道仁政，后王之所以能够效法先王是因为后王也是人，也有不忍人之心。所以孟子哲学的逻辑起点在于证明人皆有不忍人之心。通过证明人皆有不忍人之心，孟子解释了人是谁的问题。

（二）人是谁？

人是谁？这首先是一个关于存在的问题，即人是一种什么样的存在？对这一问题的解释可以选择很多的角度，那么，孟子选择了一种什么样的理解角度呢？我们知道，孟子主要是在"人性"的意义上讨论人是谁的问题。那么，人性又是一种在什么样的角度上提出的如何理解人的问题呢？

首先需要指出的是，人性问题是从人出发来思考人的问题。这里所谓的"从人出发"，指的是从理解人之所以为人的原因出发。而"人之所以为人"这一问题的隐含前提是：与其他存在者相比，人这种存在者具有何种特殊的

①　杜维明：《儒家传统与文明对话》，彭国翔编译，河北人民出版社 2006 年版，第 11 页。

要素能够决定了人是人而不是其他存在者。这即是孟子所谓的"人之所以异于禽兽者"的问题。由此，"人之所以为人"的问题实质上是在追问一个特殊性的问题，即在自然界所有的存在者之中，人具有的将其与其他存在者实现了根本区别的特殊性是什么？在这个问题上，人是在与其他存在者相比较的意义上被追问的，所以是在人的整个存在的意义上被追问的。正如美国哲学家 A.J.赫舍尔指出的："我们关心的是人的整个存在（existence）而不仅仅是或者主要是它的某些方面。大量的科学活动致力于探索人类生活的不同方面，比如，人类学、经济学、语言学、医学、生理学、政治学、心理学、社会学。然而，任何孤立地探讨人的某种机能和动力的专门研究，都是从特殊的机能或动力出发来看待人的整体性的。这些作法使我们对人的认识越来越支离破碎，导致了人格的破裂，导致了比喻上的误解，导致了把部分当作整体。如果不考虑整个人的所有冲动之间的相互依赖性，我们有可能孤立地认识其中一种冲动吗？"① 因为我们关心的是"人是谁"这个问题，所以需要从人的整体存在的角度来理解，由此自觉到了人性问题。

其实，人性既然是从人出发来思考人的问题，这个人，既可以是他人，也可以是自己，最好是自己。赫舍尔说："当我提出关于人的问题时，我指的是谁呢？我指的既是我自己，也是别人的自我。我所探究的对象跟我极其接近。我不仅认识它；我就是它，我也代表它。要认识别人，我首先得认识自己，正如理解别人是理解我自己的必要前提一样。"② 对于孟子而言，他也主张要"反求诸己"，指出对人性问题的理解从认识自己开始，即"求在我者"。这个"在我者"就是人人具有的良知良能。他说："人之所以异于禽兽者几希，庶民去之，君子存之。舜明于庶物，察于人伦，由仁义行，非行仁义也。"（《孟子·离娄下》）在这里，"由仁义行"的意思是指仁义内在，为人生而具有的"良知良能"。孟子说："人之所不学而能者，其良能也；所不

---

① 〔美〕A.J.赫舍尔：《人是谁》，隗仁莲、安希孟译，贵州人民出版社2009年版，第3页。

② 〔美〕A.J.赫舍尔：《人是谁》，隗仁莲、安希孟译，贵州人民出版社2009年版，第13页。

虑而知者，其良知也。孩提之童无不知爱其亲者，及其长也，无不知敬其兄也。亲亲，仁也；敬长，义也；无他，达之天下也。"（《孟子·尽心上》）良知良能就是人之所以异于禽兽的东西，就是人的天性，正如二程所理解的："良能良知，皆无所由，乃出于天，不系于人。"①"出于天"意味着这是"天命之谓性"。所以孟子说："梓匠轮舆，能与人规矩，不能使人巧。"（《孟子·尽心下》）所谓"巧"是天生的，指的就是人所具有的良知良能。

那么，人性的具体内容即人的良知良能包括什么呢？按照孟子的说法："无恻隐之心，非人也；无羞恶之心，非人也；无辞让之心，非人也；无是非之心，非人也。"即一个人如果没有"恻隐之心""羞恶之心""辞让之心""是非之心"这四心的话，就不能成其为人，所以这四心正是孟子所谓的人之所以为人的"人性"。充扩这四心而表现出来的人的言语和行动，是由仁义行的，所以是善。既然人的言语和行动是善的，由果见因，那么作为这种善的言语和行动之原因的四心，当然也是善的，所以孟子主张人性善。对于孟子而言，主张人性善的理论，关键不在于通过人实践仁义礼智的生活方式这样的结果去证明人性本善，而是通过相信人性本善这一理论来指导人们在日常生活中实践仁义礼智。不是何种结果证明了何种原因，而是如是原因将导致如是结果。

人性善的观点表明，孟子是以道德哲学的方式追问了人是谁的问题。因为能够对整体进行追问的正是哲学的任务，而对整体的人进行追问，而且追问的核心问题在于善恶，所以是一种道德哲学。那么，何谓从人的整体存在意义上理解人的问题？不仅仅指的是从人类的意义上理解，也是从个体之人的整体存在意义上理解。就个体之人的整体存在而言，人不仅是一种纯粹的物质性、客观性存在，更是一种包含着激情与理性的精神性、思想性存在，儒家称之为身心的内外合一的存在。

关于"性"，孟子不是在表现的意义上使用，所以他反对告子"生之谓性"（《孟子·告子上》）的观点。孟子是在原因的意义上使用性。就人之所以为

---

①　（宋）程颢、程颐：《二程集》，中华书局1981年版，第20页。

人的原因而言，孟子从身和心两个角度进行了分析：一方面，孟子主张："形色，天性也。"即认为人的形体也是天生的，能够分辨颜色、味道、声音与气味，因而具有如此的所以然，所以阐述的是人的物性问题。另一方面，孟子又主张："君子所性，虽大行不加焉，虽穷居不损焉，分定故也。君子所性，仁义礼智根于心，其生色也睟然，见于面，盎于背，施于四体，四体不言而喻。"（《孟子·尽心上》）即认为人之所以能行仁义礼智的原因在于心，由此恻隐、羞恶、辞让和是非都是在描述人心的，所以阐述的是人的心性问题。将"物性"问题和"心性"问题合起来说就是人的问题，背后遵循的是"有物必有则"的逻辑。孟子曾引《诗经》"天生蒸民，有物有则。民之秉彝，好是懿德"的诗句，也引用孔子的话来解释："为此诗者，其知道乎！故有物必有则；民之秉彝也，故好是懿德。"（《孟子·告子上》）按照这一逻辑来理解人的问题，所谓"有物"指的是人之所然的问题，而"有则"，指的正是人之所以然的问题。那么，我们应当是从"物"的意义上来理解人是谁，还是从"则"的意义上来理解人是谁？孟子主张是从"则"的意义上来理解人是谁。由于人被区分为身和心的二元关系，所谓的"则"也就具有"身之则"与"心之则"的区分。"则"是法则的意思，亦可以引申出"原因"和"命定"的含义，在《孟子》中，与"则"在同等意义上使用的概念还有"性"（即原因）和"命"（即命定）等概念。孟子曰："口之于味也，目之于色也，耳之于声也，鼻之于臭也，四肢之于安佚也，性也，有命焉，君子不谓性也。仁之于父子也，义之于君臣也，礼之于宾主也，知之于贤者也，圣人之于天道也，命也，有性焉，君子不谓命也。"（《孟子·尽心下》）这段话的大意是说：口、目、耳、鼻和四肢组成了人的形体，其中，嘴巴追逐美妙的味道，眼睛追逐美丽的颜色，耳朵追逐美妙的声音，鼻子追逐芬芳的味道，四肢追逐放松的安逸，之所以如此，是因为背后自有其如此的原因，所以可以称之为"天性"，但人是否能够得到和实现这些需求，不取决于自己，而是取决于外面的因素，例如要有美食，才能满足口欲；要有美色，才能满足目欲；要有美声，才能满足耳欲；要有美味，才能满足鼻欲……亦即是说，形体所求的能否得到取决于命运，所以这背后的原因在孟子看来就不是他所理解的"性"。孟子所理解的"性"是自己决定自己、是可以在自己身上找到的原因，也是可以为自己所把握和实践的那种原因。我们可以看到，人在日常生活中，时时处处以遵循着仁、义、礼、智等法则的言语和行为为正当和道德，之所以如此，是因为这些我们称之为德行的背后有其如此的成因。就原因而言，具有必须如此的意思，所以也是一种命运。而且对于人而言，由于这一原因是内在于人的，因而可以为人自己所掌控，这种能够自己掌控的命运之由，孟子定义为"性"。所以孟子说："求则得之，舍则失之，是求有益于得也，求在我者也。求之有道，得之有命，是求无益于得也，求在外者也。"（《孟子·尽心上》）

对于上述"性"与"命"所决定的行动之差别，也可以通过孟子"不为者"和"不能者"的区分进行理解。关于"不能"和"不为"的差别，孟子说："挟泰山以超北海，语人曰：'我不能。'是诚不能也。为长者折枝，语人曰：'我不能。'是不为也，非不能也。"（《孟子·梁惠王上》）在孟子看来，由"性"所决定的行动能否成功取决于行动主体的自觉与自为，至于说行动主体没有自觉和自为的话，则不是由"性"而是由人的自由意志所决定的，所以是属于"为"与"不为"的范畴；由"命"所决定的行为能否成功取决于行动的对象，能不能实现并不由行动的主体所决定，所以是属于"能"与"不能"的范畴。李景林先生指出："人对其肉身性实存和功利性要求的满足，不具有直接的决定之权（'求无益于得'，'求在外'），故称之为'命'。与此相反，遵从人道，躬行仁义，却完全可以凭任人心内在的自由抉择，自己来决定自己。其所主在'我'，而不假外求（'求则得之'，'求有益于得'，'求在我'）。此为人之存在所'固有'，故称之为'性'。"① 这种理解实质上即从人的"意志自由"角度进行的，彰显了孟子对人作为一种自由的道德主体的期许。

原因也含有法则或规律的意义，所以孟子亦在"法则"和"规律"的意

---

① 李景林：《教化的哲学——儒学思想的一种新诠释》，黑龙江人民出版社 2006 年版，第 8 页。

义上定义"性",把"性"看作是人之所以为人的理则,以及人成为人的规律,由此则有了"人道"的思想。在孟子这里,将性与人道联系起来,隐含着后来宋明理学家所谓的"性即理"的意义。既然是"理",所以"性"所指示的方向就是非常明确的,这一方向就是"善",由此,孟子特别反对告子"性犹湍水也,决诸东方则东流,决诸西方则西流"的无方向的观点。王国维曾指出:"告子本孔子之人性论,而曰:'生之谓性,性无善无不善也。'又曰:'性犹湍水也,决诸东方则东流,决诸西方则西流。'此说虽为孟子所驳,然实孔子之真意。"[①]若按照王国维的说法,人性善的理论当是孟子的创见,是孟子对儒学的贡献。这一思想较之孔子"性相近"的观点,更能明确地说明人是谁以及如何做人的问题。

(三)如何做人?

说明人是谁的目的,不仅仅是对人的存在进行真实的描述,更是对人应当成为什么样的人的一种期许和指引。只有认识到人是什么样的人,才能知道人应该成为什么样的人。孟子从人性善的角度解释了人是谁,这是就原因而言的。此外,孟子则言必称尧、舜,将尧、舜树立为已经实现了圆成的人的榜样,这是就结果而言的。

尧、舜代表了真正的人。那么,作为一个做人事业未竟的"我"跟尧、舜有差别吗?如果有,差别在哪里?这种差别,是如天地悬隔一样不可跨越呢,还是可以通过人为的努力而消弭这种差别?首先,孟子明确地说:"何以异于人哉?尧、舜与人同耳。"(《孟子·离娄下》)这是从人性的角度所说的,指的是尧、舜与我们一样都是人,同样具有人之所以为人的一切规定性,尧、舜之所以成为尧、舜的原因也同样存在于每一个人身上。但就人成为人的结果而言,未竟的"我"跟尧、舜之间存在着很大的差别,则是很显然的,但这种差别并不是根本的,所区别的只是达成目标的时间先后而已。

---

① 彭华选编:《王国维儒学论集》,四川大学出版社 2010 年版,第 11 页。

孟子主张"人皆可以为尧舜"，曹交就向孟子请教说："交闻文王十尺，汤九尺；今交九尺四寸以长，食粟而已，如何则可？"很明显，曹交的这段话是有意对孟子进行刁难：你不是承认人人皆可为尧舜吗？我听说文王高有十尺，汤高有九尺，而今我也有九尺四寸高，可我这个人除了吃饭外没有任何其他的才能，难道也能成尧舜吗？对于这一诘问，孟子回答道：

> 奚有于是？亦为之而已矣。有人于此，力不能胜一匹雏，则为无力人矣。今日举百钧，则为有力人矣。然则举乌获之任，是亦为乌获而已矣。夫人岂以不胜为患哉？弗为耳。徐行后长者谓之弟，疾行先长者谓之不弟。夫徐行者，岂人所不能哉？所不为也。"（《孟子·告子下》）

在孟子看来，能否成为尧、舜一样的人，不是能力的问题，而是意愿的问题，即不是"能"与"不能"的问题，而是"为"与"不为"的问题。其实尧、舜之所以能够成为尧、舜，不是因为别的，就是因为他们真正做到了每一个人应该做也是能够做的那些事情，这就是尧、舜与一般人的区别所在：尧、舜做到了人性的要求，而我们则没有做到人性的要求，更关键的是我们一般人却没有自觉到这一点。对孟子而言，他所忧患的也正是这一点。他说："乃若所忧则有之：舜，人也；我，亦人也。舜为法于天下，可传于后世，我由未免为乡人也，是则可忧也。忧之如何？如舜而已矣。"（《孟子·离娄下》）就做人而言，孟子说这是自觉的事情，也是自为的事情。孟子曰："待文王而后兴者，凡民也。若夫豪杰之士，虽无文王犹兴。"（《孟子·尽心上》）这是人之为人的尊严所在。这种尊严是凭借着人性的光辉而获得的尊严，而不是凭借权势或其他什么暴力手段而得到的所谓社会地位的尊严。关于尊严，孟子主张有两种：一种是人性的尊严，称之为"天爵"，是由内在于人的道德本性所具有的内在价值所决定的；一种是地位的尊严，称之为"人爵"，是由人在群体中所处的地位和掌握的权力所决定。在这两种尊严的选择上，孟子主张人能弘扬光大自己人性的尊严，自然伴随着社会地位的尊严。孟子曰："有天爵者，有人爵者。仁义忠信，乐善不倦，此天爵也；公卿大夫，此人爵也。古之人修其天爵，而人爵从之。今之人修其天爵，以要人爵；既得人爵，而弃其天爵，则惑之甚者也，终亦必亡而已矣。"（《孟子·告子上》）尊严不是凭借社会地位和权力而是扩充自己的人性而获得的。正如杜维明指出的："儒家理想中的圣贤人格，是转化升华了英雄豪杰的狂狷之气而显示出来的纯净而又精深的人性光辉，而不是通过个人内在生命爆发出来的强烈的耀眼的火花来展现的。"[1]在孟子这里，扩充自己的人性就是做人。那么，我们应该做的是一种什么样的人呢？做人的道路是不是确定的？其目标和方向在哪里？

就目标而言，做人就是做真正的人。所谓真正的人就是由自己的人性所决定的人。孟子所言必称的尧、舜，就是这样自觉自为自己人性的人。何以体现出尧、舜在做人问题上的自觉与自为？孟子说："舜之居深山之中，与木石居，与鹿豕游，其所以异于深山之野人者几希。及其闻一善言，见一善行，若决江河，沛然莫之能御也。"（《孟子·尽心上》）离群索居与禽兽为伍的舜，其所保有的异于深山野人的几希之存在就是对自己的不忍之心的自觉，这种自觉是舜践行善言和善行的内在生命动力，有此自觉方有在实践时"若决江河，沛然莫之能御"的生命精彩。这种精彩，是由自己的生命本性中迸发出来的生命焰火，其生命之实相就是圣人。关于"圣人"的人格形象，孟子举了伯夷、伊尹、柳下惠和孔子四人，而以孔子为集大成者。孟子说："伯夷，圣之清者也。伊尹，圣之任者也。柳下惠，圣之和者也。孔子，圣之时者也。孔子之谓集大成。集大成也者，金声而玉振之也。金声也者，始条理也；玉振之也者，终条理也。始条理者，智之事也；终条理者，圣之事也。智，譬则巧也；圣，譬则力也。由射于百步之外也，其至，尔力也；其中，非尔力也。"（《孟子·万章下》）在这里，孟子对做人的问题进行了"智"和"圣"的区分，其中，"智"意味着目标和方向，而"圣"意味着作为和实践。圣人，在孟子看来，是理论上人人皆可以实践而圆成的，至于能否达

---

① 杜维明：《儒学第三期发展的前景问题：大陆讲学、答疑和讨论》，生活·读书·新知三联书店 2013 年版，第 73 页。

成，则看个人的努力程度。孟子曾引用了两段话表明了这一思想，一段话是成覸谓齐景公曰："彼，丈夫也；我，丈夫也；吾何畏彼哉？"另一段话是颜渊曰："舜，何人也？予，何人也，有为者亦若是。"（《孟子·滕文公上》）

按照孟子对做人的两个关键问题即"智之事"与"圣之事"之关系的分疏，"智之事"是"始条理者"，而"圣之事"是"终条理者"，就逻辑关系而言，"智之事"要优先于"圣之事"，即方向的选择优先于目标的确立。这是因为，人生道路的每一个方向都会有一个目标，只有确定了方向，才能知道自己要达成的目标是什么。孟子说："鸡鸣而起，孳孳为善者，舜之徒也；鸡鸣而起，孳孳为利者，蹠之徒也。欲知舜与蹠之分，无他，利与善之间也。"（《孟子·尽心上》）在孟子看来，正是由于"利"或"善"的方向不同，做人才会有为"舜"还是为"蹠"的差别。所以首先是要选择正确的方向。方向难以选择不是因为没有方向，而是方向太多，不知道遵从哪种方向。孟子说：

> 圣王不作，诸侯放恣，处士横议，杨朱、墨翟之言盈天下。天下之言，不归杨，则归墨。杨氏为我，是无君也。墨氏兼爱，是无父也。无父无君，是禽兽也。……杨、墨之道不息，孔子之道不著，是邪说诬民，充塞仁义也。仁义充塞，则率兽食人，人将相食。吾为此惧，闲先圣之道，距杨、墨，放淫辞，邪说者不得作。作于其心，害于其事；作于其事，害于其政。圣人复起，不易吾言矣！……我亦欲正人心，息邪说，距诐行，放淫辞，以承三圣者；岂好辩哉？予不得已也。能言距杨墨者，圣人之徒也。（《孟子·滕文公下》）

对孟子而言，他认为儒学的价值和意义就在于给人指明一条尊崇"仁义"的人生方向，因为仁义之道是人之所以为人之道，违背了仁义之道，就是违背了人性的"命令"。方向的确立决定了我们应该奠基于何的问题。孟子确立了"仁"的方向，由此，我们应该奠定人性善的根基。孟子说人性善，与其说是对人的事实性描述，不如说是对人的价值性期许。正因为我们期许和追寻的是仁义，所以对于阻碍仁义实现的言论或行为，我们有责任坚决抵制。这正是孟子主张人性善理论而对告子人性观点坚决批评的原因所在，因为在孟子看来："子能顺杞柳之性而以为桮棬乎？将戕贼杞柳而后以为桮棬也？如将戕贼杞柳而以为桮棬，则亦将戕贼人以为仁义与？率天下之人而祸仁义者，必子之言夫！"（《孟子·告子上》）就方向而言，做人意味着选择。选择什么？所以需要为如何做人提供一种可供选择的答案。对孟子而言，这一答案蕴含在他对善恶问题的讨论中。代表着真正的人性自由发展方向的，就是"善"的方向。善是人性的本然，与这种方向相反的，就是"恶"的方向。所谓"恶"，是"善"的迷失，意味着做人方向的迷失。找到自己的人生方向并坚持不懈地走下去，这就是儒家所谓的做人。

做人是一生的事业。做人就是让"仁"熟的过程。孟子曰："五谷者，种之美者也；苟为不熟，不如荑稗。夫仁，亦在乎熟之而已矣。"（《孟子·告子上》）关于孟子的"仁熟"思想，熊十力先生解释说："孟子言先立乎其大，又尊舜之明物察伦，又主扩充。此三义仔细参透，小可悟仁熟之旨。明儒'良知烂熟'，未尝不从仁熟二字来。其实，他们见到良知，于孟子性善及先立其大有见处，而明物察伦与扩充工夫皆太欠在。"[1] 正如熊十力所突出的，"仁熟"的重点在于"熟"上，而"熟"是实践观点的工夫论，其核心精神则为自然而然，因为这是人心的自然充扩。由此自然充扩而步步上达，最终实现人的自我圆成。孟子把人的自我圆成的上达过程分为六个阶段，即："可欲之谓善，有诸己之谓信，充实之谓美，充实而有光辉之谓大，大而化之之谓圣，圣而不可知之之谓神。"（《孟子·尽心下》）杜维明指出，"用神学术语来讲，儒家学做人的观念表明，通过个人努力，人类有可能变得'神圣'。这种观念一定是孟子在论述人类完善六阶段时的预设前提"[2]。其中，"可欲之谓善"的"可欲"，朱熹解释说"此不是'情欲'之'欲'，乃是可爱之意"[3]。可爱，意味着一种发自本性的需求和渴望。所以，可欲不

---

[1] 熊十力著、刘海滨编：《熊十力论学书札》，上海书店出版社 2009 年版，第 74 页。

[2] 杜维明：《道、学、政：论儒家知识分子》，钱文忠、盛勤译，上海人民出版社 2000 年版，第 4 页。

[3] （宋）黎靖德编：《朱子语类》卷第五，中华书局 1986 年版，第 94 页。

是欲望，而是"愿望"，而"愿望是现实上没有，而又为人们从生命深处所发出的迫切要求，最内在的呼声"①。这种源自本性的需求和渴望的目标正是善，反过来说，只有向善才能满足人性的真正需求与渴望，所以真正的人是诚善于身的人。所谓"诚"，是真实无妄的在自己身上实现之意，此即是"有诸己之谓信"。从知行关系的角度来看，如果说"可欲"主要表达的是一种知的自觉，那么，"有诸己"表达的就是一种行的自为。就做人而言，实践是最重要的。所以二程指出："士之所难者，在有诸己而已。能有诸己，则'居之安，资之深'，而美且大可以驯致矣。徒知可欲之善，而若存若亡而已，则能不受变于俗者鲜矣。"② 由此可见，"可欲之谓善"与"有诸己之谓信"是一种对做人方向的自觉，由此自觉而去行扩充的工夫。扩充即是充实，其中的"充"是表现出来的意义。让什么表现出来？让自己生命的本质表现出来。善是生命的存在本质。因为一定的存在本质总是以相应的表现形式作为自己的存在方式，善的表现形式就是美，而美的本质是人先验的善。这就是孟子所说的"充实之谓美"，其基本思想是指人心本有的四善端是人性之美的原初本质，人将自己生命本质的善表现出来的过程就是彰显人性之美的过程，这亦是孟子所谓"诚之"的熟仁过程。"诚之"就是将自己人性的"善"真实无妄地表现出来的过程，这一过程是人性之善的自我绘画而有光辉之美的过程。由此，孟子把"美"的实现分为三个阶段："充实而有光辉"的"大"阶段，"大而化之"的"圣"阶段和"圣而不可知之"的"神"阶段。"美"的三阶段思想，是孔子"绘事后素"思想的发挥，也是《周易·坤·文言》所说的"美在其中而畅于四支，发于事业，美之至也"思想的体现。

通过对善→信→美→大→圣→神的道德主体生命境界步步提升的论述，孟子表达了关于做人的这样一种理念：人性的崇高与完美本于人心原初的善之本质，而人性之善作为一种生命之"端"，还需要人自觉地去扩充直至存养成熟，成就人性之美。孟子的思想是理想人格的完成，这种完成不是平面

---

① 牟宗三：《政道与治道》，吉林出版集团有限责任公司2010年版，第65页。
② （宋）程颢、程颐：《二程集》，中华书局1981年版，第73页。

的，而是立体的、上升的，是道德主体的自我挺立，是孔子"下学而上达"的思想主旨的孟子式解释。所以在杜维明看来，这是孟子有关在人格塑造中完美的等级的观念，而这生动地阐明了这种自我的连续纯化和拓展。①

孟子挺立道德主体，认为主体性的人自我圆成之后，好的群体生活就会自然实现。孟子说："君子之守，修其身而天下平。"（《孟子·尽心下》）对于孟子而言，最主要的问题是"修身"的问题。这里的"身"不是与心相对的身，而是指人，修身就是做人。孟子的主要问题是做人的问题，这从孟子的"君子三乐"中可以看出。孟子说："君子有三乐，而王天下不与存焉。父母俱存，兄弟无故，一乐也；仰不愧于天，俯不怍于人，二乐也；得天下英才而教育之，三乐也。君子有三乐，而王天下不与存焉。"（《孟子·尽心上》）朱熹《孟子集注》中引林氏语进行解释："此三乐者，一系于天，一系于人。其可以自致者，惟不愧不怍而已。学者可不勉哉？"②为什么惟有不愧不怍是学者可以自致的？因为对于孟子而言，不愧不怍是"性"中事，而非"命"中事。既然是"性"中事，则是由自己的本性所驱动，自然而流动即可完成。做人就是做这样的事情，孟子把实现"性"中事的过程看作是人知天命而顺天命的过程。孟子说："莫非命也，顺受其正；是故知命者不立乎岩墙之下。尽其道而死者，正命也；桎梏死者，非正命也。"（《孟子·尽心上》）所以孟子主张"修身以立命"。对于自己所能把握的修身事情，努力去做，而对于自己不能掌握的事情，在做到自己所能做的基础上耐心地等待时机，这就是孟子所谓的"穷则独善其身，达则兼善天下"。这里的"穷"与"达"说的不是人的问题，而是"势"的环境问题。

正命意味着正确的生活。孟子把尽道而死视为正确的生活，这里的"道"是孟子所谓的"仁"与"人"合一的人道。"仁"是做人的根本。做人从志于仁开始。志是心之所向的精神活动，而仁是人的恻隐之心即不忍人之心。志于仁就是志于自己的不忍人之心。由此，做人就从发明自己的本心开始。

---

① 杜维明：《东亚价值与多元现代性》，中国社会科学出版社 2001 年版，第 140 页。

② （宋）朱熹：《四书集注》，凤凰出版社 2005 年版，第 375 页。

二、"发明本心"：挺立道德主体的关键

杜维明指出："儒家认为人生而正直，孟子（前 371—前 289 年）关于人类道德倾向的理论是这种观点的详尽发挥，为将修身视作学做人的必要方法提供了超越的正当理由。"[①]孟子认为，人由物质性的身体和精神性的心灵组成。后者是前者如何行动的指南书。做人的问题就变成了心的问题。孟子主张，挺立道德主体的关键在"发明本心"。

（一）"心"的特殊性

赫舍尔指出："关于人的问题是一个根本问题，我们所提出的其他一切问题有没有意义，都取决于我们为这个问题所提供的答案。"[②]关于人的问题，孟子从人性善的角度为我们提供了答案，这是一种试图从先验性的和内在性的维度来解释人之所以为人的答案，亦即是说，孟子所理解的"性"这个概念，包含着先验性和内在性的规定。

关于先验性的维度，孟子通用"水的比喻"进行了解释。他说："源泉混混，不舍昼夜，盈科而后进，放乎四海。有本者如是，是之取尔。苟为无本，七八月之间雨集，沟浍皆盈；其涸也，可立而待也。故声闻过情，君子耻之。"（《孟子·离娄下》）在这里，孟子用水的泉源不息来比喻人之所以为人所具有的那种超越纯粹的创造力。因其能创造而非被创造，所以是人之为人的原因，而非结果。儒家把这种能创造的生命力量称为"天命"。孟子说："莫之为而为者，天也；莫之致而至者，命也。"（《孟子·万章上》）对人而言，"天命"意味着人之为人的原因，也意味着人之为人的动力，更意味着

---

① 杜维明：《道、学、政：论儒家知识分子》，钱文忠、盛勤译，上海人民出版社 2000 年版，第 4 页。

② ［美］A.J.赫舍尔：《人是谁》，隗仁莲、安希孟译，贵州人民出版社 2009 年版，第 21 页。

人之为人的方向。那么，天命是一种外在的信仰对象，还是一种内在的道德律令呢？要理解这个问题，需要追问将人与天命联系在一起的是什么？在孟子看来，将人与天命联系在一起的是"心"。孟子曰："尽其心者，知其性也。知其性，则知天矣。存其心，养其性，所以事天也。夭寿不贰，修身以俟之，所以立命也。"（《孟子·尽心上》）孟子认为，人能尽自己的心，就能知自己的性；人能知自己的性，就能知天。什么能够如此？合理的理解就是因为自己的心就是自己的性，而自己的性就是天。在孟子这里，心即性，亦即天，所以他对心的追问就是在追问生命的先验本质。而对生命本质的追问也就是在追问宇宙的实相。换句话说，宇宙的实相就是生命的真正本质。由此而言，对人的理解，就是对宇宙精神的理解。这隐含着孟子对人在宇宙中处于中心地位的理解。所以方东美指出："因为生命的自然和道德秩序始自天的创造力，所以被儒家视为占据宇宙中心位置的人，能够匹配最高的创造能力。以这种方式儒家发展出了一种以人为中心的宇宙观以作为价值中心的人生观之前奏。"① 由于把对心的追问等同于对生命的先验本质即天命的追问，先验性的维度在逻辑上就自然地转向内在性的维度，由这一维度则可以明确孟子所谓的"天命"是人之为人的一种内在的道德律令。

关于内在性的纬度，孟子用"眸子之喻"进行了解释。他说："存乎人者，莫良于眸子。眸子不能掩其恶。胸中正，则眸子瞭焉；胸中不正，则眸子眊焉。听其言也，观其眸子，人焉廋哉？"（《孟子·离娄上》）眼睛是心灵的窗口，内在的人性之光可以通过眼睛而透射出来。正如齐格蒙·鲍曼所说的："眼睛是窗户，从中能够窥见文明规则触及不到、也无法控制的内心世界。"② 对孟子而言，人的语言和行为等身体性的活动是美还是丑，是善还是恶，是由自己的心灵所决定的。因为在孟子看来，心才是决定一个人能否被称赞为人的关键性因素。按照自己的本心去做人才是真正的做人，所以孟子

---

① 方东美：《中国哲学之精神及其发展》，匡钊译，中州古籍出版社 2009 年版，第86 页。

② ［英］齐格蒙·鲍曼：《生活在碎片之中——论后现代道德》，郁建兴、周俊、周莹译，学林出版社 2002 年版，第 55 页。

把"心"称为决定人之所以如此存在的"大体"。《孟子》中有两段相连的话表达了这一思想：

> 孟子曰："人之于身也，兼所爱。兼所爱，则兼所养也。无尺寸之肤不爱焉，则无尺寸之肤不养也。所以考其善不善者，岂有他哉？于己取之而已矣。体有贵贱，有小大。无以小害大，无以贱害贵。养其小者为小人，养其大者为大人。"（《孟子·告子上》）
>
> 公都子问曰："钧是人也，或为大人，或为小人，何也？"孟子曰："从其大体为大人，从其小体为小人。"曰："钧是人也，或从其大体，或从其小体，何也？"曰："耳目之官不思，而蔽于物。物交物，则引之而已矣。心之官则思，思则得之，不思则不得也。此天之所与我者，先立乎其大者，则其小者不能夺也。此为大人而已矣。"（《孟子·告子上》）

从上述两段话来看，首先，孟子主张对"人"的理解可以区分为"大体""小体"。而按照孟子对公都子"或从其大体，或从其小体，何也"问题的回答来看，孟子所谓的"大体"指"心之官"，所谓的"小体"是"耳目之官"，这一区分实质上表现了孟子对身心关系问题的看法：心为身主。这一观点也体现在孟子对"志"与"气"的关系论述上。孟子说："夫志，气之帅也；气，体之充也。夫志，至焉；气，次焉。"（《孟子·公孙丑上》）"志"是心之作用，气是身体运动之原因，而心之作用能统率充体之气，可见，心为身主。

对人而言，为什么"心"具有决定存在之为存在的"大体"意义？这是因为，既然心为身主，那么就人而言，是心性而非气性（身体之性）决定了人之所以为人。由此，人性的自觉就是心性的自觉。刘述先先生就曾指出孟子思想的基本规模是"仁义内在，性由心显"，所以特别注重心的问题。[①] 所谓心性的自觉，在孟子看来，就是觉悟自己的心真实渴望的是什么。孟子说：

---

① 刘述先：《论儒家"内圣外王"的理想》，载《理想与现实的纠结》，吉林出版集团有限责任公司 2011 年版，第 116 页。

口之于味，有同耆也。易牙，先得我口之所耆者也。如使口之于味也，其性与人殊，若犬、马之与我不同类也，则天下何耆皆从易牙之于味也？至于味，天下期于易牙，是天下之口相似也。惟耳亦然。至于声，天下期于师旷，是天下之耳相似也。惟目亦然。至于子都，天下莫不知其姣也。不知子都之姣者，无目者也。故曰：口之于味也，有同耆焉；耳之于声也，有同听焉；目之于色也，有同美焉。至于心，独无所同然乎？心之所同然者何也？谓理也，义也。圣人先得我心之所同然耳。故理、义之悦我心，犹刍豢之悦我口。（《孟子·告子上》）

在这段话里，孟子既主张"心"之可欲可爱者为"理"和"义"，同时又主张，这是具有普遍主义的一种心理现象，因而是具有人性意义的普遍现象："理"和"义"是圣人之心与我之心所同然的东西。这一心之所同然的东西，同样也是人之所同然的东西，这种东西在哲学上通常命名为本体。因此，心具有本体的意义，心性善即是本体善。由这样的心所决定的主体，才具有道德主体性。对孟子而言，心的挺立意味着道德主体的挺立。因此，孟子发挥了儒学研究的范围，将儒学引到对人的心灵的关注上来。他重视孔子"反求诸己"的思想，希望人们能通过对心灵的思考来追求德行。

（二）道德主体的心灵结构

道德主体的挺立意味着心的挺立，那么，要挺立的"心"是怎样的"心"？心以什么样的姿态实现自我的挺立？这两个问题其实就是由朱熹所概括的"心统性情"问题：以性言心，追问的是人要自觉挺立的心本质上是一颗怎样的心的问题；以情言心，追问的是这样一颗心将以怎样的姿态显现出自己的问题。由此，对孟子"尽心"思想在"尽"的问题上进行追问就归结为心之性情的问题。朱熹明确地意识到这一点，这从他以"心统性情"的思想来注解孟子"四端"说就可以看出。

孟子的"四端"说主要涉及的是"恻隐之心"与"仁"、"羞恶之心"与"义"、

"辞让之心"与"礼"和"是非之心"与"智"之间的关系问题。从"心统性情"的角度来说，这一关系问题实质上是要明确何者为性、何者为情的问题。朱熹认为"恻隐"等四心为情，而仁、义、礼、智为性。他说："恻隐、羞恶、辞让、是非，情也。仁、义、礼、智，性也。心，统性情者也。端，绪也。因其情之发，而性之本然可得而见，犹有物在中而绪见于外也。"① 即是说，在朱熹看来，孟子所要挺立的心是仁义礼智之心。这样的心是通过表现为恻隐、羞恶、辞让或是非的姿态而实现挺立的。这样的理解是否符合孟子思想的本意？我们的观点认为，朱熹的理解恰恰偏离了孟子思想的本意。当然这种偏离也可以说是进一步的发展。但因为我们要追问的是孟子的本意，所以还需要回到孟子。要证明这一点，就需要去理解孟子是如何理解"心"的。对孟子"心"之问题的理解，我们主要依据这样三段关键性的话语：

（1）孟子曰："人皆有不忍人之心。……由是观之，无恻隐之心，非人也；无羞恶之心，非人也；无辞让之心，非人也；无是非之心，非人也。恻隐之心，仁之端也；羞恶之心，义之端也；辞让之心，礼之端也；是非之心，智之端也。人之有是四端也，犹其有四体也。有是四端而自谓不能者，自贼者也；谓其君不能者，贼其君者也。凡有四端于我者，知皆扩而充之矣，若火之始然，泉之始达。苟能充之，足以保四海；苟不充之，不足以事父母。"（《孟子·公孙丑上》）

（2）孟子曰："恻隐之心，人皆有之。羞恶之心，人皆有之。恭敬之心，人皆有之。是非之心，人皆有之。恻隐之心，仁也。羞恶之心，义也。恭敬之心，礼也。是非之心，智也。仁、义、礼、智，非由外铄我也，我固有之也，弗思耳矣。故曰：'求则得之，舍则失之。'或相倍蓰而无算者，不能尽其才者也。《诗》曰：'天生蒸民，有物有则。民之秉彝，好是懿德。'孔子曰：'为此诗者，其知道乎！故有物必有则；民之秉彝也，故好是懿德。'"（《孟子·告子上》）

---

① 朱熹：《四书集注》，凤凰出版社 2005 年版，第 254 页。

（3）孟子曰："人皆有所不忍，达之于其所忍，仁也；人皆有所不为，达之于其所为，义也。人能充无欲害人之心，而仁不可胜用也；人能充无穿逾之心，而义不可胜用也；人能充无受尔汝之实，无所往而不为义也。"（《孟子·尽心下》）

基于心统性情的问题意识和体用思维来思考这三段关键性的话语，关于孟子的"心"，我们能够获得什么样的理解？

首先，心之本体到底指什么？对这一问题的理解实际上基于对"性"这一概念及其作用的界定。"性"的内涵是"生之所以然"。就人而言，"性"是对人之所以为人问题的解释。孟子是如何理解人之所以为人的？他的说法是："无恻隐之心，非人也；无羞恶之心，非人也；无辞让之心，非人也；无是非之心，非人也。"可见，在孟子这里，人之所以非人，是因为无恻隐之心、无羞恶之心、无辞让之心和无是非之心。反言之，人之所以为人，是因为人有恻隐之心、羞恶之心、辞让之心和是非之心，即决定人之所以为人的是恻隐之心、羞恶之心、辞让之心和是非之心。由此可见，孟子是在"性"的意义上定义恻隐之心、羞恶之心、辞让之心和是非之心，而这四心逻辑上又是由"不忍人之心"统摄为一体的。此外，也可以从孟子以"端"来界定恻隐之心与仁的关系的角度来理解为什么说恻隐之心是性。因为按照孟子"凡有四端于我者……若火之始然，泉之始达"的类比，"端"在孟子这里是"始"的意义，而非朱熹所谓"绪"的意义。因为朱熹的"绪"是在表现的意义上使用的，所以"恻隐之心，仁之端"这句话，就可以解释为恻隐之心是仁的表现，因而断定恻隐是情，而仁是性。而孟子是在"始"的意义上使用"端"的[1]，所以"恻隐之心，仁之端"就可以解释为恻隐之心是仁的开端。瑞士学者耿宁指出："孟子认为，伦理道德（仁、义、礼、智）不是

---

[1] 在先秦诸子中，以"始"来理解"端"，并非孟子只有孟子。《墨子·经上》中说："端，体之无序而最前者也。"以"最前"来解释"端"，亦包含着"始"的意义。此外《墨子·经上》中还说："体也，若有端。"即是说，实体，似乎总是会有开端。可见，以"始"来解释"端"，应该更贴近先秦诸子的用法。

简单地从外部通过社会文化的培育而成的；相反，它们在人的'心'中已先具有了它们的'萌芽'或'端'。如果这些'萌芽'不受压制，而被扶掖的话，就会自发地发展成为道德。"①而按照美国人类学家克里斯托弗·博姆的道德演化论观点，一个真正意义上的道德心至少需要具有以下几种特质：同情心、判断是非之心、荣誉心和自我抑制之心。这与孟子的"四心"说具有极强的契合性：同情心，即孟子的恻隐之心；判断是非之心，即孟子的是非之心；荣誉心，即孟子的羞恶之心；自我抑制之心，即孟子的辞让之心。在"始"的意义来使用"端"，隐含的逻辑是时间的因果链条，即恻隐之心是因，仁是果，由恻隐之心的"因"方生仁的"果"，如果把"性"看作是对所以然的原因之追问的话，那么孟子是把恻隐、羞恶、辞让、是非等"四心"理解为"性"的。即是说，在朱熹看来是属于心之作用的"情"的，恰恰是孟子所谓的心之本体的"性"的。

其次，心之作用到底指什么？所谓心之作用，指的是心将意志投射到他者身上的发动活动，这种发动活动就是儒家所谓的"推己及人"。按照孟子"人皆有所不忍，达之于其所忍，仁也；人皆有所不为，达之于其所为，义也"的说法，孟子所说的"仁"和"义"是就心能够推己及人的发动而言的，是心之所用处。如何证明仁义对于孟子来说是在作用的意义上而言的？孟子有良知良能的说法："人之所不学而能者，其良能也；所不虑而知者，其良知也。孩提之童无不知爱其亲者，及其长也，无不知敬其兄也。亲亲，仁也；敬长，义也；无他，达之天下也。"（《孟子·尽心上》）在这段话中，孟子所说的"良能""良知"是什么？良能是孩提之童所自然流露出的爱，能将这爱"达之天下"就是仁；良知是孩提之童所自然流露出的敬，能将这敬"达之天下"就是义。孩提之童何以能爱？能敬？因为人人皆有恻隐之心故能爱，皆有是非之心故能敬。既然仁、义是在达之天下的意义上而言，所以是作用。所谓作用，应当是一物依据某种原理而发挥出如此作用。对心而言，

---

① ［瑞士］耿宁：《心的现象——耿宁心性现象学研究文集》，倪梁康、张庆熊、王庆节等译，商务印书馆 2012 年版，第 170 页。

是心依据某种原理而能发挥出如此作用。而心与理的关系，正是孟子所引用的"有物有则"这一命题所表现出的关系：心是存在之物，而理是此物发动作用的原理。按照"恻隐之心，仁也。羞恶之心，义也。恭敬之心，礼也。是非之心，智也"的说法，则恻隐之心发动作用遵循着仁的原理，羞恶之心发动作用遵循着义的原理，恭敬（辞让）之心发动作用遵循着礼的原理，而是非之心发动作用遵循着智的原理。所以孟子有"心之所同然者谓理义"的观点，即仁、义、礼、智是心体存在或活动的"理"和"义"，而对理、义的界定，孟子是在"则"的意义上进行的。这样的法则不是由外部所赋予的，而是由心体自身的存在所决定的，所以称之为"非由外烁也，我故有之"。"性"这一范畴亦是对心体之存在方式的追问，心体以恻隐、羞恶、辞让或是非的方式而存在，这一存在的不断扩充而渐渐形成心之作用的"迹"。这一"迹"就是孔子"所欲不逾矩"的具体实践。这些具体实践遵循着基本的原理，这些原理就是仁、义、礼、智。这些原理是由存在所决定的，即孔子所谓的"从心"，所以恻隐、羞恶、辞让和是非都是心，是对心体的不同称谓而已。要理解孟子关于心体与仁、义、礼、智之作用的关系，可以参考康德。康德曾说："无论在什么准则之下，人（即使最恶劣的人）都不会以反叛的方式弃绝道德法则（宣布不再服从它）。毋宁说，道德法则是借助于人的道德禀赋，不可抗拒地强加给人的；而且如果没有其他相反的诱因在起作用，人也就会把道德法则纳入他的最高准则，作为意力充分的决定性根据；也就是说，他会在道德上是善的。"[①]康德所说的道德法则即是孟子的仁、义、礼、智，而人的道德禀赋即是孟子所谓的人人所有的恻隐、羞恶、辞让和是非之四心。在孟子看来，人所拥有的恻隐之心让我们产生了"仁"和"不仁"的观念，所拥有的羞恶之心让我们产生了"羞耻"与"尊严"的观念，所拥有的辞让之心让我们产生了"尊敬"与"傲慢"的观念，所拥有的是非之心让我们产生了"是"与"非"的观念。

---

① 转引自[美]理查德·J.伯恩斯坦：《根本恶》，王钦、朱康译，译林出版社 2015 年版，第 45 页。

对孟子而言，作为体的存在是不能被否定，而只能被遮蔽——即孟子所说的放失其心。孟子认为心是体，所以心无法被否定而只能被遮蔽。孟子认为仁、义、礼、智是作用和表现，而且是本心的真实表现，孟子把这种由真实的本心而发出的原初的表现称之为"端"，既然是表现当然就能够扩而充之，就像源头流出的水可以不断地扩而充之而凝聚为深邃的幽潭和源远流长的溪水一样，就像初燃的火苗可以不断地扩而充之而变成熊熊不息的火焰一样。但不管是源头的水还是溪水都是水的表现，不管是火苗还是火焰都是火的表现。亦是说，不管是最初的"仁"还是人生过程中随时显现的"仁"，都是"恻隐之心"的表现。同理，"义"是"羞恶之心"的表现，"礼"是"辞让之心"的表现，"智"是"是非之心"的表现。如果说心体不能自我否定而变成它的对立面的话，那只有表现才可以在相互对待的关系中呈现出不同的面向。例如，孟子曾引孔子的话说："道二，仁与不仁而已矣。"（《孟子·离娄上》）如果说"仁"与"不仁"可以作为人道的不同面向被呈现出来的话，那么它们只能是表现：由恻隐之心体无遮蔽而表现出来的叫作"仁"，恻隐之心体被遮蔽而表现出来的叫作"不仁"，孟子将这种状态下的人称为"人役"："不仁、不智，无礼、无义，人役也。"（《孟子·公孙丑上》）人役指的是人的自我异化，异化之后的人就不能称之为人，而是禽兽了。人役之所以会发生是由于心体被遮蔽了。孟子谓高子曰："山径之蹊间，介然用之而成路。为间不用，则茅塞之矣。今茅塞子之心矣。"（《孟子·尽心下》）

概而言之，从"心统性情"的角度来理解孟子的心，心的"性"指的是恻隐之心、羞恶之心、辞让之心和是非之心，这是心之体；心的"情"指的是仁、义、礼、智，这是心之用。能将这样的"性"与"情"实现统一的"心"是"不忍人之心"。这样一颗心，由性而言时，是心之本然；由情而言时，是心之实然；由统而言时，则是心之应然。合本然、实然与应然三者而言的心，是存在意义上的心。这种合的思维即是后来宋明理学所发展的体用思维，孟子对心的分析，虽未明言但已经具有运用这一思维的意识。这一思维要求，对于存在意义上的心，不能只从体（性）的角度谈，也不能只从用（情）的角度谈，而是要从合体用之中道而言。牟宗三说："指导吾人生活行为之方向之道德的、创造的天心，虚灵明觉是其本性，健行不息是其本性，而在明觉进行之中即具有定然而当然亦是天然之则，此即为天理，亦是其本性。……天理，落在人事关系上，为天伦、天秩、天序、天讨、天罚等，收摄而内在于心，则为仁义礼智等。（由恻隐之心见仁，由羞恶之心见义，由辞让之心见礼，由是非之心见智。）心之表现而为仁义礼智，亦天理也。仁义礼智名曰心之德。既为心之德，当然内在于心。心之德即心之理。此心与理合而言之，即为道德主体、价值之根源。此为孟子由仁义内在以见性善所首先抒发者，乃儒家之通义，且为儒家所必肯定而与佛老为不同者。"① 可见，对于这一点，牟宗三亦有深刻的见解，所以他一方面说"心之表现而为仁义礼智"，另一方面又说"仁义礼智名曰心之德而内在于心"。

为什么一定要这样理解心体及其结构？事实上，也只有这样的心才能决定人的存在和生命前进的方向问题。赫舍尔认为："人不仅要对他的所作所为负责，而且要对他是什么负责。首要的问题不是如何使具体行动具有意义，而是如何体验你的全部存在，如何使自己全部实存形成一种意义模式。"② 按照赫舍尔的理解，对"人是谁"这一问题的追问，实际上必然会导向"实存"与"意义"的关系问题：到底是一种怎样的实存将形成如此的意义？这也就是孟子"有物有则"命题所要表达的哲学问题。对孟子而言，心之所同然的理义就是一种意义模式，"尽心"首先就是追问自己具有一种怎样的意义模式。孟子把这种意义模式称之为"仁—义—礼—智"的四维模式。但意义不能独立自存而必须由实存的特质所决定的，所以，人之所以要追寻仁—义—礼—智的四维意义，是由实存的恻隐、羞恶、辞让和是非之心所决定的。实存的持续性存在都是对意义的开显与成就。这一意义的方向在实存的开端就已经决定了。对孟子而言，恻隐之心决定了我们要仁爱他者的人生方向。反过来说，一个能爱人的仁者是从发明自己本有的恻隐之心开始做人的。

---

① 牟宗三：《陆王一系之心性之学》，载《宋明儒学的问题与发展》，华东师范大学出版社 2004 年版，第 126—127 页。

② ［美］A.J. 赫舍尔：《人是谁》，隗仁莲、安希孟译，贵州人民出版社 2009 年版，第 69 页。

（三）学问之道在求放心

孟子把道德主体的自我挺立称之为一个仁者。仁者的自我圆成从自觉认识自我开始。所以孟子说："仁者如射，射者正己而后发；发而不中，不怨胜己者，反求诸己而已矣。"（《孟子·公孙丑上》）"反求诸己"是孟子对"人是谁"这一生命第一性问题试图作出回答时选择的思考方向。赫舍尔说："当我提出关于人的问题时，我指的是谁呢？我指的既是我自己，也是别人的自我。我所探究的对象跟我极其接近。我不仅认识它；我就是它，我也代表它。要认识别人，我首先得认识自己，正如理解别人是理解我自己的必要前提一样。"① 对于孟子来说亦是如此，认识人必须从认识自己开始。

对自我的自觉认识基于对自己的真实心的发现。在孟子这里，合先验性（超越性）与内在性（主体性）而言的心性之说，是一种对人蕴藏于心灵深处的生命本性的呼唤和期望。正如雅斯贝斯所说的："特殊的人性被束缚和藏匿在人的躯体之内，它被本能所羁绊，只能朦胧地意识到自己。它渴望解放与拯救，它向着理念飞升，它平心静气地顺从，它全神贯注地反思，它了解作为大我的自身和世界，它体验'涅槃'，它与'道'相一致，它服从上帝的意志。在此过程中，它已经能在此岸世界获得解救。"② 当他在尽心—知性—知天的内在超越逻辑中谈人心的自觉问题，当他在善—信—美—大—圣—神的学而上达逻辑中谈做人问题时，孟子的真实意图是在追问人的自由与拯救问题。

不忍人之心就是本心。发明不忍人之心的关键，是在实践中做到体用一如，显微无间，即情自性出，而性依情显。具体来说，就是如何能自觉地扩充自己的恻隐之心而及于他人，这就是孟子所谓"发明"之意。为什么要发明本心，因为对于现实的人而言，我们的本心基本上都是处于陷溺之中

---

① [美] A.J. 赫舍尔：《人是谁》，隗仁莲、安希孟译，贵州人民出版社 2009 年版，第13 页。

② [德] 卡尔·雅斯贝斯：《历史的起源与目标》，魏楚雄、俞新天译，华夏出版社 1989 年版，第 10 页。

的，孟子把这种人心的陷溺形象地比喻为"放心"。他说："仁，人心也；义，人路也。舍其路而弗由，放其心而不知求，哀哉！人有鸡犬放，则知求之；有放心，而不知求。学问之道无他，求其放心而已矣。"（《孟子·告子上》）"心"能够被放失吗？孟子所谓的"放心"是什么意思？指的是本来属于自己的东西丢掉了不再属于自己了？还是说本来属于自己的东西虽然永远也不会丢掉，但往往会被自己所忽视掉？如果放心指的是前者，那么"心"怎么会丢掉？丢掉了心，人还会活着吗？人如果死了，又怎么能找回自己丢掉的心呢？因此，孟子的放心之"放"，显然是在遮蔽而非丢失的意义上使用。所谓遮蔽，就是心在追求自己真正渴望的东西的时候迷失了方向，孟子称为"失其本心"。如何理解？孟子说：

> 鱼，我所欲也；熊掌，亦我所欲也。二者不可得兼，舍鱼而取熊掌者也。生，亦我所欲也；义，亦我所欲也。二者不可得兼，舍生而取义者也。生亦我所欲，所欲有甚于生者，故不为苟得也。死亦我所恶，所恶有甚于死者，故患有所不辟也。如使人之所欲莫甚于生，则凡可以得生者，何不用也？使人之所恶莫甚于死者，则凡可以辟患者，何不为也？由是则生而有不用也，由是则可以辟患而有不为也。是故所欲有甚于生者，所恶有甚于死者。非独贤者有是心也，人皆有之，贤者能勿丧耳。一箪食，一豆羹，得之则生，弗得则死。呼尔而与之，行道之人弗受；蹴尔而与之，乞人不屑也。万钟则不辩礼义而受之，万钟于我何加焉？为宫室之美、妻妾之奉、所识穷乏者得我与？乡为身死而不受，今为宫室之美为之；乡为身死而不受，今为妻妾之奉为之；乡为身死而不受，今为所识穷乏者得我而为之，是亦不可以已乎！此之谓失其本心。（《孟子·告子上》）

孟子对人为什么能够舍生取义的解释不是理性主义的，而是情感主义的。孟子从"人之所欲"的角度，指出人之所欲有超越生死的更高意义值得渴望和追求，这就是"义"。义是善，所以孟子说"可欲之谓善"，指心之所真实渴望的东西就是善。在孟子看来，发明本心就是重新发觉人心真正所渴望的是"善"。而且，孟子说这是"非独贤者有是心也，人皆有之，贤者能勿丧耳"。由此也可见孟子是在心之可欲的意义上理解"善"，因为这是心对自己本来面目的向往，善就是本心。

如果说放心是指遮蔽心，那么心为什么会被遮蔽？心会被什么遮蔽？被遮蔽的心能够重见光明吗？重见光明将是一种怎样的心灵变化？被遮蔽的心当然能够重见光明，孟子把这种重见光明时人的心灵所实现的变化称之为"觉"。"觉"的实现是从努力去掉遮蔽心灵的阴影开始的。那么，到底是什么遮蔽了人的心灵导致人心好像被放失了呢？孟子把人心的自然光明称之为"善"，而把"善"的缺乏称之为"恶"。"恶"就是人心被遮蔽。孟子认为，人之所以为不善，是由于"势"的原因。在《告子篇》中，孟子分别在三段话语中表达了这一思想。孟子说：

（1）水信无分于东西，无分于上下乎？人性之善也，犹水之就下也。人无有不善，水无有不下。今夫水，搏而跃之，可使过颡；激而行之，可使在山。是岂水之性哉？其势则然也。人之可使为不善，其性亦犹是也。

（2）富岁子弟多赖，凶岁子弟多暴。非天之降才尔殊也，其所以陷溺其心者然也。今夫麰麦，播种而耰之，其地同，树之时又同，浡然而生，至于日至之时，皆熟矣。虽有不同，则地有肥硗，雨露之养、人事之不齐也。故凡同类者，举相似也，何独至于人而疑之？

（3）牛山之木尝美矣，以其郊于大国也，斧斤伐之，可以为美乎？是其日夜之所息，雨露之所润，非无萌蘖之生焉，牛羊又从而牧之，是以若彼濯濯也。人见其濯濯也，以为未尝有材焉，此岂山之性也哉？虽存乎人者，岂无仁义之心哉？其所以放其良心者，亦犹斧斤之于木也，旦旦而伐之，可以为美乎？其日夜之所息，平旦之气，其好恶与人相近也者几希，则其旦昼之所为，有梏亡之矣。梏之反复，则其夜气不足以存。夜气不足以存，则其违禽兽不远矣。人见其禽兽也，而以为未尝有才焉者，是岂人之情也哉？故苟得其养，无物不长；苟失其养，无物不消。孔子曰："操则存，舍则亡；出入无时，莫知其乡。"惟心之谓与？

孟子认为人之所以放其良心者，就好像斧斤之于木一样，旦旦而伐之，如此怎么可以为美呢？斧斤对于木而言，正是一种"势"。那么，何谓"势"？对人而言，主要指社会环境。既然如此，去除"恶"的根本途径就在于变化环境。由此，孟子思想的视野就从自我扩大到社会、国家的层面而引出政治的话题，认为政治的目的就在于变化人所形成的并于其中实现成长的环境。这也正是孟子为什么从论"人皆有不忍人之心"而转进到对"不忍人之政"进行论述的原因所在。

人需要如何做才能发明本心？发明本心是发明本来就是"善"的心。孟子说："诚身有道，不明乎善，不诚其身矣。是故诚者，天之道也；思诚者，人之道也。至诚而不动者，未之有也；不诚，未有能动者也。"(《孟子·离娄上》)发明本心是明善诚身的过程，因此，最关键的在于如何能够"明善"。所谓"明"，是觉悟自己心体本来是善的意义。这种觉悟需要通过学习来获得，即需要学以明觉。对"学"而言，难题不在于没有学习的榜样和知识，而在于可选择的榜样和知识太多，我怎么知道自己的选择是正确的呢？这就要依靠自己本有的是非之心，因为是非之心能予人一种不虑而知的良知，良知是一种道德判断力。正如阿伦特所说的："显示思想力量的并不是知识：而是分辨是非美丑的能力。"①孟子也强调说："人之所以异于禽兽者几希，庶民去之，君子存之。舜明于庶物，察于人伦，由仁义行，非行仁义也。"(《孟子·离娄下》)可见，孟子特别强调的是舜于庶物的"明"和于人伦的"察"，即"良知"。所以发明本心的思想也可以说是如何致良知，这也就是王阳明为什么接着孟子思想而说"致良知"的原因所在。

作为一种分辨是非之道德判断力的良知，如果要被发明出来的话，首先

---

① 转引自[美]理查德·J.伯恩斯坦：《根本恶》，王钦，朱康译，译林出版社2015年版，第272页。

就要将阻碍良知之发明的东西去掉。在孟子看来，阻碍良知之发明的最主要的蔽有二：物欲与缪见。对于物欲，孟子说："养心莫善于寡欲。其为人也寡欲，虽有不存焉者，寡矣；其为人也多欲，虽有存焉者，寡矣。"（《孟子·尽心下》）对于缪见，孟子说："我亦欲正人心，息邪说，距诐行，放淫辞，以承三圣者。"（《孟子·滕文公下》）当遮蔽良知的乌云被驱散后，良知自身的光明将自然显现出来。由此按照良知的要求去做真实无妄的实践，即"诚之"的工夫，将实现道德主体的"存养得熟"。具体而言，这一诚之的工夫是"以仁存心，以礼存心"。孟子说："君子所以异于人者也，以其存心也，君子以仁存心，以礼存心。仁者爱人，有礼者敬人。"（《孟子·离娄下》）就实践的工夫言，孟子为什么说要"以仁存心，以礼存心"？因为仁和礼是人能扩充自己的本心而推己及人时所遵循的义理——这种义理是因为自己的本心是一种恻隐之心、羞恶之心、辞让之心和是非之心而自然具有的作用之法则，既然是作用之法则，一定是就实践而言的，所以仁是爱人，礼是敬人。在孟子看来，爱人的"仁"和敬人的"礼"是存心的工夫，而非心体本身，所以说"以仁存心，以礼存心"。

　　当你选定自己所认为最正确的关于善的知识之后，就必须持之以恒地实践下去，这就是孟子说的"不动心"。非常有意思的是，孟子说他"四十不动心"，与之相应的，孔子则有"四十而不惑"的说法。儒者的生命历程，都是在践履一种根本的生命精神，那为什么孔子说"四十而不惑"，而孟子则说"四十不动心"？因为在孔子之前，还从未有人如此清晰明白地阐明人生的方向与意义，直到孔子时才始发明之。孔子通过自己的学习与思索而真正为自己建立了一种人生之道，并志于此道，由此"志"则对于人生的方向与意义始不再困惑。对于儒者来说，自孔子之后，"君子儒"的人生方向及其意义归宿已经在孔子的教导和他的生命历程中得到彰显，对于立志于成为君子儒的儒者而言，他的人生方向与意义归宿已经被一颗伟大的心灵所开启了，后来者只要能够遵循先觉者所开启的精神方向，不动摇地继续前进就行了。所以孟子说"不动心"。

　　发明本心的重点在"发明"上，这是做人的问题。做人的问题是在"人之所以异于人"的人与人之间存在根本区别的意义上谈的。对于儒家而言，这就是在追问君子与小人的区别，其过程中则渗透着对如何做人的真正理解。为什么儒家对君子和小人所作的区分，实际上是在追问如何做人的问题？这是因为，正如赫舍尔所说的："虽然在要求做人与追求成为动物两者之间存在着内部张力，但两者中任何一个都绝难实现。人类已经达到这样的程度；他不会退到动物性上。倒退到野兽的人成了人的对立面，即一个特殊的物种。人类的对立面不是动物，而是恶魔一般的人。"① 所以就做人而言，儒家也认为人的对立面不是动物，而是小人。孟子说："子服尧之服，诵尧之言，行尧之行，是尧而已矣。子服桀之服，诵桀之言，行桀之行，是桀而已矣。"（《孟子·告子下》）对于儒家而言，不仅仅象征着和表现着"恶"的小人必须予以批判，即使是不明善恶的平庸之人也必须批判。平庸之人是孟子所说的"阉然媚于世也者"的乡愿。这类人"非之无举也，刺之无刺也。同乎流俗，合乎污世。居之似忠信，行之似廉洁。众皆悦之，自以为是。而不可与入尧、舜之道，故曰'德之贼'也"（《孟子·尽心下》）。乡愿的基本特征是似德而非，所以他们不明是非，这是因为他们遮蔽了自己本有的良知而导致"所识穷乏"。良知是善，因而"所识穷乏"就是恶。平庸之人所表现出的"所识穷乏"就是一种平庸的恶。对不明善恶的平庸之人的批判，是对人具有"所识穷乏"的平庸之恶却不思努力改变的现象，即孔子所说的"困而不学，民斯为下"现象的批判。所以方东美说："人通过理性的功能从自然能力向完美理想的发展便是我所谓的儒家人类伟大之理由。由于这一理由，人具有最高的潜力。"② 人由是非之心而拥有的良知，正是人类能够走向伟大的潜力所在。

发明本心的做人事业，是孟子最看重的人道事业。孟子说："君子创业垂统，为可继也。"（《孟子·梁惠王下》）君子的事业在于实现人类的可持续

---

① ［美］A.J.赫舍尔：《人是谁》，隗仁莲、安希孟译，贵州人民出版社 2009 年版，第 71 页。

② 方东美：《中国哲学之精神及其发展》，匡钊译，中州古籍出版社 2009 年版，第 88 页。

发展和进步。创业垂统的目的在于认识并满足人的最真实的生命需求。人最基本的需求有两种：物质需求和精神需求。所以君子有两种事业：物质文明建设的事业和精神文明建设的事业。物质需求的满足受到物质条件的限制，不能无限的发展，因此，物质文明建设的事业总是会受到各种限制，而不能无限定地发展下去。那么，什么样的事业则可以无限地持续发展下去呢？唯有精神性的事业，这就是孟子发明本心思想所蕴含的深刻洞见，亦是孔子"下学而上达"思想的进一步揭示。君子所创的能够垂范后世的就是传统。E. 希尔斯曾在《论传统》中说："就人的行动所组成的惯例和制度而言，世代相传的并不是特定的、具体的行动；这是不可能的。一行动一旦完成，它就不再存在。人类行动转瞬即逝。它们持续的时间不会超过实际完成它们所需要的时间；一旦完成，它们便不复存在。可以世代相传的部分是行动所隐含或外显的范型和关于行动的形象，以及要求、建议、控制、允许或者禁止重新确立这些行动范型的信仰。"① 这个能够被传习的"统"是什么？是精神的方向和道德的原则。

三、"王道仁政"：道德主体的真正挺立

当孟子通过对"势"即环境的分析来解释恶产生的原因时，他其实也找到了人类实践应该努力的目标，即改变环境。正如安靖如指出的："既然儒家学者正确地认识到环境因素对道德与道德培养的重要性，因此，一旦他们认识到社会环境从某些方面将系统化地削弱或限制一些个人培养德性的能力，那么，儒家学者就应当具有强烈的动机去批评和改革社会。"② 孟子正是具有这样的强烈动机的一位儒家学者。孟子"如欲平治天下，当今之世，舍我其谁也"（《孟子·公孙丑下》）的豪迈宣言表达了他批评和改革社会（即"如

---

① ［美］E. 希尔斯：《论传统》，傅铿、吕乐译，上海人民出版社 1991 年版，第 16 页。
② ［美］安靖如：《当代儒家政治哲学》，韩华译，江西人民出版社 2015 年版，第 193 页。

欲平治天下”）的强烈自觉意识。

（一）居仁由义：道德主体的实践原则

孔子曾在个体、社会和国家三个层面思考君子实践问题。孔子在回答子路问君子时，提出了关于君子实践逐步扩展的三转语："修己以敬"、"修己以安人"和"修己以安百姓"（《论语·宪问》）。其中，"修己以敬"回答个体实践的问题，"修己以安人"回答社会实践的问题，而"修己以安百姓"回答的是政治实践的问题。其步步提升的说法也体现了政治实践在作为群体的人类实践活动中的关键地位，所以孔子有"人道政为大"的主张。

当然对于实践主体而言，都会面临个体实践和社会实践的问题，但并非所有人都会经历政治实践的问题。所以在主体实践的三层次问题上，儒家主张修己是最基础和普遍的实践。孟子也发挥了这一点，他说："人有恒言，皆曰，'天下国家。'天下之本在国，国之本在家，家之本在身。"（《孟子·离娄上》）既然"身"即个体的实践是社会实践和政治实践的基础，那么个体实践遵循着什么样的原则呢？在思考这样的问题上，孟子提出了"居仁由义"的思想：

> 孟子曰："自暴者，不可与有言也；自弃者，不可与有为也。言非礼义，谓之自暴也；吾身不能居仁由义，谓之自弃也。仁，人之安宅也；义，人之正路也。旷安宅而弗居，舍正路而不由，哀哉！"（《孟子·离娄上》）
> 王子垫问曰："士何事？"孟子曰："尚志。"曰："何谓尚志？"曰："仁义而已矣。杀一无罪非仁也，非其有而取之非义也。居恶在？仁是也；路恶在？义是也。居仁由义，大人之事备矣。"（《孟子·尽心上》）

孟子把"义"称为人之义路，亦即是说，是以"义"作为主体实践的基本原则和精神的。作为一种规范原则和精神的"义"是怎么产生的？孔子曾有"从心，所欲不逾矩"的思想，在这一思想中，"所欲不逾矩"的"矩"被孟子延申为"由义"，而"从心"则被孟子延申为"居仁"，所以孟子在"人心"的意义上讲"居仁"，在"人路"的意义上讲"由义"。因此，居仁由义的基本内涵即实践主体按照"仁"的价值原则来安排自己的行为规范。由此，作为实践主体行为规范的"义"是源于自己的不忍人之心的，即"道德"的行为是"伟大灵魂的精神的'流溢'，是一个丰盈者的'流溢'"①，所以孟子才会说"义内"却可以"方外"。

孟子"居仁由义"思想，体现了儒家所理解的"人"是内在的德性与外在的德行合内外为一体之人的观点。所谓"合内外"，既指内在的德性需外显为外在的德行，也意味着外在的德行能够表征内在的德性。正如朱熹所说："盖容貌辞气，乃德之符。其外如此，则其中之所存者可知。"② 先秦儒家正是按照"合外内之道"的方式去实现自我的理解，郝大维和安乐哲就曾断言"心灵与躯体的对立〔在中国传统中〕不存在"③，因为"儒家的自我是处于环境中的，根据儒家的模式，自我是关于一个人的身份〔roles〕和关系的共有意识。一个人的'内''外'自我是不可分离的"④。就观念而言，"德性"指向一个人应该如何对待他人的原则问题，而"德行"则指向哪种类型的生活方式对一个人来说是好生活的问题。因此，合"德性"与"德行"为一体的思维方式正是孟子"居仁由义"思想的基本逻辑。

居仁由义的逻辑，决定了政治实践的逻辑起点是反求诸己。孟子曰："爱人不亲，反其仁；治人不治，反其智；礼人不答，反其敬。行有不得者皆反求诸己，其身正而天下归之。"（《孟子·离娄上》）为什么主体的社会和政治实践最终又返回到个体的道德实践呢？在孔子"修己以敬"、"修己以安人"和"修己以安百姓"的实践三转语中，为什么强调"修己"是一以贯之的呢？美国学者克里斯托弗·博姆认为："对于人类来说，理解'自我'是一种个

---

① 〔美〕罗伯特·所罗门：《哲学的快乐：干瘪的思考 VS. 激情的生活》，陈高华译，广西师范大学出版社 2015 年版，第 44 页。

② （宋）朱熹：《四书集注》，凤凰出版社 2005 年版，第 224 页。

③ 〔美〕郝大维、安乐哲：《汉哲学思维的文化探源》，施忠连译，江苏人民出版社 1999 年版，第 35 页。

④ 〔美〕郝大维、安乐哲：《汉哲学思维的文化探源》，施忠连译，江苏人民出版社 1999 年版，第 29 页。

人能力，这种能力的存在与他人有关，使人们有可能参与到道德共同体中。很显然，仅仅是具备自我认知能力是不会使一个人变成拥有'发育完全成熟'的良心的道德人，但是，拥有自我认知能力是重要的、必不可少的第一步。这种能力有助于人们推测他人对某个人的行为的反应、有助于理解他人的意图。更重要的是，这种能力有助于人们理解以下至关重要的一点：如果一个人的行为严重侵犯了道德情感，那么他或她便会成为群体其他成员的众矢之的。这种建立在自我认知能力基础上地理解他人的观点、从他人的视角来思考的'换位思考'能力，不仅是人们在社会中调整自己的行为、遵守群体强加给他们的规则的从众能力的基础，而且也使得人们能够发挥群体作用、以群体形式富有远见地去预测各种'离经叛道'的行为。"① 孟子追问的是良知如何实现自我的真实呈现问题。正是基于此，孟子提出"居仁由义"思想，主张通过扩充人本有的良知而化为外在行为的彬彬有礼。"礼"的直接作用在于规范人与人的关系，而政治的主要目的就在于建立一种人与人之间的和谐关系。所以，"由义"的个体实践必然会逐步扩充为社会的实践或政治的实践。

作为人的道德实践活动的"由义"，也即是孟子所说的"事"。我们一生要做哪些"事"？孟子从居仁由义的"由仁义行，非行仁义"的思想出发，指出人的道德实践之"事"包括两层实践论：一类是为己的"人道义路"，即修己以敬的内圣成德之事；另一类是为群的"王道仁政"，即修己以安人、安百姓的外王立功之事。由"己"到"群"的道德实践活动按照推己及人的逻辑而逐步展开，孟子将其归纳为"亲亲而仁民，仁民而爱物"（《孟子·尽心上》）的实践逻辑。问题是，这一实践为什么逻辑上要从"亲亲"开始？孟子说："事，孰为大？事亲为大；守，孰为大？守身为大。不失其身而能事其亲者，吾闻之矣；失其身而能事其亲者，吾未之闻也。孰不为事？事亲，事之本也；孰不为守？守身，守之本也。"（《孟子·离娄上》）可见，在孟子

---

① ［美］克里斯托弗·博姆：《道德的起源——美德、利他、羞耻的演化》，贾拥民、傅瑞蓉译，浙江大学出版社 2015 年版，第 120 页。

看来，"己"的内圣成德之事以实践"守身"为根本，而"群"的外王立功之事以实践"事亲"为根本。为什么会提出这样的主张？杜维明指出："为了说明儒家道德理想主义与其所处时代具体的社会和政治现实的关系，孟子批评墨家全体主义和杨朱个人主义思想的泛滥。墨家倡导'兼爱'，但孟子却坚决主张，墨家待陌生人如同自己父亲的告诫，将导致待自己的父亲如同陌生人。而另一方面，杨朱提倡'为我'，孟子则坚决主张，过度关注个人利益将导致政治的失序。委实，在墨家的集体主义中，'父亲身份'无法确立；在杨朱的个人主义中，'亲属关系'无法确立。既然家庭的调节是社会稳定的基础，国家的治理是天下太平的基础，为了给人民带来真正的福利，无论墨家的集体主义还是杨朱的个人主义，在政治上就都不是切实可行的。"① 孟子道德主体"居仁由义"思路，转化为政治哲学就是"先王有不忍人之心，斯有不忍人之政"的逻辑。

儒家的"政"是在生活实践的意义上而言的，包括"亲亲"、"仁民"和"爱物"三个向度在内的生活实践统称为"事"。所以，对孟子而言，做人也就是做事。后来王阳明发挥孟子的这一思想，主张致良知的关键是在事上磨砺。既然理论上人人都可以成为尧、舜，那么，在行动上就需要以此为目标，显然，孟子"居仁由义"的思想正是王阳明"致良知在事事上磨砺"思想的源头。

（二）仁义：政治实践的基本原则

孟子的人性善理论给我们想象了一幅关于人在原初自然状态下将如何行动的美妙图景。既然人性本善，原初自然状态下的人将自然地按照其人性向善的自然法而行动，那么，行动本身所带来的结果也将是善。既然如此，人只要遵从自己禀赋于天的自然法就行了，为什么还需要政治呢？也就是说，

---

① 杜维明：《东亚价值与多元现代性》，中国社会科学出版社 2001 年版，第 137—138 页。

人性本善的人为什么还需要有一个代表群体的"主体"来对自己进行管理呢？难道孟子就不怕这个"主体"异化为我们的统治者吗？孟子的基于人性善理论基础上的政治哲学又是如何理解政治的呢？

既然人性本善，为什么还需要有政治呢？在孟子看来，人性本善只是作为一种人在实践中能够向善的可能规定性而对人的行为本身发挥着作用，现实是，人常常因为放失自己的良心而遮蔽了这一出自人性本身的行为规范，所以就需要借助于外部的力量。对于遮蔽了自己的良心而言，政治是这样一种外部力量：是由已经认识到人类社会未来发展方向的那些觉悟者所组成的，以引导所有人都有意识地自觉到这一方向并努力实践这一方向为目标的一种社会力量。孟子说："尧舜之道，不以仁政，不能平治天下。今有仁心仁闻而民不被其泽，不可法于后世者，不行先王之道也。故曰，徒善不足以为政，徒法不能以自行。"（《孟子·离娄上》）诚如孟子所认识到的，人心之善如果只是一种心灵的德性，而没有将其具体地落实为现实生活中的日用德行，这样的善就只能是人类潜能。因而还需要有现实的政治实践，使规范性的内在心灵秩序成为现实人的视听言动之行为规范。在孟子看来，道德的产生是源自人的先验的道德结构或道德能力，但道德的发展与实现，却是道德主体在与外部环境的互动过程中积极建构的结果。而且儒家也看到了，没有外在力量的帮助，人自身包括其"先在的道德结构"是不可能展开甚至成熟的。因此，政治实践在道德主体的实践活动中居于关键地位。政治的目的是为了做人。因为好的环境更有助于做人。在一个坏的环境中，到处都是恶人的话，即使是圣人也无能为力，只能"不得志，乘桴浮于海"；而在一个好的环境中，到处都是善人的话，即使是盗跖也没有办法再作恶。某种意义上可以说，建设一个好的社会来变化人的境遇从而变化人，比寄希望于出现圣人作为榜样而引导人向善，更具有现实的可操作性。

孟子针对当时政治实践的具体情况，将政治的主体分为"民""天子""诸侯""大夫"四个层级。其中"民"属于孟子所谓的"劳力者"，"天子"、"诸侯"和"大夫"则属于"劳心者"。"劳心者"和"劳力者"之间存在着一种

"治"与"食"的政治关系。孟子说：

> 然则治天下独可耕且为与？有大人之事，有小人之事。且一人之身，而百工之所为备，如必自为而后用之，是率天下而路也。故曰，或劳心，或劳力；劳心者治人，劳力者治于人；治于人者食人，治人者食于人，天下之通义也。（《孟子·滕文公上》）

这种"食"与"治"的关系，不是血缘伦理，而是政治伦理。所谓政治伦理，指的是基于责任和义务的一种社会分工伦理。孟子从"工"的角度区分了"大人之事"和"小人之事"。就分工伦理而言，劳力者需要以纳税的形式来"食"人；而劳心者接受劳力者的食，因而就有责任为劳力者提供一个"治"的社会环境，使其能够更好地实现"食"。所以在"食"与"治"之间形成了一种关于责任和义务的双向关系：劳力者对劳心者有自己应承担的责任和义务，劳心者对劳力者有自己应承担的责任和义务。既然是双向的，则可以互相追"责"。所以孟子对齐宣王说："君之视臣如手足，则臣视君如腹心；君之视臣如犬马，则臣视君如国人；君之视臣如土芥，则臣视君如寇仇。"（《孟子·离娄下》）这是政治伦理的特质。相反，血缘伦理恰恰不能追"责"。孟子已经意识到这一点。孟子与公孙丑之间有这样一段问答：

> 公孙丑曰："君子之不教子，何也？"
> 孟子曰："势不行也。教者必以正；以正不行，继之以怒。继之以怒，则反夷矣。'夫子教我以正，夫子未出于正也。'则是父子相夷也。父子相夷，则恶矣。古者易子而教之，父子之间不责善。责善则离，离则不祥莫大焉。"（《孟子·离娄上》）

孟子通过对"易子而教"现象的原因分析指出，因为父子之间"责善则离"，所以父子之间不责善。这表明孟子意识到了"齐家"的基本原则是"爱"，但他认为这种"爱"可以扩充到"治国""平天下"的社会和政治领域，所以父子关系有时也会被孟子用来比喻政治关系。孟子说："庖有肥肉，厩有肥马，民有饥色，野有饿莩，此率兽而食人也。兽相食，且人恶之；为民父母，行政不免于率兽而食人，恶在其为民父母也？"（《孟子·梁惠王上》）但我们以为，按照孟子对政治伦理和血缘伦理的分析来看，这样的比喻是不恰当的。因为，这会导致阅读者认为，孟子把政治伦理等同于血缘伦理了。事实上，孟子的主张认为政治伦理的基本原则和血缘伦理的基本原则是存在差异的，不能够互相混同。因为按照孟子在"君子之于物也，爱之而弗仁。于民也，仁之而弗亲。亲亲而仁民，仁民而爱物"（《孟子·尽心上》）的主张中所表露出的观点来看：

首先，孟子指出对于对象的不同，主体实践所遵循的基本伦理原则是有差异的，即对"物"是"爱"的原则，对"亲"是"亲"的原则，对"民"是"仁"的原则。

其次，孟子明确主张"爱"的原则、"亲"的原则和"仁"的原则是不能互相代替的，这从他的"君子之于物也，爱之而弗仁。于民，仁之而弗亲"说法中可以明确看出。

再次，孟子由"亲亲"到"仁民"再到"爱物"的实践过程，正是他所谓扩充自己"不忍人之心"的逐步实现过程。这一过程是一个逐渐由个体之"私"到全体大"公"的逐步提升过程：对于家人而言，只关心自己是"私"，而关心亲人是家庭之"公"；对于社会之人而言，只亲自己的亲人是"私"，能够仁民则是政治之"公"；对于天下万物而言，人只关心自己的同类是"私"，能够做到"泛爱万物"则是人道之"公"。

可见，就政治伦理原则而言，孟子的基本观点是："仁"显然是不同于"亲"和"爱"的。因为"仁"的对象与"亲"的对象、"爱"的对象是根本不同的。"仁"的对象是"民"。由此可见，"仁"的原则是在规范人与人的关系，"亲"的原则是在规范人与亲人的关系，而"爱"的原则是在规范人与物的关系。就政治哲学而言，孟子主张"仁"为第一原则。那么"仁"这一原则的基本精神是什么？是"公"。仁具有"公"的精神。这一点，为宋明理学家程颐所揭示。程颐说："仁道难名，惟公近之，非以公便为仁。"① 又说："仁之道，要之只消道一公字。公只是仁之理，不可将公便唤做仁。公而以人体之，故为仁。只为公，则物我兼照，故仁，所以能恕，所以能爱，恕则仁之施，爱则仁之用也。"② 正如程颐所指出的，就政治伦理而言，仁的精神更近于"公"的意涵。由此，我们可以说，这体现了孟子对政治基本精神的首要期许应该是"公"。对为政者而言，首要的素质就是成为一个大公之仁者。这样的仁者将具有一种对他者负有责任的意识，这种意识表现为一种对他者的爱。爱是一种对他者负有责任的责任意识，这种责任意识会激励为政者去从事对他人负责的"爱人"事业。因此，在孟子这里，最初作为个体自律原则的"仁"（即孟子的"居仁"说），一开始就已经预设了一个对于他者的无限责任的更为根本的承诺（即孟子的"由义"说）。这个对他人负责的根本承诺就是"义"，"义"是源自于人的羞恶之心的。孟子把"恶"理解为是损害他人。人何以会对"恶"的现象怀有羞耻心呢？因为人人具有恻隐之心，能够同情与仁爱他者。为什么要同情与仁爱他者？既是因为孟子相信人性本善，所以相信人有同情与仁爱他者的本性存在，也是因为孟子主张人性平等，相信所有人都有同情与仁爱他者以及被他者同情与仁爱的权利和义务。在我与他者的相互同情与仁爱的交往关系中，如果要想将这种同情与仁爱的实践持续下去，就必须保证这种同情与仁爱的原则对交往双方具有同等规范的效力，要做到"不偏不倚"，即孟子所谓的"中道而立，能者从之"（《孟子·尽心上》）。孟子有这样的思想，他告齐宣王"君之视臣如手足，则臣视君如腹心；君之视臣如犬马，则臣视君如国人；君之视臣如土芥，则臣视君如寇仇"的话，显然是在强调君臣之间需要遵循同一种交往原则。既然主张同情与仁爱的原则对交往关系的双方都须做到不偏不倚，显然是具有"平等"自觉意识的一种理念。由此，在孟子"公"的思想精神基础上，可以开出"平等"的理念。概言之，合仁与义，构成孟子政治哲学的基本原则。"仁

---

① （宋）程颢、程颐：《二程集》，中华书局 1981 年版，第 63 页。

② （宋）程颢、程颐：《二程集》，中华书局 1981 年版，第 153 页。

义"原则的基本内涵至少是由"公"的精神以及在公的精神基础上所开显出的"平等"与"正义"之理念所组成。

为什么说仁义原则成为孟子政治哲学的基本原则？这一点，从孟子见梁惠王宣传自己的政治主张时，有意识地对"仁义"原则与"功利"进行区分就可以看出：

> 孟子见梁惠王。王曰："叟！不远千里而来，亦将有以利吾国乎？"孟子对曰："王！何必曰利？亦有仁义而已矣……未有仁而遗其亲者也，未有义而后其君者也。王亦曰仁义而已矣，何必曰利？"（《孟子·梁惠王上》）

在孟子看来，仁义原则与功利原则代表着根本不同的两种政治原则，将决定政治实践不同的基本方向。孟子继承孔子思想，主张为政以德。他说："周于利者，凶年不能杀。周于德者，邪世不能乱。"（《孟子·尽心下》）德治精神正是基于仁义原则基础之上的。为什么孟子把仁义确立为政治实践的第一原则？因为政治实践的主体是人，所以政治实践的基本原则是由人的实践的基本原则所决定的。在孟子看来，人作为一个道德主体，其实践所遵循的第一原则是"居仁由义"。由此，道德主体的政治实践也应遵循仁义原则。

（三）王道仁政

在谈到儒家政治哲学的思想特质时，孟子曾明确指出，以孔子为代表的儒家在政治上追求仁政。孟子说："求也为季氏宰，无能改于其德，而赋粟倍他日。孔子曰：'求非我徒也，小子鸣鼓而攻之可也。'由此观之，君不行仁政而富之，皆弃于孔子者也，况于为之强战？"（《孟子·离娄上》）能行仁政的君主是王者，遵循并实践着一种在尧、舜、禹、汤、文、武、周等先王中一以贯之的政治精神。这种政治精神就是王道。由此，孟子政治哲学的基本性格往往被概括为"王道仁政"思想。王道仁政是孟子思考政治价值而提出的一种政治理想，这种理想直接针对当时现实的政治实践。孟子说："且王者之不作，未有疏于此时者也；民之憔悴于虐政，未有甚于此时者也。饥者易为食，渴者易为饮。孔子曰：'德之流行，速于置邮而传命。'当今之时，万乘之国行仁政，民之悦之，犹解倒悬也。故事半古之人，功必倍之，惟此时为然。"（《孟子·公孙丑上》）

在谈到孟子的王道仁政思想时，我们需要注意的是，这一思想是由"王道"和"仁政"两个更基础的思想所组成。就王道与仁政之关系而言，二者体现了一种相互规定性。其中，王道是从政治主体的角度而言的，而仁政是从实践方式的角度而言的。一方面，只有真正的王者才能行仁政，这是政治主体对实践方式的规定；另一方面，只有行仁政的君主才能成为一个真正的王者。对于前一个规定性进行阐释的理论，是儒家的内圣之学，在儒家政治哲学话语体系中，指的是先王之道，简称"王道"；对后一种规定性进行阐释的理论，是儒家的外王之学，在儒家政治哲学话语体系中，指的正是仁政。那么，关于王道仁政，孟子提出了怎样的思想？这些思想中蕴含着关于政治哲学怎样深刻的洞见呢？

首先，王道对为政者而言意味着他需要成为一种怎样的政治主体的"人格典范"。对于儒家而言，理想人格的实践活动是所有人实践活动的榜样，因而，先王的政治实践活动就是王者实践活动的榜样。我们为什么要从尧、舜等先王那里寻找实践的参照系？希尔斯曾指出："个别的行动和一系列复合行动所留下的，是以后行动的条件、记忆中的形象、关于这些行动的真实记载，以及在一定条件下，将来行动的规范性先例和规定。"[①] 尧、舜等先王个别的行动和一系列复合行动已经成为后王行动的规范性先例和规定。这就是"先王之道"。先王之道，意味着先王的行动作为将来行动的规范性先例和规定而成为传统，所以，先王成为被取法的典范。孟子主张实践王道仁政的基本前提是修身以成仁，即唯有仁者方能行仁政。所以，实践仁政的关键，在于为政者必须修身以成为仁者。孟子说："为政不因先王之道，可谓

---

① [美] E. 希尔斯：《论传统》，傅铿、吕乐译，上海人民出版社 1991 年版，第 16 页。

智乎？是以惟仁者宜在高位。不仁而在高位，是播其恶于众也。"（《孟子·离娄上》）孟子称为政者为劳心者，包括"君"和"臣"。"君""臣"作为为政者必须修身以成仁，而修身的终极目标是成为圣人。孟子说："规矩，方圆之至也；圣人，人伦之至也。欲为君，尽君道；欲为臣，尽臣道。二者皆法尧舜而已矣。"（《孟子·离娄上》）

先王之道何以能够成为政治实践的典范？这实际上是有关政治正当性的问题。谈到政治正当性问题，孟子选择王道仁政，背后是基于三种正当性思考的。

第一，是天道心性的正当性。尧舜等先王首先是人伦之至的圣人，所以尧舜之道就是圣人之道，远离尧舜之道意味着远离圣人之道。孟子说："尧舜既没，圣人之道衰，暴君代作。"（《孟子·滕文公下》）圣人之道是一种人的自我圆成之道。在孟子看来，只有真正实现了自我圆成的人才能以圆成人的最好理念来对待人以及养成人。既然先王是实现了自我圆成的人，就意味着先王有"不忍人之心"并能在实践中自觉地扩充自己的不忍人之心，如此其所行的政治即是"不忍人之政"，这就是孟子的"居仁由义"思想。既然先王是人的自我圆成之圣人，所以先王之道也就是人道，意味着发明本心的实现。按照孟子"存齐心，养其性，所以事天"的逻辑，有不忍人之心的先王选择行不忍人之政，正是基于一种"畏天命"的君子意识。

第二，民心认同的正当性。孟子明确指出："民为贵，社稷次之，君为轻。是故得乎丘民而为天子，得乎天子为诸侯，得乎诸侯为大夫。诸侯危社稷，则变置。牺牲既成，粢盛既洁，祭祀以时，然而旱干水溢，则变置社稷。"（《孟子·尽心下》）可以看出，上述观点中，孟子是按照大夫得命于诸侯而对诸侯负责、诸侯得命于天子而对天子负责、天子得命于民而对民负责的逻辑来阐述的。所以如安靖如指出的，孟子已经意识到"人民在彰显'天'是否能接受所提议的统治者方面发挥了关键的作用……善待人民不仅仅是统治者的责任，而且首先就是权威具有合法性的必需条件"[1]。人民对政权统治

---

① ［美］安靖如：《当代儒家政治哲学》，韩华译，江西人民出版社2015年版，第66页。

的选择代表了对君主权力的限制。孟子主张政治上要允许"天民""贵戚之卿"等作为限制君权的政治主体的存在。而当齐宣王对"汤放桀，武王伐纣"这样的"臣弑其君"现象产生质疑时，孟子回答说："贼仁者谓之'贼'，贼义者谓之'残'，残贼之人谓之'一夫'。闻诛一夫纣矣，未闻弑君也。"(《孟子·梁惠王上》) 所以安靖如指出，孟子认为君子，作为有能力进行独立的道德与政治判断的主体，在某些极端情况下，他们甚至可以推翻君主。[①]

第三，人文化成的正当性。在谈到儒家政治哲学的思想特质时，孟子曾明确指出，以孔子为代表的儒家在政治上的基本主张是仁政。能行仁政的君主是王者，其遵循并实践着一种在尧、舜、禹、汤、文、武、周等先王中一以贯之的政治精神，这种政治精神就是王道。由此，孟子政治哲学的基本性格往往被概括为"王道仁政"思想。

其次，仁政对于为政者而言提供了一种政治实践需要遵循怎样的基本原则的思想典范。孟子主张政治的第一原则是"仁"，所以把儒家的政治哲学概括为"仁政"学说。孟子把对他人负责的仁爱他人之实践带来的结果称之为"善"，即是说"仁"的原则落实为政治实践而产生的目的是"善"。孟子认为只有最大的"公"才能实现最大的"善"。康有为曾说："其觉知少者，其爱心亦少。其觉知大者，其仁心亦大。其爱之无涯与觉之无涯，爱与觉之大小多少为比例焉。"[②] 正如康有为所看到的，人对仁的觉悟有多大，人的爱就有多大。在孟子看来，"善"是衡量"仁"原则落实为现实实践是否有效达成的一种评价机制。正因为其能够评价"仁"的原则是否转化为现实的政治实践，所以"善"本身就成为政治的目的，而非手段。孟子曰："以善服人者，未有能服人者也；以善养人，然后能服天下。天下不心服而王者，未之有也。"(《孟子·离娄下》)"以善服人"的观念把"善"看作是手段而非目的，所以孟子反对。孟子主张政治的基本目的是满足人的真正需求，即"可欲之谓善"。人之可欲的正是发自人之本性，所以本善的人性可欲善，以

---

① [美] 安靖如：《当代儒家政治哲学》，韩华译，江西人民出版社 2015 年版，第 69 页。
② 康有为著，朱维铮编校：《康有为大同论二种》，中西书局 2012 年版，第 44 页。

实现善为目的。善既然是人之性，实现善就是实现人的德性之扩充。因而，对于孟子而言，他的王道仁政思想其实是关于发展德性的实现方式的探索，这是一种通过创造一个有助于德性觉悟与发展的环境来发展人的德性的实现方式。

以善养人何以成为政治的主要责任？在孟子看来，政治的主要作用在于通过改变社会环境而为人的自我提升提供一个促进的而非阻碍的助力。孟子认为，人的养成根本在于自己本心的善，但同时也看到了现实的人倾向于自我放纵而导致自己本心的放矢。他说："人病舍其田而芸人之田，所求于人者重，而所以自任者轻。"（《孟子·尽心下》）由此，作为创造一种"里仁"之生存环境的人的自觉实践活动的政治就被提上了议程。就孟子而言，其所理解的实现以"以善养人"为目的的仁政实践活动包括两个最基本的原则，即"富"和"教"。孟子说：

> 不违农时，谷不可胜食也；数罟不入洿池，鱼鳖不可胜食也；斧斤以时入山林，材木不可胜用也。谷与鱼鳖不可胜食，材木不可胜用，是使民养生丧死无憾也。养生丧死无憾，王道之始也。五亩之宅，树之以桑，五十者可以衣帛矣。鸡豚狗彘之畜，无失其时，七十者可以食肉矣。百亩之田，勿夺其时，数口之家可以无饥矣。谨庠序之教，申之以孝悌之义，颁白者不负戴于道路矣。七十者衣帛食肉，黎民不饥不寒，然而不王者，未之有也。（《孟子·梁惠王上》）

孟子的这段主张呈现了仁政实践的两个基本原则。其中，孟子把实现社会的"富裕"看作实践王道理想的起点，即"养生丧死无憾，王道之始也"；把实践社会的"教养"看作实践王道理想的完成，即"谨庠序之教，申之以孝悌之义，颁白者不负戴于道路矣"。

为什么孟子强调王道仁政的实践以富民为起点？孟子指出："无恒产而有恒心者，惟士为能。若民，则无恒产，因无恒心。苟无恒心，放辟邪侈，无不为已。及陷于罪，然后从而刑之，是罔民也。焉有仁人在位罔民而可为也？是故明君制民之产，必使仰足以事父母，俯足以畜妻子，乐岁终身饱，凶年免于死亡；然后驱而之善，故民之从之也轻。"（《孟子·梁惠王上》）

为什么孟子强调王道仁政的实践以教民为完成？孟子指出："不教民而用之，谓之殃民。殃民者，不容于尧舜之世。"（《孟子·告子下》）

为什么政治既要实现社会的能"富裕"，还要实现社会的有"教养"呢？因为"富"和"教"正是民之所欲："富"要实现的是能够生存以及更好的生存，而更好的生存意味着更能满足人的物质生活需求；"教"要实现的是能够生活以及更好的生活，而更好的生活意味着人对有教养的精神生活的需求。满足民之真正需求才能"得民心"。孟子曰："桀纣之失天下也，失其民也。失其民者，失其心也。得天下有道：得其民，斯得天下矣。得其民有道：得其心，斯得民矣。得其心有道：所欲与之聚之，所恶勿施尔也。民之归仁也，犹水之就下、兽之走圹也。"（《孟子·离娄上》）

孟子以为，政治的最终目的正是满足人的真正所欲，即"可欲之谓善"。所以，孟子在既富且教的意义上理解的仁政思想，显然不仅仅是一种具体的实践策略，更是对什么是最好政治的实质性内容和价值原则的追问。概而言之，孟子的王道仁政思想是一种既富且教的物质生活和精神生活全面提升为理想的新民政治。

第四章 《荀子》：成就伦理世界

轴心时代的先秦儒家在三个方面实现了哲学突破，即"开辟价值之源"、"挺立道德主体"与"成就伦理世界"。在孔、孟、荀三位先秦儒者中，孔子以先王之道集大成为一"仁"的精神，为儒学开辟了价值之源；孟子以"居仁由义"的逻辑先立乎大，为儒学挺立了道德主体；荀子以"礼乐之统，管乎人心"的格局思考人道善群，为儒学成就了伦理世界。孔子通过开辟"仁"的价值之源，开启了重建礼乐可以遵循的精神方向。荀子继承并发挥了孔子开辟的这一路向，继续在"仁"与"礼乐"的辩证逻辑中思考人的问题，进而建构了一种儒家的礼乐政治哲学，希望通过礼乐政治哲学的理论建构来探索实现儒家社会理想的实践道路。正如李泽厚指出的："这种由孔子开始的对礼乐的理性主义新解释，到荀子学派手里，便达到了最高峰。"[1] 基于这样的认识，本章将以论荀子的礼乐思想为线索，深入开掘荀子礼乐政治哲学的思想泉源，以彰显儒家政治哲学的广阔思想空间。

一、荀子哲学的基本性格

在荀子这里，如何成就伦理的世界是他要思考的基本问题。就哲学形态

---

[1] 李泽厚：《美的历程》，载氏著《美学三书》，天津社会科学院出版社 2003 年版，第 47 页。

而言，荀子哲学主要是一种政治哲学。中国政治哲学的现代新开展，毫无疑问将有赖于深入地重新研究中国的古典文明传统，尤其是儒家这一中国的古典政治哲学传统。相较于孔、孟，荀子更具有儒家政治思想传统的"理想""样法""方向"的意义和地位。

（一）作为政治哲学的荀子哲学

"基本性格"在这里指的是荀子思想中最稳定和最核心的观点。从这一概念就可以看出，我们试图从整体上理解荀子哲学的思想特质。我们对荀子哲学之基本性格的追问，始自对下面两个问题的回答：

第一，为什么要从政治哲学的角度重新理解荀子？

第二，我们能从一种什么样的政治哲学的角度去重新理解荀子？

就第一个问题而言，从政治哲学的角度理解儒家成为当下儒学研究最重要的解释范式之一。以牟宗三为代表的港台新儒家提出，当代儒学作为儒学的第三期发展，当下的主要任务是解决"内圣开出新外王"问题。为了从学理上解释清楚本儒家的内圣之学如何开出科学与民主的新外王，牟宗三提出了"道德良知的自我坎陷"说。在牟宗三看来，科学与民主之所以能够产生最直接心智基础是知性主体而非道德良知，由此，要本内圣之学而开出新外王，作为本体的道德良知必须经过"自我坎陷"即自我否定的过程而转为知性主体，进而转为政治主体，由此"知性的心智结构"才能产生科学与民主的新外王。因此，事实上，作为儒学第二期发展的宋明理学已经承继孟子思路完成了"道德的形上学"建构，而儒学的第三期发展，在牟宗三看来，其实质是荀子思路的彻底实现。所以，牟宗三虽然就精神境界而言，认为荀不如孟，但也认为荀子是孔子学说的继承者和发挥者。牟宗三虽然高度称颂孔、孟，但并没有专门以研究孔子、孟子为名目出版学术著作，而关于荀子则先有《荀学大略》出版于前，后有《名家与荀子》发行于后。这一现象充分反映了牟宗三敬孔、孟而重荀子的思想倾向。牟宗三为什么特重荀子？在《历史哲学》中，他说：

中国历史精神之发展，首先将全宇宙以及全人间组织视为一"道德的精神实体"之所函摄，吾人可说此是一"仁智之全体"。然其初是不自觉的。经过孔子之反省，由其通体是德慧之表现，遂以其天地气象之人格将此不自觉的、潜存的"仁智之全体"表现而为自觉的、彰著的"仁智之全体"。此是"仁智之全体"之全体的透露。经过孟子之破裂，复将此全体透露之"仁智全体"之纯精神性，经由其"道德的精神主体"之树立而证实：主体精神与绝对精神，在此形成一对反而俱已彰著，而尽心知性知天，虽对反而实通于一，此一义亦由孟子而形成（此义西方人始终未做到）。然经过荀子之破裂，则孔子所彰著之"仁智之全体"，孟子所彰著之主体精神与绝对精神，俱下降凝聚而为一"知性主体"，自然成为纯自然，成为被治之负面的，不复涵融于"道德的精神实体"中。"道德的精神实体"收缩而成为一"知性主体"（思想主体），依此绝对精神被否定；复透露于表层而为"礼义之统"，依此为知性主体之所对，因而亦即为此主体之成果。①

尽管牟宗三批评荀学不见本源，但从"内圣开出新外王"的问题意识和"道德良知自我坎陷"的思想逻辑出发，他认为后儒尊孟抑荀，不能将荀子所表现的知性形态充分拓展与开发，是中国文化之大不幸。他说："荀子所开出之'知性主体'与'自然'之关系，即理解形态之表现于科学知识一面，则后来无能承之者。荀子之学一直无人讲，其精神一直无人解。此中国历史之大不幸。不能注意其正面之价值，而上系之于孔孟，而只注意其流弊，遂视之为开启李斯、韩非矣。实则彼与韩、李绝对异趋也（韩、李，绝无文化生命、文化理想）。"② 由此可见，牟宗三在儒学第三期发展中何以如此重视荀学之原因。傅伟勋曾说："中国哲学的未来发展课题也就关涉到如何消化牟先生的论著，如何超越牟先生理路的艰巨任务。"③ 可以说，从政治哲学的

---

① 牟宗三：《历史哲学》，吉林出版集团有限责任公司 2010 年版，第 120—121 页。

② 牟宗三：《历史哲学》，吉林出版集团有限责任公司 2010 年版，第 122 页。

③ 傅伟勋：《从西方哲学到禅佛教》，生活·读书·新知三联书店 1989 年版，第 26 页。

角度去研究荀子，正是对牟宗三上述理路的消化，如果可能的话，并试图进行超越的尝试。

整体地看，近现代以来，受西学东渐思潮之影响，学者们对荀子的研究在取得巨大成果的同时，各家理解之间也存在着很大的分歧，尤其是荀子的政治哲学。荀子政治哲学在被看作是秦汉以后中国社会政治实践的"基源性"理论的同时，曾经在很长一段时期内也被看作是封建专制主义的思想源头而饱受批评。如谭嗣同说："故常以为二千年来之政，秦政也，皆大盗也；二千年来之学，荀学也，皆乡愿也。惟大盗利用乡愿；惟乡愿工媚大盗。二者交相资，而罔不托之于孔。"[1] 梁启超也曾说："二千年政治，既皆出于荀子矣。而所谓学术者，不外汉学、宋学两大派。而实皆出于荀子，然则二千年来，只能谓为荀学世界，不能谓之为孔学世界也。"[2] 尽管谭、梁等站在"排荀"立场上，其说法却反面肯定了荀子政治哲学对于秦汉以后儒家政治实践的理论原型之地位。此外，也有很多学者正面肯定荀子政治哲学的思想价值。如章太炎曾站在"尊荀"的立场上推崇荀子为孔子思想的正宗，指出自宋以后，荀子的思想没有得到真正的发扬，甚至有"夫孙卿死而儒术绝"的观点。牟宗三也曾盛赞荀子哲学"其庄严稳定足为外王之极致，于中国文化史上，盖亦无与伦匹也"[3]。自20世纪90年代以来，随着文化自觉意识的兴起，越来越多的学者开始对荀子持"同情之了解"的研究态度，开始对荀子思想进行客观的整体性解读与评价。而自21世纪以来，荀子思想的政治哲学解读越来越成为荀学研究的主要问题。

那么，我们能从一种什么样的政治哲学的角度去重新理解荀子？学界对荀子政治哲学的理解：

一方面，多数学者仍把"礼"看作荀子思想的核心。自清人王先谦说"荀子论学语治，皆以礼为宗"[4] 以来，以为荀子政治思想是一种礼治论，已成

---

① 谭嗣同：《仁学》，吴海兰评注，华夏出版社2002年版，第96页。

② 梁启超：《梁启超全集》第一册，北京出版社1999年版，第264页。

③ 牟宗三：《名家与荀子》，吉林出版集团有限责任公司2010年版，第133页。

④ （清）王先谦：《荀子集解》（上），中华书局2013年版，第1页。

为学界的普遍共识。如日本学者佐藤将之指出，荀子毫无保留地主张"礼"就是能够解决他当时所能想到的大部分问题之究竟方法，因而主张荀子的政治思想是一种礼治论。① 韩国学者林孝宣在承认荀子主张礼治论的基础上，更进一步指出所谓的礼治是礼法之治。②

另一方面，在这样一种以礼治为荀子政治哲学之基本性格的主流认识之外，也有学者主张从礼乐之治的角度理解荀子的政治思想。如陈登元认识到荀子"乐"思想所具有的政治哲学意蕴，在研究荀子之政治学说时，以"礼教制裁"和"音乐陶冶"为并重的治理方式，并指出："往昔之所谓乐者，常以之为祀神之用。……故知乐之用途，不过为祀神及祭祖先之用，似为宗教上之工具，而非政治上的。荀子则决然主张移风易俗，莫善于乐。此其言乐之效用，较孔子尤为明显，而纯然以政治之眼光视乐也。"③陈登元从礼乐并重的角度对荀子政治哲学的理解虽简单却重要。此外，也有学者从"礼乐重构"的视角研究荀子，但在具体观点上，则把"乐治"理解为"礼治"的辅翼，提出了"乐为礼辅"的观点。这往往会"弱化"乃至"遮蔽"荀子政治哲学的整体内涵和精神。

就学界主要的研究趋势而言，在将荀子哲学视为一种政治哲学的前提下，学者们对荀子政治哲学之基本性格主要是"礼治论"还是"礼乐政治论"的判定是有分歧的。这种分歧既出于对荀子思想本身的理解之差异，也源自对儒家礼乐关系的理解之分歧。

（二）礼乐政治：荀子政治哲学的基本性格

要理解儒家的礼乐关系，首先要追问一个前提问题："礼"和"乐"是

① ［日］佐藤将之：《〈荀子〉"礼治论"的思想特质暨历史定位》，载康香阁、梁涛主编：《荀子思想研究》，人民出版社2014年版，第95—114页。
② ［韩］林孝宣：《从孟、荀看战国儒家政治文化之演进》，《天津师范大学学报（社会科学版）》2002年第5期。
③ 陈登元：《荀子哲学》，上海三联书店2014年版，第137页。

一回事吗？如果不是，"礼"和"乐"是什么关系？其实对这一问题的理解，学者们是有分歧的：有的从广义的角度理解"礼"概念，把乐看作是礼的内涵之一，主张乐从属于礼，礼主乐辅；有的认为礼乐一元，具有共同的精神，所以主张礼乐一体，礼乐并重；还有的主张礼、乐之间是有内在张力的，甚至主张乐的精神要高于礼的精神。这些说法都抓住了礼乐关系的一个主要面进行理解，而要整体理解礼乐精神，还需将上述几种观点统合起来作通盘的理解。所谓通盘的理解，即要在整合上述礼乐关系之基础上对荀子政治哲学作基本性格的判断，这种整合的实质是认为儒家的"礼"和"乐"之关系是一种包含着对立统一矛盾的辩证关系。这种在理解荀子哲学之前所作出的关于礼乐关系的认识，当然在事实上已经重建了一种理解的前见结构，即礼乐政治哲学的诠释结构，并以此诠释结构去重新理解荀子的政治哲学。因此，所谓荀子的礼乐政治哲学，其实质也即是用礼乐政治哲学的诠释"前见"去理解和解释荀子，是在礼乐政治哲学典范中来理解《荀子》。所以问题首先是，我们能以"礼"和"乐"的辩证关系问题为视角去理解荀子思想吗？我们知道，通行的《荀子》一书，经由刘向校定为三十二篇，称《荀卿新书》，自唐代的杨倞始为之注，分为二十卷，改题为《荀子》，其篇章结构遂相沿至今。《荀子》二十卷，卷十三为《礼论第十九》，卷十四为《乐论第二十》，从篇章结构来看，《荀子》既论"礼"，又论"乐"，这表明，荀子显然已经有意识地把"礼"和"乐"视为不同的主题在进行阐释。

其次，我们要追问的是，《荀子》具有这样一种辩证的礼乐关系吗？要想理解荀子的礼乐关系，则需要将荀子放在整个先秦儒家礼乐观的大背景中予以考察，因为荀子的礼乐观既上承周、孔以来的儒家礼乐观，又下启《礼记》以后的儒家礼乐观。[①]事实上，先秦儒家论礼乐关系有许多话语，在此不能一一考察，所以采用孟子所说"掘井及泉"之方法，通过对关键性的能

[①]　楼宇烈先生曾指出，《礼记》中的礼乐理论，可以说是以荀子礼乐理论为基础，同时融会了孔门后学儒家各派的礼乐观点汇集而成的（见氏著《荀子礼乐论发微》，《传统文化与现代化》1994年第3期）。可以说，理解以荀子为代表的先秦儒家的礼乐思想，《礼记》也可以是很重要的参考资料。

够作为"井"的一句话的解读而深入到整个礼乐精神之"泉"中。这句关键性的话就来自荀子。荀子说：

> 且乐也者，和之不可变者也；礼也者，理之不可易者也。乐合同，礼别异。礼乐之统，管乎人心矣。（《荀子·乐论》）

以荀子的这一礼乐之论为出发点，结合先秦儒家相关论述以及《礼记》等文献来看礼乐精神：

首先，礼的精神和乐的精神是相异的。按照荀子的区分，乐的基本作用在于"合同"，礼的基本作用在于"别异"。"同"和"异"肯定是具有不同的内涵和职分的，表明乐的精神与礼的精神存在着重大差异。

那么，在儒家思想中，"礼"和"乐"分别代表着什么样的基本精神？具体而言：

何谓"礼"？先秦儒家有很多表述，综而言之是"制度在礼，文为在礼"（《礼记·仲尼燕居》）。可见，礼侧重于人之外在行为的理性建构，基本精神是规范与约束，侧重于塑造人的文化生命。

何谓"乐"？荀子说："夫乐者，乐也，人情之所必不能免也，故人不能无乐。乐则必发于声音，形于动静，而人之道，声音、动静、性术之变尽是矣。"（《荀子·乐论》）可见，乐侧重于人之内在心灵的情感表达，基本精神是自然与自由，侧重于显现人的自然生命。

《礼记·乐记》中说："是故情深而文明，气盛而化神，和顺积中，而英华发外，唯乐不可以为伪。"又说："故乐者，天地之命，中和之纪，人情之所不能免也。"而《中庸》中则说："天命之谓性。"可见，天地之命即是性，"乐"是直接与人的天地之性相贯通的，所以儒者说："德者，性之端也。乐者，德之华也。"（《礼记·乐记》）如果说"乐"的基本精神就是自然，那么"礼"的基本精神是文化。所以荀子说："乐行而志清，礼修而行成。"（《荀子·乐论》）具体来说，乐的作用（乐行）在于使"志清"，此处的"志"就是意志之志，是"心之所向"的意思，可见"乐"是直接作用于人心的，目标在于使心灵达到一种"清"的境界；礼的作用（礼修）在于使"行成"，即在于规范行为，让行为符合社会共同认可的基本规范。概而言之，前者建立心灵秩序，后者建立行为规范。

其次，礼的精神和乐的精神是相通的。承认礼乐之间相差异，故而有对抗性，因而逻辑上容易走向礼和乐的对立，继承这一对抗方向的是道家。《老子》中说："失道而后德。失德而后仁。失仁而后义。失义而后礼。夫礼者忠信之薄而乱之首"。《庄子》中对礼的批评更是有很多。与之相反，儒家承认礼乐在基本精神与具体作用上的差异，还主张礼乐之精神具有相通性。正如孔子所说的："人而不仁，如礼何？人而不仁，如乐何？"（《论语·八佾》）这种相通性在于，礼乐的精神都是为了实现"人而仁"的目的。这种"仁"与"礼乐"的关系是一种"善之实于中而形于外者"①的关系，其中，所谓"善"即"仁"，"善之实于中"以"乐"的形式表现出来，而"善之形于外"则以"礼"的形成表现出来。作为道德的"仁"其实质指的是一种善的秩序，而"礼"的精神和"乐"的精神都是对这一善的秩序的追求和表现。关于这一点，荀子表述得非常清楚。论"礼"时，荀子说："大象其生以送其死，使死生终始莫不称宜而好善，是礼义之法式也，儒者是矣。"（《荀子·礼论》）也就是说，儒家所主张的"礼"之根本精神在于"称宜而好善"，即以"仁"为礼义的法式。论"乐"时，荀子说："故人不能不乐，乐则不能无形，形而不为道，则不能无乱。先王恶其乱也，故制《雅》、《颂》之声以道之，使其声足以乐而不流，使其文足以辨而不諰，使其曲直、繁省、廉肉、节奏，足以感动人之善心，使夫邪污之气无由得接焉。是先王立乐之方也。"（《荀子·乐论》）也就是说，儒家所主张的"乐"之根本精神在于"感动人之善心"，即以兴起人的仁心为先王立乐之原则。可见，在荀子这里，"礼"的精神和"乐"的精神都由"仁"所贯通和统摄。

正因为在儒家这里"礼"和"乐"的精神都统摄于"仁"，这也导致具体作用相异的"礼"和"乐"最终都指向实现秩序这一共同的目标。这也导

---

① 朱熹：《四书集注》，凤凰出版社 2005 年版，第 9 页。

致在具体的儒家思想中，"礼"和"乐"其实是难分难解地纠葛在一起的。这种纠葛的关系就像男女相亲时"你侬我侬"，恨不得融为一体的感觉。正如赵孟頫的妻子管道升《我侬词》里所形容的：

> 你侬我侬，忒煞情多；情多处，热如火；把一块泥，捻一个你，塑一个我。将咱两个一齐打破，用水调和；再捻一个你，再塑一个我。我泥中有你，你泥中有我：我与你生同一个衾，死同一个椁。①

正因为"礼"和"乐"之间有这种"你侬我侬"的关系，所以实际中的礼乐往往是交织在一起很难分开的，各种行礼仪式中往往都会有音乐的参与，而在庄重的场合中演奏音乐也往往被认为是礼仪形式之一。而在荀子这里，他论"礼"时往往兼论及"声乐"，论"乐"时则往往以礼仪场合中进行的"礼乐"为例。可见，有些语境中"礼乐"一词又可兼通"礼"和"乐"。这也正是很多学者往往把"礼"等同于"礼乐"的原因所在。

正因为礼乐精神之间具有如此的辩证关系，所以儒者主张"礼乐相须为用"（《礼记·乐记》）。既然"相须为用"，正说明礼和乐，既是互相对立的，又是互相统一的，而此一种对立统一的关系使得儒者在用礼和乐的时候，必须在礼和乐之间不偏不倚，无过不及，此即"相须为用"的内涵。正如郭沫若先生曾指出的："乐须得礼以为之节制，礼也须得乐以为之调和。礼是秩序，乐是和谐。礼是差别，乐是平等。礼是阿坡罗（Apollo 太阳神）精神，乐是狄奥尼索司（Dionysos 酒神）精神。两者看来是相反的东西，但两相调剂则可恰到好处。"② 这种"相须为用"的方法论，儒家也称之为"中"，由

---

① 杜维明曾用这首词来形容现代与传统之间难分难解的纠葛关系（参见杜维明：《东亚价值与多元现代性》，中国社会科学出版社 2001 年版，第 94 页）。受此启发，我们以为用这首词来形容"礼"和"乐"之间的难分难解的纠葛关系也是恰如其分的。

② 郭沫若：《青铜时代·公孙尼子与其音乐理论》，载《郭沫若全集·历史编》第一卷，人民出版社 1982 年版，第 500 页。

此而有"中之用"的中庸思想的形成。① 荀子就特别主张"中"，有"中正""中和""礼义之中"等关于"中"的思想。对于"中"，荀子将其视为人道的基本原则而遵守，如他说："先王之道，人之隆也，比中而行之。"（《荀子·儒效》）关于"中庸"，孔子曾说："中庸其至矣乎！民鲜能久矣。"（《中庸》）可见，孔子把"中庸"视为民之最高的德行。荀子在他的《王制》篇中也说："贤能不待次而举，罢不能不待须而废，元恶不待教而诛，中庸民不待政而化。"为什么"中庸民不待政而化"？因为"中庸民"就是君子，而君子正如孔子说的，是"君子之中庸，君子而时中"（《中庸》）的。在这个意义上，也可见荀子是继承了儒家"中庸"的方法论和思维精神的。

荀学继承孔子的思想，这可以说是无疑的，这从荀子在《非十二子》篇中对孔子之学的推崇就可以看出。清代学者汪中在《荀卿子通论》中说：

> 荀卿之学，出于孔氏，而犹有功于诸经……盖自七十子之徒既殁，汉诸儒未兴，中更战国、暴秦之乱，六艺之传赖以不绝者，荀卿也。周公作之，孔子述之，荀卿子传之，其揆一也。②

那么，这个"周公作之""孔子述之""荀卿子传之"的"之"是什么？其实就是礼乐的真精神。儒家希望把这种礼乐的真精神实现在人类的社会生活之中。从周公"制礼作乐"开始，儒家在礼乐的思想逻辑和问题视域中思考政治的问题。对"礼崩乐坏"的现实忧患，促使孔子意识到"重建礼乐秩序"的任务。所以子张问政，孔子答以"君子明于礼乐，举而错之而已"（《礼记·仲尼燕居》）。正如陈登元指出的，事实上"孔门之教，皆以礼乐为治国之具。又以为二者辅车相依，不可相失"③。针对孔子提出的思想、问题和路径，真正自觉地从理论体系建构和现实可操作性上思考这一任务的是荀子，

---

① 儒家的"中庸"内涵很多，主要理解之一是做方法论解。如王夫之就曾说："故知曰'中庸'，言中之用也。"（王夫之：《读四书大全说》，中华书局1975年版，第63页。）

② 转引自（清）王先谦：《荀子集解》，中华书局2013年版，第27—28页。

③ 陈登元：《荀子哲学》，上海三联书店2014年版，第134页。

在某种意义上可以说，荀子提出的"礼乐之统，管乎人心"的政治哲学思想以及随之而进行的理论阐释，正是试图在学理上诠释与建构孔子所提出的君子如何"明于礼乐"并"举而错之"的问题。就先秦儒学的内在发展逻辑而言，直接顺承地"接着"孔子的礼乐政治思想而讲的正是荀子，在这个意义上，我们赞同牟复礼"将荀子的立场看法视作早期儒学的标准"① 的思想倾向。

当然要说荀子政治哲学之基本性格是礼乐政治，那么，在思想上就不得不回应那些持礼治说的观点。在这些对荀子思想之基本性格的判断中，牟宗三先生的判断可以说是影响力最大的，他就把荀子思想的特质判定为"礼义之统"。牟宗三说："荀子之文化生命、文化理想，则转而为'通体是礼义'……故总方略，齐言行，知统类，一制度，皆荀子所雅言。其所重视者为礼义之统，即全尽之道。"② 就我们的理解而言，牟宗三对荀子思想的特质在"礼义之统"的判定，实际上是站在凸显荀子思想不同于其他儒家学者，特别是孟子思想的基础上。在这一点上，我们可以说，荀子对"礼义之统"的发挥恰恰是在进一步开掘儒学的思想。但另外，荀子归宗孔子，对孔子所传承的儒学共性的内容也是认同和发扬的。他把这些由尧、舜、禹、汤、文、武、周、孔以来的"一以贯之"的儒学常道精神称为"先王之道"。对于先王，荀子主张要"原"，即要从文化精神上推源立本，所以提出了"原先王"思想。关于"原先王"，荀子一方面主张："今以夫先王之道，仁义之统，以相群居，以相持养，以相藩饰，以相安固邪。"(《荀子·荣辱》)另一方面，荀子也说："将原先王，本仁义，则礼正其经纬蹊径也。"(《荀子·劝学》)由上述两句话再结合荀子其他的观点，我们可以看出：

第一，所谓先王之道，其核心精神是"仁义"，所以荀子说"仁义之统"；

第二，荀子又有"礼乐之统，管乎人心"的观点，就礼乐与仁义的关系

---

① 牟复礼说："我更倾向于将荀子的立场看法视作早期儒学的标准，而以孟子的观点为变态，后者反映出它派定的超越性因素所应起的作用和宇宙论的要求之间，存在着尚未得到解决，或者也许尚未被察觉的矛盾。"(牟复礼序，载杜维明：《道、学、政：论儒家知识分子》，钱文忠、盛勤译，上海人民出版社 2000 年版，第 4 页。)

② 牟宗三：《历史哲学》，吉林出版集团有限责任公司 2010 年版，第 116—117 页。

而言，《礼记·乐记》中有"仁近于乐，义近于礼"之说，可见若说"仁义之统"即"礼乐之统"，应该是符合荀子思想的本意的；

第三，"礼"是实现先王之精神的途径。

一说到实践，则落到后王上，所以荀子又说"法后王"。既然"礼"是实现先王之道的"经纬蹊径"，也就是说法后王是实现先王之道的"经纬蹊径"。换句话说，法后王的政治实践是为了落实先王之道的仁义精神的。在某种意义上可以说，"法后王"是荀子的政治学，而"原先王"是荀子的政治哲学。概而言之，荀子在"原先王"的逻辑上主张"仁义之统"或"礼乐之统"，而在"法后王"的逻辑上主张"礼义之统"。就精神而言，荀子的"礼乐之统"是包含而且高于"礼义之统"的，所以我们主张荀子政治哲学的基本性格为"礼乐政治"。可以说，中国政治哲学的现代开展，毫无疑问将有赖于深入地重新研究中国的古典文明传统，尤其是儒家这一中国的古典政治哲学传统。那么，相较于孔、孟而言，荀子更具有儒家政治思想传统的"理想""样法""方向"的意义和地位。

（三）道德的政治：礼乐政治的思想特质

人通过学习而实现由下而达上的过程，被儒家概括为"人道"——人成为人的道路。儒家的人道思想追问的是人类的秩序原则和历史方向为何的问题。关于人道，荀子说："生，人之始也；死，人之终也；始终俱善，人道毕矣。"（《荀子·礼论》）荀子以"善"为人道的基本精神，人类的历史方向是向着"善"的实现而发展的。如何把理想的文化之道落实为理想的生活方式，是先秦儒家政治哲学要解决的基本问题。孔子在"人道政为大"思想的基础上又说"政者，正也"。在先秦儒家的政治理念中，政治的根本目的在于提高人的精神品质。问题是：建构什么样以及如何建构社会生活之秩序，能更有利于人们精神品质的提升和守护？对这一问题的思考需要追问这样三个问题：

何谓理想的文化之道？礼乐文化。

何谓理想的生活方式？礼乐生活。

把礼乐文化落实为礼乐生活的理想途径是什么？礼乐政治。

对于儒家而言，文化的事业也就是政治的事业。正是在这样的意义上，孔子从周所继承的斯文事业，其实质是一种礼乐政治。荀子继承了孔子的这一路向，并在政治哲学的思维逻辑中思考"礼"和"乐"的辩证关系及其根本精神。荀子在《乐论》中更明确地说："乐者，圣人之所乐也，而可以善民心，其感人深，其移风易俗易，故先王导之以礼乐而民和睦。"可见，荀子对礼乐问题的追问，是在政治哲学的视野中进行的。

荀子对礼乐问题的追问，实际上是在追问秩序问题。秩序是一种"文"。"礼"和"乐"是在文的意义上实现了精神的贯通。文能化人，所以文化就成为孔子所提出的"下学而上达"这一实践问题的最核心精神。谈到秩序，儒家对秩序的理解分为三重向度：

一是天地的秩序，即自然；

二是心灵的秩序，即心性；

三是身体的秩序，即伦理。

其中，所谓"自然"是"自己这样"的意思，指的是天地自然运行所具有的自性本然的一种秩序，儒家称之为"天道""天命""天文"，即天理秩序；所谓"心性"指的是人心的本来面目，即"真心本性"的意思，儒家称之为"良知""良能""天地之性"，指的是人心先验具有的道德法则，是心灵秩序；所谓"伦理"，指的是人身体化的视听言动之行为所应当遵守的礼法规范，是身体秩序。在礼乐精神中，我们看到，虽然"天"依然是道德秩序的最高保证。但"天"之所以能成为道德秩序的最高保证，不是因为别的，而是因为"天"就是我们的生命之本性。方东美指出："天因其神圣性而被人永远尊崇；人具有与天之精神类同的尊严本性。"[①] 儒家通过"天命之谓性"的言说方式，将"天命"内化为人之自然本性，即德性；而这一德性作为一种"道德的主体性"，是显现于人心的，所以"心"就成为一切道德秩序的

---

① 方东美：《中国哲学之精神及其发展》，匡钊译，中州古籍出版社 2009 年版，第 51 页。

生命本原和最高保证①，这也就是孔子以一生要追寻的"从心，所欲不逾矩"的秩序精神。由此，这三重秩序与礼乐精神的关系就是：天理秩序的心灵化是"乐"的精神，心灵秩序的身体化是"礼"的精神。《礼记·乐记》中归纳为："乐由中出，礼自外作。乐由中出故静，礼自外作故文。"礼乐在实现德性生命的和谐秩序这一根本目标上是一元的。就其统一而言，礼乐的精神合为德性的秩序精神。而将礼乐两种精神统一为一体的，其实就是天人合一或天人一体之思维，即"在中国，自然不在伦理之外，甚至可以说，自然的存在方式直接被理解为伦理的存在方式"②。

一切道德秩序的消亡也意味着社会秩序的消亡。社会秩序存在的表征物就是道德秩序。对道德秩序的追索就是对政治秩序的追索，道德秩序的实现往往也会带来政治秩序的实现。由此，我们也可以说荀子礼乐政治哲学的实质，是一种下学而上达的修身道路。礼乐政治的目的在于成人。礼的目的是为了建构一种规范行为的和谐秩序，乐的目的是为了养成一种存养心灵的和谐秩序，所以"乐也者，动于内者也。礼也者，动于外者也。故礼主其减，乐主其盈"（《礼记·乐记》）。由此，"礼乐相须为用"，并作为一种整体的"仁"的德性精神，在人的自然生命与文化生命圆融无碍地融通为一体的过程，即"成人"的过程中起到了一种本体性的作用，从而奠基了德性生命的终极秩序、精神方向与工夫之路。正如杜维明先生说："儒家传统的根本关怀就是学习如何成为人。关键不在于那与自然和大道相对反的人，而是那寻求与自然和谐以及与天道相感应的人。"③这种秩序精神的上下内外的一体贯

---

① 涂尔干说："我们决不能忘记，就在昨天，它们还依然建立在同样的基石上：上帝，这一宗教生活的核心，还依然是道德秩序的最高保证。"（[法] 爱弥尔·涂尔干：《道德教育》，陈光金、沈杰、朱谐汉译，上海人民出版社 2006 年版，第 10 页。）与西方的作为一种外在超越精神的上帝成为道德秩序的最高保证不同，儒家试图通过天人合一或天人一体的思维把"天"理解为是内在于人的一种超越精神，通过"天命之谓性"的逻辑落实为人的心性，才能成为道德秩序的最高保证。

② [日] 沟口雄三、小岛毅主编：《中国的思维世界》，孙歌等译，江苏人民出版社 2006年版，第 4 页。

③ 杜维明：《东亚价值与多元现代性》，中国社会科学出版社 2001 年版，第 120 页。

通，按照天人合一、内外一体的原则而实现，其实质上体现了儒家对文化与自然之关系的辩证理解。礼乐政治实际上就是一种在自然与文化之间求取中道实相的文化实践方式，由此，我们就可以理解徐复观先生何以会说先秦儒家的礼乐之治是"儒家在政治上永恒的乡愁"①。

"故乡"，代表了儒家对什么是最好的政治哲学之理解的一种隐喻。这一隐喻预示着"家园"，也昭示着"方向"。所谓"家园"，意味着这是生命的安宅，孟子以"仁"为人之安宅，而仁政就是人为自己建立起的坚实的安宅，这是保卫生命、抵御邪恶的家园。关于儒家的仁政，杜维明先生指出：

> 仁政的观念是儒家政治学的基础。坚信道德和政治密不可分、统治者的修身和对人民的统治密切相关，使人们很难将政治理解为独立于个人伦理之外的控制机制。确实，"政"的语源是"正"，含有显而易见的道德寓意。不过，知识精英的道德信仰能够轻而易举地影响并左右人民大众的假设，是以一种深思熟虑的观点为依据的，即政府的重要作用与功能是伦理教化，而不能立足于认为人民大众心脑简单并因此易于驱使的预设。"德"的概念是儒家政治思想的显著特征，其意义即由于"天视自我民视，天听自我民听"，因此稳定长期统治的真正保证就在于其行为可为人所接受，而不在于其先天命定。②

儒家仁政思想的特质，在于强调道德对于政治的基源性地位。包括荀子在内的儒家礼乐政治，其实质是一种道德的政治。这一政治哲学传统追求的理想境界是"美善相乐"。

荀子就有"美善相乐"的政治理想。关于政治，荀子说："儒者在本朝则美政，在下位则美俗"（《荀子·儒效》），主张王者应"论礼乐，正身行，广教化，美风俗"（《荀子·王制》）；关于理想，荀子说："故乐行而志清，礼

① 徐复观：《中国艺术精神》，华东师范大学出版社2011年版，第14页。

② 杜维明：《道、学、政：论儒家知识分子》，钱文忠、盛勤译，上海人民出版社2000年版，第6页。

修而行成，耳目聪明，血气和平，移风易俗，天下皆宁，美善相乐"（《荀子·乐论》）。在荀子的礼乐政治思想中，礼的精神是善，乐的精神是美，礼乐共同形成了先秦儒家追求的"美善相乐"之文化精神、生活方式和政治理想。用"美善相乐"的政治理想去理解政治精神，政治的最高境界并不只是获得民主、自由、平等、正义等，更是达到了美的精神。在这样的社会中，上述那些政治领域中的积极价值都不是在法治规范中勉力获得，而是在美的涵泳陶冶中自然而然达到的。"美善相乐"的社会生活将经由礼乐教化而达到。所以荀子提出了以实现"美善相乐"的政治理想和价值精神为目标的礼乐政治哲学。

就道德与政治之关系而言，荀子的思想中蕴含着杜维明先生所说的"以道德理想转化政治"[①]的基本意识。因此，追寻"美善相乐"之政治理想的儒家礼乐政治哲学，在思想性格上具有西方所谓"乌托邦"的意义。齐格蒙·鲍曼认为："当今时代正被'向前思考'能力的逐渐消失，尤其是乌托邦思想的削弱所折磨，因而变得无力，而一种'酸葡萄'的感觉却正在这种经常听到的观点中发出声音。"[②]现代需要新的乌托邦思想。从前现代（传统）的乌托邦思想中寻找现代之后的乌托邦思想，是一条有益的、值得尝试的思想之路。

就中国思想而言，我们可以在前现代中找到什么样的乌托邦思想？我们对这一问题的思考，借鉴了乔·贝利对两种互补的后现代乌托邦的分析和思路[③]。简而言之有二：一种是拥有自然本性的令人惊奇的愈合能力的乌托邦；

---

① 杜维明认为，儒家在历史上有两种形态：一种是政治化儒家，是被政治化以后依附于现实政权，利用儒家的一些价值作为控制人民、维护既得利益者权力的工具；另一种是以道德理想转化政治的儒家，是在塑造儒家价值系统的那些重要思想。杜维明认为，荀子就是这种以道德理想转化政治的儒家之一员。（杜维明：《儒学第三期发展的前景问题：大陆讲学、答疑和讨论》，生活·读书·新知三联书店 2013 年版，第 84 页。）

② [英] 齐格蒙·鲍曼：《生活在碎片之中——论后现代道德》，郁建兴、周俊、周莹译，学林出版社 2002 年版，第 20 页。

③ 对这一问题的思考，借鉴了乔·贝利（Joe Bailey）关于两种互补的后现代乌托邦的分析。参见 [英] 齐格蒙·鲍曼：《生活在碎片之中——论后现代道德》，郁建兴、周俊、周莹译，学林出版社 2002 年版，第 21 页。

一种是拥有"道德人文理性"无所不及的能力的乌托邦。前一种乌托邦由道家所开启,后来的佛教也参与了建构。这种乌托邦认为,完全自然的生命本能的努力就能够实现宇宙的秩序目的。按照乔·贝利的说法:"基本上,我们所见的社会是一种无意地产生出令人满意的社会体系的自然秩序。因此,一切干涉、经过计划的自觉规划和社会规则的'政治化'都有被看作是对自生社会秩序的危险的扰乱。"①这一说法,可以很自然地用来描述道家的政治哲学精神。后一种乌托邦是由儒家所确立的。这种乌托邦宣称:自然的、伦理的、社会的、政治的、精神的乃至信仰的问题都受到道德原则的影响,一切领域的进步都只能靠道德的进步——人的修身实践来保证。由于相信未来能在人的"学而上达"的修身过程中与预先设想的可能性相符合,即相信所有问题都能在人的道德提升的过程中得到解决。因此,现在所作的一切有道德的行为都与其希望最终实现的结果有关,即"孕育着结果"。

道家所开启的以"自然"为根本精神和基本原则的乌托邦思想,与儒家所开启的以"文化"为根本精神和基本原则的乌托邦思想,在中国文化的发展逻辑中实现了互补。儒道互补,共同塑造了中国文化的基本精神。那么,这种互补基础上的中国文化之基本精神是一种怎样的精神?中国文化的基本精神是在自然与文化之间求取中道实相的一种"乌托邦"精神。具体而言:

这种乌托邦精神所实现的自由主体,对道家来说是赤子婴儿,对儒家来说是圣贤人格。

这种乌托邦精神所实现的理想家园,对道家来说是"无何有之乡",对儒家来说是"里仁之乡"。

这种乌托邦精神所实现的理想国家,对道家来说是"小国寡民",对儒家来说是"大同社会"。

这种乌托邦精神所实现的宇宙世界,对道家来说是"自然的世界";对儒家来说是"道德的世界"。

①　[英] 齐格蒙·鲍曼:《生活在碎片之中——论后现代道德》,郁建兴、周俊、周莹译,学林出版社 2002 年版,第 21 页。

二、善群：礼乐政治的思想主题

孔子有"鸟兽不可与同群，吾非斯人之徒与而谁与"（《论语·微子》）命题的提出。正如朱熹注解的："言所当与同群者，斯人而已，岂可绝人逃世一为洁哉？"[1]这是儒者的责任和担当，在修己的基础上还需要安人。杜维明先生说："儒家精神取向的一个显著特征是这样一个观点：人类社群是我们寻求自我实现的有机组成部分……儒家深刻地察觉到：我们被镶嵌在这个世界，我们的精神之旅必须从此时此地的家园开始。"[2]实现"善群"构成了荀子礼乐政治哲学的思想主题。基于对"善群"问题的思考，荀子追问和回答了最基本的三个问题：

第一，人何以要群？人何以能群？

第二，人希望结成一个什么样的好的群体，即何谓"善群"？

第三，如何实现善群？

（一）何以要群？何以能群？

古今中外的许多思想家都深刻地认识到，对人的理解离不开人所结成的群体。如马克思说："人不是抽象的蛰居于世界之外的存在物。人就是人的世界，就是国家、社会。"[3]汉娜·阿伦特则指出："所有的人类活动都取决于这一事实，即人是生活在一起的，但人生活在一起只是一种离开人类社会就无法想像的行动……只有行动完全依赖于他人的在场。"[4]杜维明也强调："社会决非敌对体系，而是与己息息相关的公共体。志趣相投的人受参与观

---

① 朱熹：《四书集注》，凤凰出版社 2005 年版，第 201 页。

② 杜维明：《东亚价值与多元现代性》，中国社会科学出版社 2001 年版，第 121—122 页。

③ 《马克思恩格斯选集》第 1 卷，人民出版社 1995 年版，第 1 页。

④ [美] 汉娜·阿伦特：《人的条件》，竺乾威等译，上海人民出版社 1999 年版，第 18 页。

的促使和责任感的维系，成为'有机统一体'的组成部分，他们正是在这个统一体中，并且通过这个统一体，才认识到自己是完全成熟的人。"①在这一点上，荀子明显属于这些思想家的行列，而且是其中很重要的一员，也是较早的一员。

既然儒家主张人是群体关系中的人，那么，在理论上必然首先需要说明，人为什么要结成群体？荀子对这一问题有直接的思考。在他看来，结成群体，这是人类能够在优胜劣汰的自然竞争中异军突起的关键所在。关于人为什么要结成群体，以及人为什么能够结成群体的问题，荀子有明确的观点。他说：

> 水火有气而无生，草木有生而无知，禽兽有知而无义，人有气、有生、有知，亦且有义，故最为天下贵也。力不若牛，走不若马，而牛马为用，何也？曰：人能群，彼不能群也。人何以能群？曰：分。分何以能行？曰：义。故义以分则和，和则一，一则多力，多力则强，强则胜物，故宫室可得而居也。故序四时，裁万物，兼利天下，无它故焉，得之分义也。故人生不能无群，群而无分则争，争则乱，乱则离，离则弱，弱则不能胜物；故宫室不可得而居也，不可少顷舍礼义之谓也。（《荀子·王制》）

在荀子看来，正是出于最基本的生存之考虑，人需要结成群体才能在自然界残酷的竞争中获得生存和发展。然而问题是，对于宇宙万物而言，并不是只有人会结成群体，有些群居动物也会结成群体。例如荀子也说："草木畴生，禽兽群焉，物各从其类也。"（《荀子·劝学》）显然，在荀子的观念中，合"群"也是生物的一种本性。人作为一种动物，是各从其类而结成群体的。但人类结成的"群"，有其不同于动物之群体的根本性质，这就是荀子所特

---

① 杜维明：《道、学、政：论儒家知识分子》，钱文忠、盛勤译，上海人民出版社2000年版，第6页。

别强调的"人能群，彼不能群"的实质意思。可以说，在荀子这里，当说到人所结成的群时，荀子认为，人群具有不同于其他生物群体的根本性质。那么，这一根本性质是什么？即"义"。

"义"来自哪里？按照荀子对水火、草木、禽兽和人的区别来看，"义"是人之所以区别于其他存在的特殊性所在。正因为有"义"，所以人将自己与水火、草木和禽兽等其他存在者区别开来，可以说，"义"是人之为人的本质所在。同时，也正因为人有"义"，所以人最为天下贵。在荀子的逻辑中，水火、草木、禽兽和人实际上构成了整个自然界，而人最为天下贵的意思是指，人作为一个整体在自然秩序中占据了最高的位置。其实质则是说，"义"是宇宙的最高秩序。正因为"义"是宇宙的最高秩序，人有义，所以人最为天下贵。如果按照这样的逻辑追问下去，正因为义，所以人才异于水火、草木、禽兽等他者，这实际上正是说"义"是人之所以为人的本质所在。就这一意义而言，荀子的思想完全可以逻辑地推导出与孟子人性善相同的结论来。正如荀子在解释"涂之人可以为禹"这一命题时所说的：

> 凡禹之所以为禹者，以其为仁义法正也。然则仁义法正有可知可能之理，然而涂之人也，皆有可以知仁义法正之质，皆有可以能仁义法正之具，然则其可以为禹明矣……今使涂之人者以其可以知之质，可以能之具，本夫仁义之可知之理、可能之具，然则其可以为禹明矣。(《荀子·性恶》)

在荀子看来，禹代表的正是人"学而上达"的榜样和目标，亦即是说，禹是"真正的人"的人格化身。禹之所以为禹，是因为他实践仁义法正。换言之，人之所以成为真正的人，是因为人能实践仁义法正。而荀子进一步强调说，人之所以能实践仁义法正，是因为人本身就具有"可以知仁义法正之质"和"可以能仁义法正之具"。这里的"知之质"和"能之具"的说法，不仅使我们想到了孟子的"良知"和"良能"的说法，而且在逻辑上我们也会推论出"善"的结论：因为仁义法正是"善"的，人具有一种可以知仁义法正——亦即可以知"善"的"质",那么,这种质本质上是向善的质,可以说也是善的。同理,可以能仁义法正的具,也是向善的具。实质上,荀子要说的是,人具有向善的潜质。我们知道,孟子的良知良能说基于人性善——更准确地说是心性善的理论,那么,荀子"知之质"和"能之具"说的人性论基础我们能够将其简单地归结为人性恶理论吗?显然是不能的。

既然不能把荀子所说的"人最为天下贵"的理由建立在人性恶的地基上,荀子又是明确主张人性恶观点的,那么是我们理解错了?还是荀子自身思想有不可调和的内在矛盾?还是说荀子人性恶理论具有自身的特殊内涵?不管是哪一种原因,无论如何都需要我们回到荀子"人性恶"理论本身。要理解荀子的人性恶命题,需要破解三个层面的问题:第一,荀子是如何理解"人"的?第二,荀子是如何理解"性"的?第三,荀子是如何理解"恶"的?

首先,荀子是如何理解人的?荀子论及人的关键性段落在《天论》篇中,荀子说:

> 天职既立,天功既成,形具而神生,好恶、喜怒、哀乐臧焉,夫是之谓天情。耳目鼻口形能,各有接而不相能也,夫是之谓天官。心居中虚以治五官,夫是之谓天君。财非其类,以养其类,夫是之谓天养。顺其类者谓之福,逆其类者谓之祸,夫是之谓天政。暗其天君,乱其天官,弃其天养,逆其天政,背其天情,以丧天功,夫是之谓大凶。圣人清其天君,正其天官,备其天养,顺其天政,养其天情,以全其天功。

按照"形具而神生"的观点并结合"天官"与"天君"等说法,可见,荀子是从身心二元的角度来理解人的生命构成的。他指出,一方面人具有由耳、目、鼻、口、形所组成的身体;另一方面,人具有由心所代表的能够驾驭形体的心灵。就身心关系而言,荀子主张心为身主。他说:"心者,形之君也,而神明之主也,出令而无所受令。自禁也,自使也,自夺也,自取也,自行也,自止也。"(《荀子·解蔽》)可见,荀子的心,不仅仅是身的主宰，更是身的命令者。因强调自禁、自使、自夺、自取、自行、自止的"自"的意义，荀子所说的"心"更是人之自由意志的体现。所谓自由意志，即是说人自己为自己立法，人自己为自己作出选择，人自己为自己的选择负责。荀子用"辨"来表示这一自由意志，并将其视为人之所以为人的根本原因。荀子说："人之所以为人者，何已也？曰：以其有辨也。饥而欲食，寒而欲暖，劳而欲息，好利而恶害，是人之所生而有也，是无待而然者也，是禹、桀之所同也。然则人之所以为人者，非特以二足而无毛也，以其有辨也。"（《荀子·非相》）由此，对人的理解就要引向对人生而就有的无待而然者的追问，实质是追问人之所以为人（即性）的问题。

荀子如何理解"性"？荀子对"性"概念有自己的定义。他说："生之所以然者谓之性。性之和所生，精合感应、不事而自然谓之性。"（《荀子·正名》）在这里，荀子首先定义"性"这个概念是用来解释"生之所以然"这个问题的。之所以"性"概念能回答这个问题，是因为"性"概念具有三种基本的规定性：一是"和所生"，指"性"是对人之肉体层面的所以然问题的追问；二是"精合感应"，指"性"是对人的能够与事物相感应的精神层面的所以然问题的追问；三是"不事而自然"，这是在强调无论是第一种规定性还是第二种规定性所追问的生之所以然问题都是一个先验的问题。

按照身心二元的逻辑来理解人，并基于上述"性"的定义及其三种规定性，荀子主张从两个层面对"性"——人之所以然的同一性问题进行回答。说到人的同一性问题，荀子说：

> 凡人有所一同：饥而欲食，寒而欲暖，劳而欲息，好利而恶害，是人之所生而有也，是无待而然者也，是禹、桀之所同也。目辨白黑美恶，耳辨声音清浊，口辨酸咸甘苦，鼻辨芬芳腥臊，骨体肤理辨寒暑疾养，是又人之所常生而有也，是无待而然者也，是禹、桀之所同也。可以为尧、禹，可以为桀、跖，可以为工匠，可以为农贾，在势注错习俗之所积耳。是又人之所生而有也，是无待而然者也，是禹、桀之所同也。（《荀子·荣辱》）

上面这段话是在讨论"人之所生而有"的"无待而然者"，所以这段话是在论"性"的问题。在这段话里，荀子从三个角度探究了人性问题。

首先，从"欲"的角度即肉体层面来探究人性问题。欲的肉体层面的人性，即荀子所说的"情性"。荀子说："夫人之情，目欲綦色，耳欲綦声，口欲綦味，鼻欲綦臭，心欲綦佚。此五綦者，人情之所必不免也。养五綦者有具，无其具则五綦者不可得而致也。"（《荀子·王霸》）荀子所谓的"情"，往往指的是人的自然生理需求和欲望，表现为"饥而欲食""寒而欲暖""劳而欲息""好利而恶害"等。

其次，从"辨"的角度即精神层面来探究人性问题。荀子所谓的"辨"是心的思虑分辨的意思，亦即是"心有征知"。尽管荀子说"目辨白黑美恶，耳辨声音清浊，口辨酸咸甘苦，鼻辨芬芳腥臊，骨体肤理辨寒暑疾养"，但荀子并不认为目、耳、口、鼻、骨等感官能单纯凭借自己的功能而分辨白黑美恶、声音清浊、酸咸甘苦、芬芳腥臊和寒暑疾养等具体的经验感受，实际上荀子以为，是心通过目、耳、口、鼻、骨等感官而对诸感官所获得的感受经验进行了区分。没有目、耳、口、鼻、骨等感官的功能，人无法形成白黑美恶、声音清浊、酸咸甘苦、芬芳腥臊和寒暑疾养等具体的感受，而没有心之征知的作用，人无法对目、耳、口、鼻、骨等感官所获得的诸种具体感受做出白黑美恶、声音清浊、酸咸甘苦、芬芳腥臊和寒暑疾养等明确的区分。这一思想，荀子在《正名》篇中进行了解释：

　　然则何缘而以同异？曰：缘天官。凡同类、同情者，其天官之意物也同，故比方之疑似而通，是所以共其约名以相期也。形、体、色、理以目异，声音清浊、调竽奇声以耳异，甘、苦、咸、淡、辛、酸、奇味以口异，香、臭、芬、郁、腥、臊、洒、酸、奇臭以鼻异，疾、养、沧、热、滑、铍、轻、重以形体异，说、故、喜、怒、哀、乐、爱、恶、欲以心异。心有征知。征知则缘耳而知声可也，缘目而知形可也。然而征知必将待天官之当簿其类然后可也。五官簿之而不知，心征之而无说，则人莫不然谓之不知。此所缘而以同异也。

按照荀子的说法，人对事物的知识，是通过心"缘"目、耳、口、鼻、形体等五官而形成的。人之所以能够对事物的差异进行区分，关键则在于"心有征知"的能力。荀子从"心有征知"的角度探究人性问题，实际上是一种知识论立场的心性论，实质上是认为人心具有分判同异与是非的能力。

再次，从"习相远"的角度即人所处的环境来探究人性问题。在荀子看来，实际上，人性的可变化性也是人性的自我规定性之一。人有欲望，也有明辨是非的能力，所以在荀子看来，一方面，人人都具有种种的现实局限性（即顺从恶的倾向），所以需要化性；另一方面，人人都具有明辨是非的能力，所以能够创造文化来修饰自己。这就是荀子"化性起伪"的观点。荀子认为人性是可以变化的，是"起于变故，成为修为"（《荀子·荣辱》）的。这种变化的发生依靠的是文化的力量。文化之所以能够变化人、成就人，恰恰是因为人具有可变化与可成就的良好才质。荀子曾说："人之于文学也，犹玉之于琢磨也。诗曰：'如切如磋，如琢如磨。'谓学问也。"（《荀子·大略》）可见，学问之所以能够琢磨造就人，正如玉本身具有成为玉的质地一样，人也具有成为真正的人（圣人）的质地存在。这是孔子"文质彬彬"思想的直接发挥，也是在解释何谓"性相近"，以及所相近之性到底是善还是恶。对荀子而言，人是一个复杂的存在，既有导其向恶的可能性，因人具有饥而欲食、寒而欲衣、劳而欲休的自然情性，也有导其向善的可能性，因人具有将其与水火、草木和禽兽等其他存在者区别开来的"义"的存在。按照荀子的思想，将义定义为"善的"则是确定无疑。正因为具有这样一种矛盾的可能性，所以通过对人的教化而让人选择向善，对于社会而言，就尤为重要了，这正是儒家特别重视"习"的原因所在。那么，文化又是如何产生的？是人在社会群体的生活实践中创造和发明的。人的这种创造性遵循着人的自由意识，所以，人可以选择向善而成为尧舜一样的人，也可以选择向恶而成为桀纣一样的人。由此，对人之所以为人的"性"的问题的理解，就要引向对善恶问题的理解。

荀子是如何理解恶和善的？首先，善或恶是生之所然而非生之所以然的问题。所以，对何谓善或恶问题的探究不是对人性的探究，而是对人如何生存的问题的探究，是做人的问题，而非人的问题。善或恶描述的是人如何生存的问题，而人的生存是和群的处境联系在一起的，即人是通过结成群体而实现生存的。这样的话，善或恶的问题就成为一个群的问题。所谓群的问题，实质上探究的是人与人的交往关系的问题。荀子说："人之所恶何也？曰：污漫、争夺、贪利是也。人之所好者何也？曰：礼义、辞让、忠信是也。"（《荀子·强国》）正如荀子所指出的，人与人之间的交往，一方面可以表现为"污漫、争夺、贪利"等坏的关系，另一方面则可以表现为"礼义、辞让、忠信"等好的关系，前者是人之所恶的，后者则是人之所善的。正是基于这样的认识，荀子把善恶问题归结为群的治乱问题。他说："凡古今天下之所谓善者，正理平治也；所谓恶者，偏险悖乱也：是善恶之分也矣。"（《荀子·性恶》）

其次，按照荀子"说、故、喜、怒、哀、乐、爱、恶、欲以心异"的观点，"恶"与"善"是由心去进行区分的。因此，善恶问题根基于人的认识论基础之上。荀子强调"义"是人之所以为人的本质所在，所以把"趋利弃义"看作是人最大的恶。他说："趋利弃义谓之至贼。"（《荀子·修身》）前文指出，荀子所理解的人具有两种可能性，虽然这两种可能性可能导人向善，也可能导人向恶，但可能性本身既不能被简单地定性为"恶的"，也不能被简单地定性为"善的"。因为人际关系是由每一个具体的人所结成，所以具体的人如何，当然会影响人与人之间的关系。个体在对待他人时，如果遵从自己的自然之性，那么，人与人的关系就将处于一种争夺的战争状态；但如果彼此遵从人之所以最为天下贵的"义"之原则，那么，人与人的关系将处于一种辞让的和平状态。所以，荀子把"恶"理解为对义的背离，而把"善"理解为对义的遵循。背离和遵循都是对人的行为之结果的评价，因而，"善"和"恶"是对人的行为之后果所导致人际交往关系到底是"争夺生"还是"辞让生"的评价。进一步的问题是，我们能够依据何种标准而作出如此的评价？这个评价的标准其实就是"义"。对于"义"、"善"和"恶"这三个概念而言，荀子的逻辑是："善"和"恶"是相对待的关系，而"义"是超越善恶之对待关系上的一种绝对原则。就"义"的内涵而言，荀子主张"义"是自然世界的最高秩序，是在普遍秩序的意义上理解"义"。由此，"义"即是宇宙的普遍秩序——理。而作为宇宙的普遍秩序，理是衡量一切具体的秩序的标准，所以它是绝对的，因其绝对所以是至善，是无物与之相对的善；义既然是宇宙普遍秩序在人身上的具现，所以"义"也是人的普遍秩序，所以义是衡量人的一切具体行为的标准和尺度，即是说义是衡量善恶的一种标准。既然是标准，义就是人伦之理，是衡量人伦之关系的"县衡"。荀子所谓的"衡"就是"道"，道是由心知的，所以荀子说"故心不可以不知道"(《荀子·解蔽》)。当然，对于这一根本的义理之道，现实是往往人不能实现真正的认识，正所谓"凡人之患，蔽于一曲而暗于大理"(《荀子·解蔽》)。这里所谓的"蔽"是"心术之患"，因此荀子主张通过"解蔽"而实现心的"仁知不蔽"。为什么一定要实现心的"仁知不蔽"？这是因为，"心知道，然后可道；可道，然后能守道以禁非道。以其可道之心取人，则合于道人，而不合于不道之人矣。以其可道之心与道人论非道，治之要也。何患不知？故治之要在于知道"(《荀子·解蔽》)。这里蕴含着一个基本的逻辑：心知"道"，然后能认同"道"，由认同"道"进而能够实践正道而禁止非道。就"道"的基本内涵而言，就是荀子所谓的"仁义法正"。心之所以能够知道，是因为人心中本来就具有"可以知仁义法正之质"和"可以能仁义法正之具"，即人心具有能够知道的才性知能，而这又是君子与小人同一的，差别只在于程度不同而已。

基于上述的分析，我们回到荀子人性论的基本观点。关于人性，荀子说：

> 人之性恶，其善者伪也。今人之性，生而有好利焉，顺是，故争夺生而辞让亡焉；生而有疾恶焉，顺是，故残贼生而忠信亡焉；生而有耳目之欲，有好声色焉，顺是，故淫乱生而礼义文理亡焉。然则从人之性，顺人之情，必出于争夺，合于犯分乱理而归于暴。故必将有师法之化，礼义之道，然后出于辞让，合于文理，而归于治。用此观之，然则人之性恶明矣，其善者伪也。(《荀子·性恶》)

按照荀子的观点，人"生而有好利"、"生而有疾恶"以及"生而有耳目之欲，有好声色"等欲望，这不是恶的表现，只是恶的诱因，所谓"恶"表现为"争夺生而辞让亡"、"残贼生而忠信亡"以及"淫乱生而礼义文理亡"等混乱的坏的人际关系。那么，什么原因导致这样的恶出现？是因为人心顺从了人的自然性情，屈从于人的肉体欲望，这就是上述这段话中的"顺是"所实现的思想转折。在"顺是"概念中，"是"指的是"生而有好利"、"生而有疾恶"以及"生而有耳目之欲，有好声色"，亦即是从人之"性"或顺人之"情"，实质是人的肉体的物质欲望。那么，"顺是"的主体是谁？是人身吗？如果是人身，这一短语就是人身顺从人身的生理欲望，这是同义反复，因而没有意义。荀子这里，人被区分为身心二元，既然不能是人身的话，就只能是人心。由于人心屈从人身的欲求，所以导致恶的人际关系的发生；反之，人心如果能够逆反人身的欲求，则将实现善的人际关系。如何实现人心对人身的逆转？需要依赖"师法之化"与"礼义之道"。无论是师法之化，还是礼义之道，其实践的场域都是群体性。所以，荀子主张，为了能够结成群体，人生必须有"义"。而事实上，"义"正是人之所以为人的本质所在。

概言之，在荀子的思想中，义不是由于结成群体之后，才由群体赋予人的，而是人本身就具有"义"。有义，则人能够明分，明分才能使群，人才能够结成群体。在荀子看来，出于人之有义的原因，才会有明分使群的结果。所以，人之有"义"是人能够结成群体的前提和基础。荀子对"义"的问题的探究，构成了荀子人性论的核心意识。作为政治哲学的思考基点，对人的认识，直接决定荀子政治哲学的理想和诉求方向。就哲学而言，荀子的思路体现着这样的认识：人性论是政治哲学的真正基础。正如卢梭所指出的，人性论"是我们在探索人类社会的真正基础方面排除一切困难的唯一途径"[1]。在这一点上，荀子与卢梭之间可以寻找到共同点，即政治哲学需要思考人性的根基问题。

---

① [法]卢梭：《论人与人之间不平等的起因和基础》，李平沤译，商务印书馆 2007 年版，第 35 页。

（二）君道善群

就荀子和孟子而言，两者都继承和发挥了孔子的思想，但二人思想之间的问题意识具有鲜明的差异。就问题意识而言，孟子的主要问题在于"挺立道德主体"，所以他的核心问题意识是解释人的问题；荀子的主要问题在于"成就伦理世界"，所以他的核心问题意识在解释群的问题。相较于孔、孟这两位先秦儒家，荀子思想的特质在于他特别重视群的问题。李泽厚就曾说："如果说，孟子在中国思想史上最先树立了伟大的个体人格观念；那么，荀子便在中国思想史上最先树立了伟大的人的族类的整体气概。"①

那么，为什么荀子特别强调"群"的意识呢？既然群是由人构成的，那么，"群"的意识难道不就是"人"的意识吗？事实上，在荀子思想中，"群"虽然是由每一个个体的人所组成的，但"群"的本质属性并不能简单地由个体之人的本质属性所叠加而成。换句话说，对群的理解并不能由对个体之理解的综合而实现。在荀子看来，虽然许许多多的个体在一起将组成一个共同体，但这个共同体（群体、国家）的本质或命运却不应从它的那些单个要素——个体的人来加以定义，亦即是说，由具体的人所组成的"群"，具有不同于个体之综合的独特精神或原则。上述这一思想，就蕴含在荀子"人之命在天，国之命在礼"（《荀子·强国》）的命题中。通过这一命题，我们可以看出，荀子已经意识到人（个体）和国（群体）之间具有本质的差异和原则的不同：对理解人的问题而言，我们需要遵从天的自然法则；对理解国的问题而言，我们需要遵从人与人之间交往关系的原则。同时，荀子的这一命题也蕴含着这样的意识：人的问题和国（社会）的问题虽属不同问题，但国（社会）实际上是由每一个具体的人按照一定的交往关系而结成的一个共同体。因此，国的问题的解决离不开个体之间如何正确交往这一问题的解决。荀子试图用"礼义"这一概念确立个体与个体之间的正当的交往原则，所以说"国之命在礼"。

---

① 李泽厚：《中国古代思想史论》，天津社会科学院出版社 2004 年版，第 105 页。

关于"群体"与"个体之综合"的不同，德国思想家诺贝特·埃利亚斯曾有深刻的分析。他指出："格式塔理论首先教导我们，要重新给予一个简单的实在事实以关注，这就是：整体是某种不同于其部分之和的东西，它具有某种独特的规则，这个规则，如果我们单只是注意整体的个别部分，是无法被揭示出来的。格式塔理论给我们这个时代的一般意识传递了一些简洁的模式，它们能够支持我们沿着这个方向继续我们的思考。"① 为了让人们更好地理解这一模式，埃利亚斯以音乐为例子来说明：音乐的旋律同样由各个乐音组成，尽管如此，旋律本身仍是某种不同于各乐音总和的东西。而对于社会与个体之关系，埃利亚斯认为，一种更深刻的洞见，恰恰是要突破一种抉择的困境或矛盾的基础上才有可能。这种抉择的困境或矛盾指的是："任何一种思想，不管它或近或远地涉及这类争论，都一律被认为要么是赞同要么是反对下面这一组对立的论题之一：一是作为'目的'的个体和作为'手段'的社会；二是正相反，社会被看成是'更本质性的'、'更好的目的'，单个个人只不过是'手段'，是'不怎么重要的'东西。"② 简单来说，这一矛盾的实质是：一方认为社会是最高目的，另一方则认为个体是最高目的。而埃利亚斯则认为："站在一个更深的层次上看，相互构成了对方的个体和社会，都是无目的的。其中的任何一个，都不能离开另一个而存在。两者从一开始即已共同在场，个人在他人的社会之中，社会是由个人组成的社会——实际上两者都是无目的的……在共处的社会中，个体的这种无目的存在构成了一种质料，构成了一种基本交织网，在其中，人们编织进的是他们自身目的之交叉联系的各种形态。"③ 按照埃利亚斯的观点，社会与个体是不可分割的共同在场的关系，所以人的问题的解决需要依赖于社会问题的解决，而社会问

---

① [德]诺贝特·埃利亚斯：《个体的社会》，翟三江、陆兴华译，译林出版社2003年版，第8页。

② [德]诺贝特·埃利亚斯：《个体的社会》，翟三江、陆兴华译，译林出版社2003年版，第10页。

③ [德]诺贝特·埃利亚斯：《个体的社会》，翟三江、陆兴华译，译林出版社2003年版，第11—12页。

题的解决也依赖人的问题的解决。所以埃利亚斯指出：

> 今天，在社会生活自身之中，我们不得不为解决这样一个问题作不懈的努力：人们之间共同相处的秩序是如何可能以及是否可能的？这是一种能够促成以下两个方面更好地协调一致的秩序：一是所有个体的个人需求和偏好；一是那些对个人提出的要求，如众人的携手合作、社会整体的维持和功能。无疑，营造一种人类的共同生存，使不仅是少数几个人，而且是社会共同体的所有成员都有机会彼此协调一致，这就是我们想要实现的那个秩序，如果我们的这种愿望对现实状况拥有足够的影响力的话：只要我们冷静地想一想，那么很快就会发现，上述这两个方面其实只有联系在一起才是互为可能的。人们之间无纷扰、无敌意的共同相处，只有当所有的个体在其中获得了充分满足后才是可能的；而个体的较为自足的存在，只有当他所从属的社会结构相对摆脱了紧张对立，摆脱了纷扰和争斗时，才有可能。[①]

荀子通过区分"人之命在天，国之命在礼"也意识到了人的问题与群的问题之间的复杂关系。荀子用"群"概念标明人之生命存在和实现的政治场景，"群"的世界，即政治性共同体才是真正属人的世界。荀子说："凡生乎天地之间者，有血气之属必有知，有知之属莫不爱其类……故有血气之属莫知于人，故人之于其亲也，至死无穷。"（《荀子·礼论》）个体与群体的"群己"关系是作为政治动物的人必须首先加以思考和处理的根本问题。人既是手段，也是目的；群也是一样，既是手段，也是目的。人的问题的解决和群的问题的解决是相互影响的。既然已经意识到了人的问题与群的问题属不同的问题，那么，人的问题是什么问题？群的问题又是什么样的问题？在荀子看来，人的问题是如何成人的问题，解决的方案是为学。荀子说："学恶乎

---

① ［德］诺贝特·埃利亚斯：《个体的社会》，翟三江、陆兴华译，译林出版社 2003 年版，第 9—10 页。

始？恶乎终？曰：其数则始乎诵经，终乎读礼；其义则始乎为士，终乎为圣人。真积力久则入，学至乎没而后止也。故学数有终，若其义则不可须臾舍也。为之，人也；舍之，禽兽也。"（《荀子·劝学》）为学的目的就是为了学以成圣，也就是成为真正的人。在荀子看来，这是人与禽兽的根本区别。群的问题是如何实现"治"的问题，所谓"治"，指的是人与人之间的和谐交往关系。要实现这一和谐关系，荀子提出的解决方案是礼乐政治。礼乐政治的核心问题正是如何实现"善群"问题。荀子说："君者，善群也。"（《荀子·王制》）这里所谓的"君者"，既包括君主，也包括君子，他们共同构成了一种精英政治家集团来实践国家治理活动。

在荀子看来，政治的实质不是通过害怕与恐惧的手段去惩戒人，而是通过建构一种理想的政治制度使有德之人愿意生活在其中。"马骇舆则君子不安舆，庶人骇政则君子不安位。马骇舆则莫若静之，庶人骇政则莫若惠之。选贤良，举笃敬，兴孝弟，收孤寡，补贫穷，如是，则庶人安政矣。庶人安政，然后君子安位。"（《荀子·王制》）这是荀子以"善群"问题为政治哲学之核心思想的原因所在。

政治是用来凝聚人的，"凝民以政"（《荀子·议兵》），因此政治本身就具有道德的属性。正是基于"道德的政治"之理解，荀子提出政治的责任在于"治治，非治乱"（《荀子·不苟》），即政治的主要责任不在于使一个混乱失序的社会重新恢复秩序的问题，而是如何使一个有序的社会群体实现一种更能体现"善"的有道德的规范生活的问题。要实现这样一种"治治"的政治目标，所依据的主要政治治理方式是"教化"与"引领"。在一定的政治群体中，教化是治理者和被治理者之间展开的一种双向互动关系。其中，管理者要做到"教"，所谓"教"是"以善先人者谓之教"，有两层含义：一是管理者本身首先必须具有领先他人的"善"；二是管理者以实践领先他人之善的方式做出表率来引导别人向善。被管理者则要做到"顺"，所谓"顺"是"以善和人者谓之顺"，这种"顺"不是无原则、无主体性的顺从，而是以自己的善去应和管理者的善，从而实现一种被群体共同认同的"善"之共同意识和群体精神。

由这样一种对政治责任和政治精神的基本理解，荀子提出这样一种政治路径：由道德的政治主体采取道德的治理方式，去建构一种有道德的规范群体生活，从而实现社会的大治。所以荀子说："天地者，生之始也；礼义者，治之始也；君子者，礼义之始也。为之、贯之、积重之、致好之者，君子之始也。故天地生君子，君子理天地。君子者，天地之参也，万物之总也，民之父母也。无君子则天地不理，礼义无统，上无君师，下无父子，夫是之谓至乱。"（《荀子·王制》）有道德的政治主体成为实现"治治"的关键和出发点，反过来说，实现"治治"的第一原则就是让有道德的人成为社会的管理者，即有德者必有位，"彼仁义者，所以修政者也"（《荀子·议兵》）。为什么会提出这样一种第一原则？荀子以为："天下者，至重也，非至强莫之能任；至大也，非至辨莫之能分；至众也，非至明莫之能和。"（《荀子·正论》）只有圣人才能做到"至强""至辨""至明"，"是县天下之权称也"（《荀子·正论》）。某种意义上可以说，"圣王"是王道仁政之政治理想的一种"图腾"。

荀子说："圣也者，尽伦者也；王也者，尽制者也。两尽者，足以为天下极矣。"（《荀子·正论》）在荀子的政治哲学中，"圣王"是一种理想的生活秩序和政治制度的表征，是礼乐政治之核心精神和基本原则的人格具象化。荀子用"义"概念来指称礼乐政治的核心精神和基本原则，礼乐之"义"即是"仁义法正"的王道理想。所以说"王"是礼乐政治之"义"的一种象征，代表着政治的理想和理想的政治，即王道仁政。所谓"王道"，实际上指的是中华民族仁爱为本的德性文化精神和礼义为本的德性政治精神；所谓"仁政"，实际上指的是实现社会群体和谐有序的社会治理实践过程。所谓"王道仁政"，就是这种文化精神和政治精神与善群的政治实践实现"知行合一"。正如本杰明·史华兹所说："处于自然状态的人没有能力充分实现自身的潜能。只有当圣贤—君王使得规范性的文化格局成为现实的时候，才有可能让所有的人实现人性中全部的内涵。"[①]

---

① ［美］本杰明·史华兹：《古代中国的思想世界》，程钢译，江苏人民出版社 2008 年版，第 67 页。

由此，"原先王"与"法后王"构成了荀子政治哲学的一组核心命题。具体而言：

"原先王"的基本精神是"和一守常"。荀子以为："治之要在于知道。"什么东西能被称作一个群体都遵循和认同的"一"和"常"？只有"道"。荀子说："原先王，本仁义。"（《荀子·劝学》）儒家一以贯之的"仁义之道"构成了政治实践中的"一"和"常"。这是礼乐政治实践的道德根基，也是一个群体能够实现共同认可的基本价值和核心精神，代表着对一种理想的文化传统和政治传统的坚持与复归。所以荀子说："况夫先王之道，仁义之统，《诗》《书》《礼》《乐》之分乎？彼固天下之大虑也，将为天下生民之属长虑顾后而保万世也。其流长矣，其温厚矣，其功盛姚远矣，非孰修为之君子莫之能知也。"（《荀子·荣辱》）"先王之道"是理想的德性政治精神和理想的礼乐政治制度的人格表现，对先王的溯源和企慕就是在追寻和实现这样一种政治的理想。"原先王"是治理社会的政治主体对一民族的文化传统和政治精神的认同和担当，其目的在于保证社会的治理者是"有德之人"，实现在"位"者必有其"德"。

"法后王"的基本精神是"变革损益"。荀子说："君子位尊而志恭，心小而道大，所听视者近而所闻见者远。是何邪？则操术然也。故千人万人之情，一人之情是也；天地始者，今日是也；百王之道，后王是也。"（《荀子·不苟》）显然，荀子是在"术"的层面上定义"后王"。《儒效》中荀子定义"雅儒"是"法后王，一制度"，定义"大儒"是"法先王，统礼义，一制度"。"大儒"代表的是比"雅儒"更高一境界的政治主体，效法先王，传承礼义之道；而"雅儒"则效法后王，是在"术"的层面对礼乐政治在具体的政治实践进行变革损益。正是在这个意义上，荀子强调说："欲观圣王之迹，则于其粲然者矣，后王是也。"（《荀子·非相》）在谈到轴心时期的特征时，雅斯贝斯说："人类的存在作为历史而成为反思的对象……人们明白自己面临灾难，并感到要以改革、教育和洞察力来进行挽救。他们制定计划，努力控制事件的进程，并第一次要恢复或创建良好的环境。历史在总体上被看作是世界表现形式的序列，它或者是不断衰落的过程，或者是循环运动，或者是上升发展。人们殚精竭虑地寻求人类能最和睦地共同生活、实行最佳统治管理的方法。改革的观念支配了实践活动。"①在荀子这里，其之所以强调"法后王"，正是因为他清醒地意识到，为了寻求和睦的共同生活方式以及实行最佳的治理，改革的观念必须支配实践活动。

概而言之，荀子对"原先王"与"法后王"的论述，实质上是在思考这样三个问题：

一是什么样的生活方式能够让有德之人愿意生活在其中？荀子认为这样一种生活方式应该是以实现有道德的规范群体生活为特征的，所以主张一种礼乐的生活方式。

二是什么样的政治制度能够构建这样一种能让有德之人愿意生活在其中的生活方式？荀子以为一种恰当的政治制度应该是能够实现"善群"和"治治"之目的的政治制度，由此他提出了礼乐政治的制度设计。

三是用什么样的理路去进行这样一种礼乐政治的设计？荀子提出了"原先王"与"法后王"的致思理路。其中，"原先王"代表的是基于一个群体的文化传统基础之上的政治思想和政治理念。"原先王"是对"活的传统"的自觉与认同。什么能够成为一个群体的"活的传统"，在荀子看来就是文化理想和政治精神，这就是先王作为一种"遗言"遗赠给后王的仁义之道。"法后王"代表的则是基于一个群体的日常生活实践基础上的政治治理之方式方法。实际上，通过"原先王"与"法后王"的分判，荀子指出，作为一民族之活的传统的文化理想与政治精神和回归日常生活本身的政治实践，二者"知行合一"共同构建一民族群体生活的道德秩序。

《周易·系辞传》中说："形而上者谓之道，形而下者谓之器。"因为立足于文化理想和政治精神，所以"原先王"主要是"道的传承"，是礼乐之道；因为立足于日常生活实践，所以"法后王"主要是"器（政）的创新"，是礼义之统。"先王"与"后王"是互相制衡和影响的。"先王"作为"后

① ［德］卡尔·雅斯贝斯：《历史的起源与目标》，魏楚雄、俞新天译，华夏出版社1989年版，第11页。

王"的精神和原则，规定了后王政治实践的基本方向。反过来，"后王"则通过分析和解决日常生活实践中不断出现的新问题，不断地继承、丰富、发展乃至变革"先王"。荀子说："故其法治，其佐贤，其民愿，其俗美，而四者齐，夫是之谓上一。……故百王之法不同若是，所归者一也。"（《荀子·王霸》）因为强调"变革损益"而在政治实践中表现出"百王"之不同的"后王"，衡量其政治实践是否达到"治治"的目标具有"一"的原则，即"法治""佐贤""民愿""俗美"。这四者恰恰就是"先王之道"的具体表现："故尚贤使能，等贵贱，分亲疏，序长幼，此先王之道也。"（《荀子·君子》）

对于先王之道，荀子说："今以夫先王之道，仁义之统，以相群居，以相持养，以相藩饰，以相安固邪。"（《荀子·荣辱》）对于后王之道，荀子说："君子审后王之道，而论于百王之前，若端拜而议。推礼义之统，分是非之分，总天下之要，治海内之众，若使一人。"（《荀子·不苟》）可见，无论先王之道还是后王之道，目的都在于实现"善群"这一政治哲学的基本主题。

（三）"善群"的两个基本原则

政治以实现"善群"为目标。那么，何谓"善群"？荀子强调，善群最基本的要求是有规范性的秩序。

群体生活的规范性要求，首先体现在荀子对"明分"的理解与诠释中。在荀子看来，"人何以能群"的原因在于"分"。"分"有分别、职能之意，其内涵主要指的是群体生活需要一种规范秩序。规范有序的群体是保持多样性的等差之群体。荀子在两层问题上谈规范秩序：一类规范是以君臣、父子、兄弟和夫妇为核心的人伦秩序。人伦秩序中的每个人各有各自的伦理秩序，所以是"君君""臣臣""父父""子子"，他认为这是构建生活秩序的根本所在："君臣，父子，兄弟，夫妇，始则终，终则始，与天地同理，与万世同久，夫是之谓大本。"（《荀子·王制》）另一类规范是以"明分职，序事业"为核心的职业秩序。荀子有"农农""士士""工工""商商"的说法，士农工商皆有自己的本职工作，"职业无分"（《荀子·富国》）会导致社会秩序的紊乱，所以荀子强调说："故仁人在上，则农以力尽田，贾以察尽财，百工以巧尽械器，士大夫以上至于公侯，莫不以仁厚知能尽官职。夫是之谓至平。"（《荀子·荣辱》）

那么，这种规范秩序何以能够成为一种秩序之规范？这也就是"分何以能行"的疑问。荀子回答说："义。故义以分则和，和则一，一则多力，多力则强，强则胜物。"（《荀子·王制》）何谓"义"？荀子说："夫义者，所以限禁人之为恶与奸者也……夫义者，内节于人而外节于万物者也，上安于主而下调于民者也。内外上下节者，义之情也。"（《荀子·强国》）"义"是对结成群体之人的言行举止是否适宜的一种衡量与判断，与是非善恶相关。所以，荀子进一步以"义"来界定"分"，提出了"义以分"的思想，主张规范秩序是建立在道德的基础上的，或者说群体的规范生活是以道德为根基和特质。"义以分"，即是群体生活的道德规范秩序。实现这样一种群体生活秩序的主要途径就是政治。儒家的政治具有"道德的政治"①之特质。这一特质决定了讲求差异和不同的"明分"生活何以不会走向分裂和对抗，反而会实现秩序和统一。荀子说："离居不相待则穷，群而无分则争。穷者患也，争者祸也，救患除祸，则莫若明分使群矣。强胁弱也，知惧愚也，民下违上，少陵长，不以德为政。如是，则老弱有失养之忧，而壮者有分争之祸矣。"（《荀子·富国》）

对于一个以形成群体合力而在自然界的野性竞争中获得生存和发展之可能性为目标的人类社会而言，为什么"善群"的形成需要从"明分"开始？这是因为，儒家把人理解为是在具体的关系网络中实现自我的。按照生态学的观点，关系网络构成了人实现自我的具体处境。所谓"明分"要表达的中心意思，是每一个人具体的特殊处境构成了自我实现其价值的基本场域，而每个具体的特殊场域并没有让个体变成一个封闭绝缘的自我。因为特殊的具体的处境又是一个开放性的互通的场域——它们分享共同的秩序和原则。家国天下既是特殊的具体的处境，又是开放互通的场域，如此，才能实现"道

---

① 陈来：《论道德的政治——儒家政治哲学的特质》，《天津社会科学》2010 年第 1 期。

在伦常日用间"。就特殊的具体的处境而言，每一个人的具体处境都是特殊的，所以贯彻在这个具体的伦常日用处境中的"道"也是特殊性的；而每一个人的具体处境就其自我而言是特殊的，但在广阔的关系网络中却又是开放互通而具有同一性的场域。这种同一性就是将个体连接为一个整体的那些线索。这样的话，贯通在具体的伦常日用语境中的"道"就是普遍性的。由此，以"明分"为出发点的群体秩序之建构则以实现群体的同一性为目的。

基于此，荀子"明分使群"的问题就转化为如何实现"群居和一"的问题。由此，"善群"的实现问题，逻辑上就由如何"明分"而转向如何"和一"的问题。关于"群居和一"，荀子说：

> 夫贵为天子，富有天下，是人情之所同欲也。然则从人之欲则势不能容、物不能赡也。故先王案为之制礼义以分之，使有贵贱之等，长幼之差，知愚、能不能之分，皆使人载其事而各得其宜，然后使谷禄多少厚薄之称，是夫群居和一之道也。故仁人在上，则农以力尽田，贾以察尽财，百工以巧尽械器，士大夫以上至于公侯，莫不以仁厚知能尽官职，夫是之谓至平。故或禄天下，而不自以为多；或监门、御旅、抱关、击柝，而不自以为寡。故曰：斩而齐，枉而顺，不同而一。夫是之谓人伦。（《荀子·荣辱》）

按照这段话的逻辑，荀子主张在使人皆能"载其事而各得其宜"的"明分"基础上追求实现"使谷禄多少厚薄之称"的公平与正义。由此，便进入到了"群居和一"之道，这就是"不同而一"。也就是说，如何在一个讲求和保有人伦与职业多样性和差异性的群体中塑造一种每一个人都认可和遵守的基本价值和根本精神，即荀子所谓的"不同而一"的实践要求。所谓"一"指的是"至平"的原则和精神，而这一原则和精神蕴含着对社会的公平与正义的追求。所以在强调差异性的"明分"基础上，荀子特别强调要实现群居的"和一"之公平正义的精神，这也是构建规范的群体生活所必须面临的一项主要任务。

　　整体地看，荀子主张"善群"的实践需要遵循两个基本原则："明分使群"和"群居和一"。具体而言，"明分使群"思想的实质在于说明，所谓"善群"是一种尊重个体差异和有"各正性命"之规范的群体生活，所以是"分"的思维和精神；"群居和一"思想的实质是在说明，所谓"善群"还要保证这种规范性的群体生活保有一种群体共同认可和遵守的基本价值和根本精神，所以是"和"的思维和精神。而"分"与"和"的思维和精神又是辩证统一的，即为"不同而一"或者说是"和而不同"的思维和精神。由此，无论是"分"还是"和"，都指向一种和谐的秩序精神，先秦儒家称之为"治"。"治"是"善群"的基本精神。先秦儒家实质上认为，"善群"不是自然而然就能达成的，而是需要"治治"的，所以荀子有"君子治治，非治乱"（《荀子·不苟》）的思想。如何"治治"？既然"善群"的实现需要思考"明分使群"和"群居和一"两个基本前提，那么"治治"的政治实践也就需要在"分"与"和"的辩证统一关系中进行思考。针对这一主要任务，荀子提出的实现方式是建构一种礼乐政治。他说："且乐也者，和之不可变者也；礼也者，理之不可易者也。乐合同，礼别异。礼乐之统，管乎人心矣。"（《荀子·乐论》）礼之政治保证形成一种尊重个体差异和不同的规范的群体生活，是为"礼别异"。礼之所以能够别异，是"因为礼与作为秩序的来源的规则与原则的区别就在于，礼不仅告诉参与者什么是适当的，而且这些由他们加以实行。它们是这样一种形式的构造，为了具有效验，它们必定个性化以适应每个参与者的独特性和品性"[1]。在郝大维和安乐哲看来，"礼的实行永远是独特的，这不仅是因为它们需要个性化，而且因为它们表现了实行者品质的差别"[2]。强调主体的个性化和独特性的礼，通过实现"明分使群"而努力追求社会的和谐。郝大维、安乐哲说："已经实现的社会和谐所依据的前提是，人是独特的，他们必须将他们自己和谐地结合到那种能让他们表达自己独特性的关

---

　　① ［美］郝大维、安乐哲：《汉哲学思维的文化探源》，施忠连译，江苏人民出版社1999年版，第36页。

　　② ［美］郝大维、安乐哲：《汉哲学思维的文化探源》，施忠连译，江苏人民出版社1999年版，第38页。

系中去。"① 乐之政治则保证这种规范的群体生活能保有一种群体共同认可和遵守的基本价值和根本精神,是为"乐合同"。乐合同的目的在于实现"群居和一"。郝大维、安乐哲说:"儒家努力创造的正是这种在各个层面——包括躯体的和精神的层面——共享的、参与的和谐,它充满人类之乐。"② 因而,就基本精神和政治功能而言,荀子一方面主张"礼者别宜",另一方面主张"乐者敦和",即礼治承担"明分"的职能,乐治承担"和一"的职能。这也就是荀子用"乐合同,礼别异"来区别"礼"和"乐"的根本原因所在。

"明分使群"与"群居和一"构成了"善群"的两个基本原则。其中,"明分使群"体现多样性的原则,而"群居和一"则体现统一性的原则。实现善群思考的就是如何在多样差异性中寻求统一性问题。这体现了儒家的"和而不同"精神。"和而不同"精神,实质上是一种在古典的差异中寻求统一性的原则。正如大卫·库尔珀所说:"对差异的这种追求是有其可取之处的,然而,在此应对过程中,除非保持对公共性以及非古典的新型的差异中统一性的关注,这种追求是绝难成为相互对话或政治行动的基础的。"③ 事实上,在荀子看来,只有通过"明分使群"与"群居和一"的途径而实现的"善群",才是具体的人相互对话或政治行动的基础。以个体为中心思考群的问题,形成了"明分使群"的基本原则;以群体为中心思考人的问题,形成了"群居和一"的基本原则。因而,人与人的相互对话或政治行动,正是人实现成人之目的而解决人的问题的关键。

"明分使群"与"群居和一"构成了衡量人类所结成的社会群体是否为善的基本原则。这实际上就是荀子所谓"群道当"的问题:"群道当则万物皆得其宜,六畜皆得其长,群生皆得其命。"(《荀子·王制》)在荀子这里,

---

① 〔美〕郝大维、安乐哲:《汉哲学思维的文化探源》,施忠连译,江苏人民出版社1999年版,第38页。

② 〔美〕郝大维、安乐哲:《汉哲学思维的文化探源》,施忠连译,江苏人民出版社1999年版,第36页。

③ 〔美〕大卫·库尔珀:《纯粹现代性批判——黑格尔、海德格尔及其以后》,臧佩洪译,商务印书馆2004年版,第7页。

"群道当"的问题不仅仅是原则和标准的问题，也是"不同而一"的人伦问题。人伦不是个体之人的问题，而是人与人的关系问题。就政治而言，人伦问题的核心是君与民的关系问题。其中，君是治人者。君如何获得了这样一种治理人民的权力？这就涉及政治的正当性问题。在西方思想传统中，马克斯·韦伯将"政治正当性"作为一个核心的概念明确提出来。哈贝马斯定义政治正当性的内涵为："合法性意味着，对于某种要求作为正确的和公正的存在物而被认可的政治秩序来说，有着一些好的根据。一个合法的秩序应该得到承认。合法性意味着某种政治秩序被认可的价值——这个定义强调了合法性乃是某种可争论的有效性要求，统治秩序的稳定性也依赖于自身（至少）在事实上被承认。"① 按照哈贝马斯的定义，政治正当性意味着，权力在得到"人民的接受与认可"的同时，应该建立在一些良好的价值基础之上。良好的价值基础一般会被定义为是有道德的，即政治正当性应当建立在道德的基础上。关键的问题则是应当建立在什么样的道德基础上。基于此来讨论荀子的"群道当"思想，第一个问题就是，荀子是否认为，政治权力应该得到人民的接受与认可？荀子提出了"天之生民，非为君也；天之立君，以为民也"（《荀子·大略》）的君民关系论，认为君主行使权力的目的是为了人民的利益，人民通过自己能否从当政君主的政治实践中获得利益来决定是否认可政治。由此，权力的正当性就需要获得人民的认可与承认，这样政治权威才是正当的。

荀子说："马骇舆则君子不安舆，庶人骇政则君子不安位。马骇舆则莫若静之，庶人骇政则莫若惠之。选贤良，举笃敬，兴孝弟，收孤寡，补贫穷，如是，则庶人安政矣。庶人安政，然后君子安位。传曰：'君者，舟也；庶人者，水也。水则载舟，水则覆舟。'此之谓也。故君人者欲安则莫若平政爱民矣……"（《荀子·王制》）按照荀子的说法，"庶人安政"与"君子安位"是互为条件的，这样，我们其实就得到了一种承认理论。这种承认理论实质上是一种按照互利的原则结成的契约关系。荀子说："君者何也？曰：

---

① ［德］哈贝马斯：《交往与社会进化》，张博树译，重庆出版社 1989 年版，第 184 页。

能群也。能群也者何也？曰：善生养人者也，善班治人者也，善显设人者也，善藩饰人者也。善生养人者人亲之，善班治人者人安之，善显设人者人乐之，善藩饰人者，人荣之。四统者具而天下归之，夫是之谓能群。"（《荀子·君道》）可见，君的"善生养人"、"善班治人"、"善显设人"以及"善藩饰人"的义务，与民的"亲之"、"安之"、"乐之"以及"荣之"的义务是相互的。在这种双向契约关系中，君与民之间要建构一种和谐有序的关系，就需要一个对某种秩序都能够认同与接受的共同基础。由此，就需要追问第二个问题，即能够被人民认可也被君主实践的政治正当性之基础，是一种什么样的基础？荀子说："凡兼人者有三术：有以德兼人者，有以力兼人者，有以富兼人者。"（《荀子·议兵》）荀子认为主要有三种基础：一是道德的基础；二是权力的基础；三是经济的基础。在这三种基础中，荀子主张正当的基础是道德的。在荀子这里，儒家所推崇的统治者主要是基于一种道德的正当性基础之上的，也就说，君主之权威的获得及其实践主要依据于一种道德的原则。荀子说："威有三：有道德之威者，有暴察之威者，有狂妄之威者。此三威者，不可不孰察也。礼乐则修，分义则明，举错则时，爱利则形。如是，百姓贵之如帝，高之如天，亲之如父母，畏之如神明。故赏不用而民劝，罚不用而威行，夫是之谓道德之威。"（《荀子·强国》）荀子提出的道德之威的说法，表明荀子主张政治合法性建立在道德基础之上，荀子称之为"义立而王"。他说："汤以亳，武王以鄗，皆百里之地也，天下为一，诸侯为臣，通达之属莫不从服，无它故焉，以济义矣。是所谓义立而王也。"（《荀子·王霸》）儒家主张立民为君，而君则需要遵守一种仁爱的道德实践原则。荀子说："治万变，材万物，养万民，兼制天下者，为莫若仁人之善也夫！故其知虑足以治之，其仁厚足以安之，其德音足以化之，得之则治，失之则乱。"（《荀子·富国》）将仁爱视为政治实践的根基，一直是儒家的立场。

按照道德的原则而结成的好的群体，本身是一个道德共同体。何谓道德共同体？克里斯托弗·博姆指出：

根据定义，道德共同体指的是这样的一些群体，它们的成员拥有建立在被内化的规则的基础上的是非观，结果形成了一些会影响人们的声誉进而影响到他们的道德地位的集体偏好。当群体内的所有个体都内化了同一组规则的时候，如果所有人都认为离经叛道者的反社会行为是让人感到羞耻的、可怕的或者是非常具有威胁性的，那么他们就会满怀道德情感地对他们实施社会控制，这既包括惩罚，也包括奖励。在这样一种群体生活的环境中，良心是道德指南针，它指导着个体的行为。①

将人之有"义"视为是人能够克服自己的情性欲望而结成好的人际关系的基础，因而主张将结成群体秩序的正当性基础建立在道德原则上的为荀子所期望的"善群"，正符合博姆上述对道德共同体的定义。

三、礼乐之治的实践逻辑

按照司马谈《论六家要旨》中的观点，先秦儒、道等诸子各家所共同面对和希望解决的是一个"务为治"的根本难题。按照 A.J.赫舍尔对"问题"（question）和"难题"（problem）的区分："提出一个问题（question）是一种理智的活动；而面对一个难题（problem）则是涉及整个人身的一种处境。一个问题是渴求知识的产物；而一个难题则反映了困惑甚至苦恼的状态。一个问题寻求的是答案，一个难题寻求的是解决方案。"② 按照赫舍尔的区分，"务为治"属于涉及整个人身的一种处境的难题，而一个难题寻求的是解决方案。先秦诸子各家正是针对"务为治"的难题而提出实现"为治"的各种解决方案。但正如荀子所意识到的："今诸侯异政，百家异说，则必或是或

---

① ［美］克里斯托弗·博姆：《道德的起源——美德、利他、羞耻的演化》，贾拥民、傅瑞蓉译，浙江大学出版社 2015 年版，第 132 页。
② ［美］A.J.赫舍尔：《人是谁》，隗仁莲、安希孟译，贵州人民出版社 2009 年版，第 1 页。

非，或治或乱。"（《荀子·解蔽》）就解决难题而言，最困难的不在于缺乏解决方案，而在于选择一种什么样的解决方案。针对如何实现"务为治"的难题，儒家提出了一种礼乐政治的解决方案，荀子即是这一思想的直接继承者和倡导者。

（一）礼乐之统，管乎人心

儒家政治实践的主要目的，是为了建立起伦理世界的普遍秩序。前文已经指出，儒家对秩序的理解分为三重向度，即天地的秩序、心灵的秩序和身体的秩序。这三重秩序的逻辑关系是：天地的秩序内化为心灵的秩序，心灵的秩序外显为身体的秩序。这三重秩序与礼乐精神的关系就是：天理秩序的心灵化是"乐"的精神，心灵秩序的身体化是"礼"的精神。在礼乐精神中，我们看到，虽然"天"依然是道德秩序的最高保证。但"天"之所以能成为道德秩序的最高保证，不是因为别的，而是因为"天"就是我们的生命本性。儒家通过"天命之谓性"的言说逻辑，将"天命"内化为人之自然本性，即德性；而这一德性作为一种"道德的主体性"，是显现于人心的，所以"心"就成为一切道德秩序的生命本源和最高保证。

何以"心"会成为道德秩序的最高保证？因为人类创造秩序的过程，是逐渐从把"天命"或"神的启示"视为道德秩序的最高保证的"幻觉"中走出来而实现道德理性化的过程。问题是，在这一道德理性化的过程中，我们能找到一种什么样的能够取代"天命"或"神的启示"的理性替代物？在这一问题上，儒家提供的思考是，找到那个既能体现人的真实本性同时又决定了人之所以为人而不同于一般自然之物的那个东西。就儒家而言，孔子找到的"天命"观念的理性替代物是"仁"，所以说"仁者爱人"。儒者以为，"仁"是在心中实现的，"依于仁"就是依于心。孟子最明确地点明了这一点，他说："仁，人心也。"（《孟子·告子上》）所以尽管孔子的话语体系里还保留"天命"概念，甚至有"畏天命""知天命"的说法，但孔子实际上已经把我们真正本然的"心"看作是道德秩序的最高保证，这就是孔子说的"七十而

从心，所欲不逾矩"①。最直观的理解就是，七十岁比五十岁的生命体悟境界
更高，所以，五十岁所知的"天命"并不是孔子最终的追求，孔子最终追求
的是从自己的"心"，当然这个"心"指的是真实本然的"心"，是能够作为"人
情天理合一之原"②的心。这一真实本然的心有它的真性情，这一真性情就
是心的秩序。遵从自己的真实本然的"心"，并让自己的行为（所欲）完全
出于这一心的秩序（不逾矩），"此谓诚于中，形于外"（《大学》），这正是儒
家"由乐生礼"的秩序逻辑。因为天理秩序的心灵化正是"乐"的秩序，而
心灵秩序的身体化，正是"礼"的秩序。按照儒家的逻辑，人的行为之展开
可以包括修身、齐家、治国和平天下等实践活动，而这一系列的实际活动都
是基于"正心"的，因为"心"是道德秩序的最高保证。但现实人的心又是
经常容易"放失"的，要想实现现实人能够遵从自己真实本然的"心"，进
而扩充为伦理世界的道德秩序的话，那么人心就需要对治。由此，"治人心"
就被视为是政治实践的根本途径。基于此，先秦儒家规定政治的基本责任是
"同民心而出治道"（《礼记·乐记》），所以孟子说"生于其心，害于其政"，
而儒学思想发展到荀子这里，他亦主张"礼乐之统，管乎人心"。

在先秦儒家的政治理念中，政治的根本目的在于提高人的精神品质。这
也是荀子礼乐政治的实践主旨。所以荀子提出了"乐合同，礼别异。礼乐之
统，管乎人心矣"的基本命题。之所以"管乎人心"成为礼乐政治的实践主题，
主要基于这样一种政治哲学原理：外在社会秩序的建构与稳定离不开内在心
智秩序的培育与认同。荀子把"治"的实质理解为人之内在心智秩序的培育
与塑造，以及外在行为规范的遵守与约束，并把实现"治"的关键落在人心
问题上。荀子强调政治实践的关键问题落在治理人心的问题上，是有其心性
论的考虑的。因为荀子把"善"和"恶"的问题归结为是心的"顺是"还是"逆是"
的问题。所谓"顺"还是"逆"的评价尺度是"心之所可中理"还是"心之

---

① "七十而从心所欲不逾矩"通行的句读是"七十而从心所欲，不逾矩"。笔者以为，
"七十而从心，所欲不逾矩"的句读方式，更能体现儒家把"心性"视为人之为人的道德秩序
之最高保证的意义。

② 王夫之：《船山全书》第八卷《四书训义》（下），岳麓书社 1996 年版，第 90 页。

所可失理"。由此，荀子认为，治乱的问题不是人是否有欲无欲的问题，而是"心之所可"是中理还是失理的问题。这里，"心之所可"意味着心对一种行动的指导原则的认同和实践。所以荀子说：

> 凡语治而待去欲者，无以道欲而困于有欲者也。凡语治而待寡欲者，无以节欲而困于多欲者也。有欲无欲，异类也，生死也，非治乱也。欲之多寡，异类也，情之数也，非治乱也。欲不待可得，而求者从所可。欲不待可得，所受乎天也；求者从所可，所受乎心也。所受乎天之一欲，制于所受乎心之多，固难类所受乎天也。人之所欲，生甚矣，人之所恶，死甚矣，然而人有从生成死者，非不欲生而欲死也，不可以生而可以死也。故欲过之而动不及，心止之也。心之所可中理，则欲虽多，奚伤于治！欲不及而动过之，心使之也。心之所可失理，则欲虽寡，奚止于乱！故治乱在于心之所可，亡于情之所欲。不求之其所在，而求之其所亡，虽曰我得之，失之矣。（《荀子·正名》）

荀子的人性论包含着这样的意义：人具有一种自由选择的意志①，在处理人与人的关系时，可以选择一种趋利弃义的倾向，这会导致恶，表现为为了满足自己的物质欲望而进行的争夺等坏的人际交往关系；也可以选择一种趋义弃利的倾向，这会产生善，表现为克制自己的物质欲望而进行的辞让等好的人际交往关系。而坏的人际交往关系，即是社会的乱；好的人际交往关系，即是社会的治。既然是在人际关系的治与乱的意义上谈论人的善与恶，那么，人性中所具有的情欲，虽然是恶的诱因，但其本身并不是恶。恶的出现在于人自己的心屈从了自己的自然情欲。按照荀子的观点，社会的治乱——群的问题依赖人的善恶问题的解决。就人的问题而言，荀子事实上区

---

① 柯雄文指出："对于荀子来说，伦理道德教育的基本哲学问题和借助于道的智力和意志活动的理性协调有关。给人以思想自由，他能选择接受或拒绝它的指导。"（克莱恩、艾文贺编：《荀子思想中的德性、人性与道德主体》，陈光连译，东南大学出版社2016年版，第42页。）

分了人性和心性两个层面：所谓人性，指的是人的自然情性，这是基于自然生命的生存和发展的目的而产生的生理欲望，这种生理的欲望是身体性的，对其的满足也是满足身体生理需求的一种物质性满足，如果超过了基本的需求而无限的索取，则将因为人人都陷溺于对物质的欲望和争夺之中而导致人类自己的堕落毁灭；所谓心性，指的是人心具有的一种选择向善还是向恶的自我决断能力，即面对人性的自然情欲是选择"顺是"还是"逆是"的能力，如果心顺从了自然情欲，则将"争夺生而辞让亡焉"；如果心能够对抗逆转自然情欲对人的束缚，则将"出于辞让，合于文理，而归于治"。荀子强调，治乱在根本上是人心的选择问题。从人心的角度谈政治，先秦诸子往往把政治与人心之欲望联系起来，所以有老子的"去欲"和孟子的"寡欲"。但在荀子看来，治理国家与人的欲望多寡并无根本关系，因为有欲无欲表现的是一个人的生死问题，而非国家治乱的问题。决定国家治乱兴衰的根本原因是"心之所可"到底是"中理"还是"失理"的问题。由此，荀子才主张礼乐政治是直接作用于人心的治理方式——"礼乐之统，管乎人心"。

那么，在荀子看来，心之所可的"理"，到底是一种什么意义上的理？荀子曾说："是非不乱，则国家治。"（《荀子·王制》）也就是说，心之所可中理则为"是"，心之所可失理则为"非"，所以，理是人心需要遵从的能够判断是非的根本原则或标准，是一种是非之理。既然理是衡量是非的标准，所以"理"是一种权衡。荀子说："道者，古今之正权也。"（《荀子·正名》）可见，在荀子这里，"理"即是道。荀子说："辨说也者，心之象道也。心也者，道之工宰也。道也者，治之经理也。心合于道，说合于心，辞合于说。"（《荀子·正名》）于是，心之所可正理的问题就可以进一步归结为"心合于道"的问题。那么，心所要合的是什么"道"？

首先，荀子强调说，"道"是"道者体常而尽变，一隅不足以举之"的。他说："墨子蔽于用而不知文，宋子蔽于欲而不知得，慎子蔽于法而不知贤，申子蔽于势而不知知，惠子蔽于辞而不知实，庄子蔽于天而不知人。故由用谓之道，尽利矣；由欲谓之道，尽嗛矣；由法谓之道，尽数矣；由势谓之道，尽便矣；由辞谓之道，尽论矣；由天谓之道，尽因矣。此数具者，皆道之一隅也。夫道者，体常而尽变，一隅不足以举之。"（《荀子·解蔽》）在荀子这里，道指的是秩序，其所谓"体常而尽变"的道，实质上是宇宙秩序的全体之道，就宇宙秩序而言，其表现形式是多样的，不能用一种表现形式而代表整全的道。

其次，荀子说："万物为道一偏，一物为万物一偏。"（《荀子·天论》）也就是说，万物都各自具有属于自己的道，万物之道是道的表现形式之一。就万物之道而言，荀子将天、地和人都视为是万物中的一种存在，所以宇宙秩序之道分而为天道、地道和人道，所以荀子说："天有常道矣，地有常数矣，君子有常体矣。"（《荀子·天论》）在荀子看来，天道、地道与人道共同构成了宇宙秩序的最基本的三种表现形式。

最后，荀子说："道者，非天之道，非地之道，人之所以道也，君子之所道也。"（《荀子·儒效》）亦即是说，荀子所说的"心合于道"的道是人道，因为荀子强调的是人应自觉到自身所具有的能够让自己在宇宙秩序中获得崇高位置的那些因素，并将其发挥广大出来。荀子说："君子敬其在己者，而不慕其在天者。"（《荀子·天论》）既然尊敬的是"在己"的原则，那么，按照这些原则去思想和实践的人生之路就是人道，构成人类社会的历史发展。人道就是人类历史。人道的特征不在于天，而在于它是完全属人的，是由人所创造的，也就是说，人道体现了人之为人的特殊性所在。人之为人的特殊性是什么？按照荀子对水火、草木、禽兽和人的分别，人的特殊性在于"义"，所以人道的核心原则就是"义"。"义"是从人的行动处表现人不同于水火、草木或禽兽的特殊性。此外，"义"还从人的精神处表现人的特殊性。这种精神的特殊性荀子称之为"仁知不蔽"。由此，人道的基本精神其实就是仁义之道。心所要合的"道"，就是这样一种仁义之道，其所谓"合"是在知行合一的意义上所言的合。在荀子看来，人道的实现，既需要人在精神（即思想）上自觉体知到仁义之道，又需要人在身体（即行动）上自觉体现出仁义之道。这样的"合"，就是做人，是人与自己本质在修身实践中的合一。由此，荀子在"守"的意义上谈"仁"，而在"行"的意义上谈"义"，守仁与行义实现知行合一的关键则在于"诚心"。荀子说：

君子养心莫善于诚，致诚则无它事矣，惟仁之为守，惟义之为行。诚心守仁则形，形则神，神则能化矣；诚心行义则理，理则明，明则能变矣。变化代兴，谓之天德。天不言而人推其高焉，地不言而人推其厚焉，四时不言而百姓期焉。夫此有常，以至其诚者也。（《荀子·不苟》）

荀子说人的"心"既能顺"是"，也能逆"是"，这里的"是"指的是身体的自然欲望。因而，人要做人，关键在于让自己的心能够对抗自己身体的自然欲望。荀子说："性之好、恶、喜、怒、哀、乐谓之情。情然而心为之择谓之虑。"（《荀子·正名》）既然心的选择如此关键，所以荀子主张要"大心"。他说："君子大心则敬天而道。"（《荀子·不苟》）如何"大心"？要"虚壹而静"。荀子说："人何以知道？曰：心。心何以知？曰：虚壹而静。"（《荀子·解蔽》）按照荀子的逻辑，虚一而静能够知道的心是无蔽的心。无蔽的心是诚心，是不事而自然的心。这样的"心"是圣人仁知不蔽的心。按照这个逻辑推论下去，圣人之仁知不蔽的心是圣人之真实的初心，也就是在"天之就"的性的意义上的心，可以定义为心性之心。按照荀子的逻辑，作为心性意义上的心，其性质是仁知不蔽的，既然说心性为仁知，则推论心性为善是顺理成章的事情。荀子说："圣人也者，本仁义，当是非，齐言行，不失豪厘，无它道焉，已乎行之矣。"（《荀子·儒效》）如果说连圣人都没有善的话，那么作为善之表现形式的仁义是非之观念又是如何产生的？这也就可以解释为什么荀子要说圣人是人道的标准与尺度了①。荀子说："圣人备道全美者也，是县天下之权称也。"（《荀子·正论》）又说："故天者，高之极也；地者，下之极也；无穷者，广之极也；圣人者，人道之极也。故学者，固学为圣人也，非特学无方之民也。"（《荀子·礼论》）既然圣人是人道的标准和尺

---

① 荀子说："圣人也者，道之管也。天下之道管是矣，百王之道一是矣，故《诗》《书》《礼》《乐》之归是矣。《诗》言是，其志也；《书》言是，其事也；《礼》言是，其行也；《乐》言是，其和也；《春秋》言是，其微也。故风之所以为不逐者，取是以节之也；小雅之所以为小雅者，取是而文之也；大雅之所以为大雅者，取是而光之也；颂之所以为至者，取是而通之也。天下之道毕是矣。"（《荀子·儒效》）

度，是"备道全美者"，所以圣人是至善的。人道就是礼乐文化，圣人的善就表现为礼乐文化的创造性。文化的创造性是精神活动的产物，所以圣人的善其实表现为心性的善。荀子说："是故穷则必有名，达则必有功，仁厚兼覆天下而不闵，明达用天地、理万变而不疑，血气和平，志意广大，行义塞于天地之间，仁知之极也。夫是之谓圣人。"（《荀子·君道》）荀子说圣人是"仁知之极"，而仁知是关于心性的，所谓圣人之所以为圣人在于他的心性善。所以荀子说："齐明而不竭，圣人也。"（《荀子·修身》）

荀子说："故圣人者，人之所积而致也。"（《荀子·性恶》）就圣人与常人的关系而言，一方面，荀子强调圣人与常人的区别在于圣人能够仁知不蔽，所以自觉到仁义法正而自为仁义法正，所以心性善；另一方面，又强调了常人能够成为圣人，是因为他具有实现仁义法正的"可以知之质"和"可以能之具"的存在。可见，在荀子这里，圣人与常人的区别，不在于本质上，即圣人并不是与常人在性质上有根本区别的人，而在于自己心灵的觉悟程度上：圣人之心是诚之无蔽的，而常人之心是陷溺于心术之患的。正是由于圣人之心的仁知不蔽，圣人能够自觉到自己如果顺从身体的生理欲望将导致对他人的恶，所以圣人能够反思自己的行为而克服自己的生理本能。由此，则开始了人道的创造性维度。荀子说：

> 圣人积思虑、习伪故，以生礼义而起法度，然则礼义法度者，是生于圣人之伪，非故生于人之性也……故圣人化性而起伪，伪起而生礼义，礼义生而制法度。然则礼义法度者，是圣人之所生也。故圣人之所以同于众，其不异于众者，性也；所以异而过众者，伪也。（《荀子·性恶》）

"伪"是文化创造性的意义，是人道意义上的人的历史性，是人的自由意志及其创造性活动。至善的圣人能够制礼作乐而创造出文化来教化人们，人可以被教化，则要归因于人具有可教化而向善的潜质存在，所以人是可教化的，可以通过学习积累善而成为圣人，即"涂之百姓积善而全尽谓之圣人"

（《荀子·儒效》）。由此，荀子主张人心可以被教化而合于人道。荀子的教化是在"性伪合"的意义上而言的一种教化。荀子说：

> 性者、本始材朴也；伪者、文理隆盛也。无性则伪之无所加，无伪则性不能自美。性伪合，然后成圣人之名一，天下之功于是就也。故曰：天地合而万物生，阴阳接而变化起，性伪合而天下治。天能生物，不能辨物也；地能载人，不能治人也；宇中万物、生人之属，待圣人然后分也。（《荀子·礼论》）

"性伪合"是教化的基本原则，体现了"自然"与"文化"的辩证关系。荀子说："不可学、不可事而在人者谓之性，可学而能、可事而成之在人者谓之伪。是性、伪之分也。"（《荀子·性恶》）因此，荀子的教化，既不是单向度的只强调文化的因素——文化要消灭人的自然本性，也不是单向度的只强调自然的因素——文化是为了满足人的自然本性。荀子教化思想的实质是在自然与文化之间求取中道的原则或方法论，通过这种中道的方法论而实现的生命之实相就是圣人。

基于上述原则，就教化的途径与方式而言，荀子主张一种合自然与文化而实现两者精神中道和合的礼乐教化。因为"礼"和"乐"都是人道所表现出来的最基本的途径：关于礼，荀子说："礼者，人道之极也。"（《荀子·礼论》）关于乐，荀子也说："夫乐者，乐也，人情之所必不免也，故人不能无乐。乐则必发于声音，形于动静，而人之道，声音、动静、性术之变尽是矣。"（《荀子·乐论》）可见，荀子把"礼"和"乐"都视为是通达人道之极致的基本途径，所以荀子说："故礼恭，而后可与言道之方；辞顺，而后可与言道之理；色从而后可与言道之致。"（《荀子·劝学》）在这段话里，"礼恭"是在说"礼"的，而"色从"则是说"乐"的。因为色从是"和之至"，而荀子说"乐之中和也"，可见乐的作用在于致中和，所以色从实质上是在说"乐"。由此可见，礼乐成化就是在化道。也就是说，心合于道的主要途径就是礼乐教化。礼乐教化不是依靠权力的强制，而是凭借道德的引领。杨国荣说："以道德领域而言，道德的规范不仅制约人的行为，而且对人自身走向何种形态也具有引导和规定作用。"① 在这里，人自身走向何种形态是做人的问题。做人，对儒家意味着到底是做君子还是做小人。孔子主张做人应该成为君子儒而无为小人儒，荀子也说"君子之学，以美其身；小人之学，以为禽犊"，主张为学之义在于"始乎为士，终乎为圣人"（《荀子·劝学》）。做人是通过学习的方式而实现的。柯雄文指出："人们为了行动而学习；为了根据这些知识行动而了解对的行为与善的行为。但是，学习不等同于仅仅是知识的获得，实质上更需要理解和领悟。"② 这样，"礼乐之统，管乎人心"实质上就转变为学以成人意义上的礼乐教化问题。学以成人意义上的礼乐教化问题是个体的修身问题，这也就意味着，群的问题的解决关键在于治人心，而治人心问题的实质是个体的修身问题。由此，荀子事实上接续了《大学》修身、齐家、治国、平天下的"群"之问题的解决"壹是皆以修身为本"的思想传统。

（二）乐治、礼治与法治：为治的三种方式

对于个体而言的学习，上升到国家社会治理的层面就引申为教化。个体通过礼乐修身的方式来实现自己的学以成人，而国家则通过礼乐教化的方式来实现自己提升人的精神品质的政治目的。换句话说，国家是以共同体的形式运用道德教化的途径来实现每个个体的学而上达，这是儒家德治思想的核心特征。正如杜维明所指出的，以孔子为代表的儒家所提出的"作为道德劝导的政治思想，却成为东亚政治文化的一个典型特征"③。

---

① 杨国荣：《论规范》，载陈嘉映主编：《教化：道德观念研究》，华东师范大学出版社 2009 年版，第 5 页。

② 转引自克莱恩、艾文贺编：《荀子思想中的德性、人性与道德主体》，陈光连译，东南大学出版社 2016 年版，第 41 页。

③ 杜维明：《东亚价值与多元现代性》，中国社会科学出版社 2001 年版，第 129—130 页。

治人心的主要实现方式是什么？如果说作为政治哲学的教化儒学，其实质是礼乐政治，那么，就具体的为治方式而言，礼乐政治思想发展到荀子这里，实质上已经蕴含着三种"治"的实践方式：乐治、礼治和法治。其中，乐治直指人心，法治直指人身，而礼治兼治身心。具体而言：

乐治是直指人心的一种为治方式。如荀子即认为，乐"足以感动人之善心"（《荀子·乐论》）。而《礼记·乐记》中也主张"声音之道与政通矣"认为"音之起，由人心生也，人心之动，物使之然也……乐者，音之所由生也，其本在人心之感于物也"。事实上，乐思想追问的实质问题是喜怒哀乐的"未发"与"已发"的人之性情的问题。王夫之曾说："先王以乐教人，固如朱子说，以调易人性情。抑乐之为道，其精微者既彻乎形而下之器，其度数声名亦皆以载夫形而上之道；如律度量衡，皆自黄钟生之类是也。"[1] 结合朱熹"心统性情"之观点，可见，乐治的主要内容在于"调易人性情"，所以乐治直指人心。

以荀子为代表的儒家为什么要强调一种乐治？就人而言，儒家主张心为身主，所以视、听、言、动等身体化行为都需要遵从自己的"心"，此即由孔子所提出而为儒者所追求的"从心，所欲不逾矩"之理想。要实现这样一种理想，外在身体化的行为规范必须遵从自己内在的心灵秩序，而人与人的交往秩序又是在个体的外在行为规范之基础上确立的。因此，群的交往秩序之来源究其实还是源自人心。《礼记·乐记》指出："乐也者，动于内者也。礼也者，动于外者也。故礼主其减，乐主其盈。"这意味着，外在的行为规范是礼，礼通过规范和约束人的行为而确立一种普遍适合于群体的交往秩序。但儒者同时也意识到，"礼"对人之行为的规范带有强制性、禁止性意义，所以是"减"。由此，为了避免单向度地强调"礼"而使之成为一种规训秩序的技术手段，从而异化为对人之自然性情的压制——两汉以来的以礼治为核心的名教建设其实质正是在"礼"的规训意义上发达了"礼"的规范作用，由此则带来了魏晋玄学自然精神对其的反动，所以特别强调"乐"的作用。

---

① （清）王夫之：《读四书大全说》，中华书局 1975 年版，第 2 页。

因为在儒家看来，乐与人心相通，乐的实质是快乐的心情，所以乐最能体现人的真性情。既然乐与人心相通，而儒者也相信人心能够感通，所以快乐的情感是可以互相传递、相互体验的，由此，"乐"就可以成为一种在群体范围内进行治人心的一种方式，由此也就有了政治哲学意义上的"乐治"。

法治是直指人身的一种为治方式。以法律（刑）和制度（政）的形式而落实的法治主要对治的是人的行为，即以治身为主。孔子说："导之以政，齐之以刑，民免而无耻。"（《论语·为政》）既然是"无耻"，说明在孔子看来，法的基本功用在于节制人的身体行为，而不是节制人心。

对于礼治而言，其始对治人的行为（即身），因"心为身主"，而其终则以顺人心为本，故礼能兼治身心。按照孔子非礼勿视听言动的思想，礼的直接对治对象是身，即礼最开始是一种外在的规范。郝大维、安乐哲指出："礼与身（礼通过身来表现）是儒家心目中的共同体和谐 [communal harmony]的必要条件，因为礼不仅允许，而且实际上要求个人参与它们的演习……行礼对于某人自己来说，是在沿袭形式化的行为方式的过程中来表现自己的意义。"① 但这种外在的规范在修身实践的过程中可以内化为人的心性秩序。礼治就是一个将外在的规范力量内化为人心秩序的过程。乔尔·J.考普曼曾以孩子的成长为例指出："……孩子最开始的时候是需要指导的，也需要有对于能做的事的界线的意识。当一个孩子进步很大，也表现出会成为一个天生的善良的人的时候，动力将会从外部渐渐转移到内部而发生改变，相对应的，发展也变得更受自己控制。然而，约束依旧会存在，尽管它们会更多地变成自我愿意承受的。礼在这个过渡过程中扮演了一个很重要的角色。"② 按照考普曼的说法，这个过渡过程指的是什么？是一种秩序力量由外向内的过渡过程。外在的秩序力量是客观的、被动的、约束的；内在的秩序力量是主观的、主动的、养成的。前一种力量的主要表现形式是"法治"，后一

---

① ［美］郝大维、安乐哲：《汉哲学思维的文化探源》，施忠连译，江苏人民出版社1999年版，第38页。

② 转引自克莱恩、艾文贺编：《荀子思想中的德性、人性与道德主体》，陈光连译，东南大学出版社2016年版，第91页。

种力量的主要表现形式是"乐治"，礼治则以"合外内之道"的方式将两种力量实现了贯通。所以考普曼指出："当情感和仪文被完全意识到时，礼达到最理想的状态……在外部的压力之下精通礼义的约束被转化成了内部的约束。"①

概而言之，儒家主张"心为身主"，所以治人心就被视为是教化实践的根本途径。由此，按照对治人心的直接性或间接性原则，一方面，儒家主张"礼乐刑政，其致一也"，即为治的目的和方向是一致的；另一方面，儒家实际上也按照法治（刑政）—礼治—乐治的上升逻辑而认为这三种为治方式有精神境界的差异，即乐治高于礼治，礼治高于法治。

之所以"礼治高于法治"，是因为法的精神是出于礼义的，由礼义而生法制。如荀子就说："故圣人化性而起伪，伪起而生礼义，礼义生而制法度。"（《荀子·性恶》）由此，对于儒家而言，法是包含在礼的精神中的，所以往往将礼和法等而视之。梁启超曾指出："荀子生战国末，时法家已成立，思想之互为影响者不少，故荀子所谓礼，与当时法家所谓法者，其性质实逼近。"②

之所以"乐治高于礼治"，是因为"立于礼"是为了"成于乐"，而"从心"，才能"所欲不逾矩"。儒家所谓"乐"，不仅仅指的是乐器、诗歌和舞蹈等音乐的形式，还特别指向一种发自生命天性的对纯粹自然之快乐情感的理解和体悟，而且还深入到人的伦常日用生活中并承担起一种伦理的、政治的责任，这即是"成于乐"。乐的精神是内省的、自然而然的、纯真情感的，也只有真正发自内心的、本能的、自然的情感冲动，才能保证伦理的行为不至于走向外铄、不自然和虚伪。所以孔子也说"道之以德，齐之以礼，有耻且格"（《论语·为政》）。正如陈文洁所指出的，"礼仪的设置，本质上并非为祈福免灾而取悦鬼神，而是为人的自然性情寻找一种恰当的表达方式"③，

---

① 转引自克莱恩、艾文贺编：《荀子思想中的德性、人性与道德主体》，陈光连译，东南大学出版社 2016 年版，第 93 页。

② 梁启超：《先秦政治思想史》，东方出版社 1996 年版，第 119 页。

③ 陈文洁：《荀子的辩说》，华夏出版社 2008 年版，第 33 页。

在这个意义上可以说，儒家"立于礼"的目的本质上是为了"成于乐"。正是在这样的理解中，儒者往往把"乐"的精神即自然的精神看得更高，认为与"仁"之精神最接近的是"乐"，有"仁近于乐"之说，所以有学者甚至强调"乐"的精神是高于"礼"的精神的，如刘师培说："古人以礼为教民之本，列于六艺之首。岂知上古教民，六艺之中，乐为最崇，固以乐教为教民之本哉。"[①] 徐复观说："礼乐并重，并把乐安放在礼的上位，认定乐才是一个人格完成的境界，这是孔子立教的宗旨。"[②] 宗白华也说："孔子是替中国社会奠定了'礼'的生活的……然而，孔子更进一步求'礼之本'。礼之本在仁，在于音乐精神。理想的人格，应该是一个'音乐的灵魂'。"[③]

综上所述，治人心的三种为治方式，进一步也可以归纳为"乐治"和"礼法之治"。在荀子这里，"法"是由"礼"所统摄的，而"乐"则与礼对反并列，故合而言之，则为礼乐之治。荀子认为，道德的发展是道德主体在与外部环境的互动过程中积极的建构过程。即使是孟子也看到了，如果没有外在力量的帮助，人自身包括其"先在的道德结构"是不可能展开甚至成熟的。如孟子就说："尧、舜之道，不以仁政，不能平治天下。今有仁心仁闻而民不被其泽，不可法于后世者，不行先王之道也。故曰：徒善不足以为政，徒法不能以自行。"（《孟子·离娄上》）诚如孟子所认识到的，人心之善如只是一种心灵的德性，而没有将其具体地落实为现实生活中的日用德行，这样的"善"是没有意义的，因而还需要有现实的政治实践，使规范性的内在心性与文化格局成为现实人的视、听、言、动之行为规范。所以，儒家把礼乐政治视为成就人性尊严与伟大的一种文化事业，认为政治最终凭借的是认同与说服的"道德之威"来达成一种人心的"感而遂通"，而不是凭借强力和暴力而让人恐惧服从。儒家所主张的礼乐政治是为了发挥认同与说服作用，而不是为了发挥强制与暴力作用，因而主张礼乐教化。

荀子在孔子"性相近，习相远"的命题中理解人的养成，指出道德教化

---

① 转引自孟宪承等编：《中国古代教育史资料》，人民出版社 1961 年版，第 31 页。

② 徐复观：《中国艺术精神》，华东师范大学出版社 2011 年版，第 3 页。

③ 宗白华：《美学与意境》，人民出版社 1987 年版，第 239—240 页。

的最基本原则是"敬以直内，义以方外"（《周易·坤·文言》）：在人的内在心灵中建立起精神秩序，这是"敬以直内"的乐治；在人的外在行为上建立起伦理秩序，这是"义以方外"的礼治。就基本精神和政治功能而言，荀子主张"礼者别宜"，"乐者敦和"（《礼记·乐记》），因而，礼治承担"明分"的职能，乐治承担"和一"的职能。就教化而言，礼治和乐治都是必要的。礼治的目的是通过外在的"习俗"与"制度"的途径建构一种规范行为的和谐秩序，经由对身体行为的规范，并将这种规范映射到心灵上，进而实现生命的"自觉"与"自为"。乐治的目的是通过向内的"学习"与"修身"的途径养成一种存养心灵的和谐秩序，进而实现生命的"自觉"与"自由"。这是直指人心的一种训练，是在存养人心之自然情感的基础上实现人道之正的。如果说礼治是通过塑造文化生命的行为秩序来实现道德生命在交往行为关系上的和谐秩序的话，那么乐治则是通过存养自然生命的心灵秩序来实现道德生命在文化心性结构上的和一认同。所以，儒家规定礼乐的政治责任是"同民心而出治道"（《礼记·乐记》）。

儒家礼乐政治首先试图告诉我们的是，礼乐教化实践所要建立的最高秩序是道德的秩序，而道德的秩序是完全可以按照人的观念和努力而被构建起来，即孔子所希望的"不怨天，不尤人，下学而上达"（《论语·宪问》）的自我努力。正是在这样的意义上，作为一种道德的政治，礼乐政治的基本原则是"己欲立而立人，己欲达而达人"（《论语·雍也》）。简单来说，首先让自己成为"人"，然后才能按照视他人亦为人的目的性原则去成就他人。所以季康子问政时，孔子才对曰："政者，正也。子帅以正，孰敢不正？"（《论语·颜渊》）正己即是修身，所以《大学》提出核心的实践原则"自天子以至于庶人，壹是皆以修身为本"，这也正是荀子写作《劝学》篇的原因所在。

儒家所说的礼乐教化，一方面要求人在行为过程中遵循礼乐的规范，另一方面则意味着人按照礼乐的精神塑造自我。所以，儒家的礼乐政治不是"民可使由之，不可使知之"的所谓"愚民政治"，而是"民可，使由之；不可，使知之"的"新民政治"。由此，儒家"管乎人心"为政治责任的礼乐教化思想，蕴含着这样一种政治理想：政治承担着安顿人心的重要责任，这种对人心的安顿不是依靠束缚乃至抹杀人的情感来实现的，而是以保护人的自然情感为基础的，其合理性就在于引导民众以自身的力量自觉地走上自我完善之路。而由这样一种礼乐教化思想所定义的礼乐政治，既在保有人之质朴本性的基础上生成人的内在心灵秩序，又在规范人伦关系的基础上建构人的外在行为秩序，其实质是一种遵循"名教即自然"之文质相符原则的"道德的政治"，其追求的根本政治精神则是荀子所说的"美善相乐"之精神。

（三）礼治：荀子政治哲学的逻辑起点

就思想的整体而言，荀子以"礼治"和"乐治"为自己政治哲学的两翼。以往我们对荀子政治哲学的理解主要集中在"礼法"层面，强调荀子的"隆礼重法"思想。如罗国杰先生认为："荀况政治伦理思想的'大成'和突出贡献，就是他提出的'隆礼重法'的理念，他第一次全面、深入地阐明了'隆礼'和'重法'、'德治'和'法治'必须密切结合的思想，把西周以来的治国理念提到了一个新的高度。他的这一'隆礼重法'理念，克服了过去儒家和法家在政治思想、伦理思想和'治国方略'上的'礼'、'法'对立的片面性，开创了我国政治思想和伦理思想上'礼法并重'的先河。荀况以后的儒家和法家，都不同程度地吸取了荀况'隆礼重法'的合理创见，并以此来建立自己的治国理念。"[1]

我们以为，荀子政治哲学的基本性格是礼乐政治。就为治的方式而言，"礼治"和"乐治"才构成了两种对等的治理之道，而"法治"是礼治下的具体治理原则。关于"礼"，荀子认为是反映国家政治良善与否的晴雨表："治民者表道，表不明则乱。礼者，表也。非礼，昏世也。昏世，大乱也。"（《荀子·天论》）"礼"是实现政治治理的基本方式，"礼者，政之挽也。为政不以礼，政不行矣"（《荀子·大略》）。如何做到礼治？荀子提出了"重法"、"明术"和"知势"三大原则。

---

[1]　罗国杰：《罗国杰自选集》，中国人民大学出版社2007年版，第298页。

第一，"法"主要指刑法，"凡刑人之本，禁暴恶恶，且惩其未也"（《荀子·正论》）。刑法主要是通过惩罚和禁止不义行为的发生来达到"赏行罚威"的目的："使天下生民之属皆知己之所愿欲之举在是于也，故其赏行；皆知己之所畏恐之举在是于也，故其罚威。"（《荀子·富国》）因此，刑法的核心精神是公平，必须遵循"刑称罪"的原则。就礼、法关系而言，荀子主张礼是法的"大分"。他把法看作是礼的具体展开和现实实践；把礼看作是法的基本精神，奠定了法治的道德基础。所以荀子主张"隆礼重法"。正是在这个意义上，荀子才说"不知法之义而正法之数者，虽博，临事必乱"（《荀子·君道》）。法之"义"即是礼，不知"礼"的精神，即使是刑法制定得很完备，也实现不了"治治"的政治目标。

第二，"术"主要指一种实践的辩证法，主张一种具体问题具体分析的方法论思想。针对不同的问题，荀子提出了很多的"术"，既有如何修身以成圣的"治气养心之术"（《荀子·修身》），也有如何实现群居和一的"兼术"，也有如何选贤举能以实现政治清明的"衡听、显幽、重明、退奸、进良之术"（《荀子·致士》）等等。"术"的方法论既讲具体问题具体分析，又统一于一种基本的精神。以"治气养心之术"为例，荀子提到了"血气刚强""知虑渐深""勇胆猛戾"等不同的具体情况，因而提出了"柔之以调和""辅之以道顺""节之以动止"等不同的具体方法，但最后都统一归为"礼"："凡治气养心之术，莫径由礼，莫要得师，莫神一好。"（《荀子·修身》）政治实践层面的方法论也讲统一的基本精神，这就是"服"所表达的"兼服天下之心"的精神。如何做到"心悦诚服"？荀子主张以"义"。他说："汤以亳，武王以鄗，皆百里之地也，天下为一，诸侯为臣，通达之属莫不从服，无它故焉，以济义矣。是所谓义立而王也。"（《荀子·王霸》）

第三，"势"，荀子虽然多在政治权势的意义上使用，但也把"势"理解为一种规律性的力量，如说："故马鸣而马应之，非知也，其势然也。"（《荀子·不苟》）由此，荀子特别强调"势"作为一种实现"善群"的社会发展规律的地位和作用。生存与发展的命运决定了人不能随意地放纵自己的欲望，而是需要结合成为一种有道德的规范群体生活，这是人心之"辨"的理性认识能力所认识到的，也是人心认同的一种社会发展规律。

　　荀子主张礼乐政治，但为什么其论证的重心则放在"隆礼重法"上？这是因为，在实践上，礼治是贯通法治和乐治的一种中道方法。为什么"礼治"能够兼备"法治"与"乐治"的精神而实践之？因为礼是上承乐而下启法。所谓礼上承乐，指的是"礼"的完成意味着"乐"的开启，即孔子说："兴于诗，立于礼，成于乐。"礼何以能上承？荀子说："礼以顺人心为本，故亡于礼经而顺于人心者，皆礼也。"（《荀子·大略》）所以乐治的基本作用，礼治也相应地能够承担起和发挥着一部分的功能。所谓礼下启法，指的是"礼"是"法"的精神，如荀子说："礼者，法之大分、类之纲纪也。"（《荀子·劝学》）所以，法的基本作用，礼也能相应地承担起和发挥着一部分的功能。就思想精神而言，如果说法治在于彰显人的"文化"精神，乐治在于彰显人的"自然"精神，那么，礼治以规范视听言动的方式而规范心，则兼备"文化"与"自然"之精神。正因为如此，作为主客精神之统一的人的实践，就政治实践而言，其逻辑起点为礼治。既然乐的精神和境界高于礼，就具体的实践而言，其逻辑基本上是由下而上达的，因此礼治是先于乐治而成为政治实践之逻辑起点。荀子说："礼恭，而后可与言道之方。"又说："礼义者，治之始也。"这正是我们判定荀子思想的基本性格为礼乐政治，而认为其论述的重点却落在礼义之统的原因所在。

第五章 《大学》：为学工夫纲目

通过自我反思，孔子认识到让自己实现道德生命之超拔的，不是因为天赋予自己超越他人的品德，而是因为自己能够"学而不厌"。正如他自己说的："十室之邑，必有忠信如丘者焉，不如丘之好学也。"（《论语·公冶长》）所以在解读《论语》时，我们提出"学为儒家之纲领"的观点。孔门弟子将《论语》中夫子论"学为儒家之纲领"思想进一步凝练与发挥为《大学》一篇。诚如二程所说："《大学》乃孔氏遗书，须从此学则不差。"[①]《大学》是孔子论"为学"工夫的纲领性文件。

一、《大学》之规模

《大学》是对作为儒家之纲领的"学"的思想内涵与工夫路径的进一步解释，包括对"学什么"、"学的目标是什么"以及"如何学"等问题的直接回答。所以朱熹引程颐的话并发挥说："子程子曰：'《大学》，孔氏之遗书，而初学入德之门也。'于今可见古人为学次第者，独赖此篇之存，而《论》、《孟》次之。学者必由是而学焉，则庶乎其不差矣。"[②]可见，朱熹认为《大学》在儒家经典系统中具有作为"初学入德之门"的方法论意义。

---

① （宋）程颢、程颐：《二程集》，中华书局 1981 年版，第 18 页。

② （宋）朱熹：《四书集注》，凤凰出版社 2005 年版，第 4 页。

（一）作为方法论的《大学》

《大学》在先秦儒家的经典文献系统中具有方法论的地位。宋明以来的儒者对"四书"有所谓为学次序的判断，依此顺序去学习"四书"才能收到事半功倍的效果。这一顺序比较通行的说法是《大学》《论语》《孟子》《中庸》。关于"四书"的为学次序，二程较早地谈及这一问题。如朱熹就指出："故河南程夫子之教人，必先使之用力乎《大学》《论语》《中庸》《孟子》之书，然后及乎'六经'。盖其难易、远近、大小之序固如此而不可乱也。"① 尽管二程的这一论断对朱熹影响很大，但朱熹对"四书"为学次序的解释与二程略有差别。朱熹说：

> 某要人先读《大学》，以定其规模；次读《论语》，以立其根本；次读《孟子》，以观其发越；次读《中庸》，以求古人之微妙处。《大学》一篇有等级次第，总作一处，易晓，宜先看。《论语》却实，但言语散见，初看亦难。《孟子》有感激兴发人心处。《中庸》亦难读，看三书后，方宜读之。②

程颐和朱熹对《四书》有这样一种为学次序的判断。尽管两人在《中庸》与《孟子》孰先孰后上有细微的差别，但都强调儒学的"初学入德之门"在《大学》，视《大学》为一讲为学工夫的方法论著作。

朱熹之后，王阳明也以《大学》为学习儒学最好的方法论著作。据王阳明的弟子钱德洪记载："吾师接初见之士，必借《学》、《庸》首章以指示圣学之全功，使知从入之路。"③ 按照王阳明自己的说法，"子思扩《大学》一

---

① （宋）朱熹：《晦庵先生朱文公文集卷八十二·书临漳所刊四子后》，载《朱子全书》第 24 册，上海古籍出版社、安徽教育出版社 2002 年版，第 3895 页。

② （宋）黎靖德编：《朱子语类》卷第十四，中华书局 1986 年版，第 249 页。

③ （明）王阳明：《大学问》，载《王阳明全集》下册，上海古籍出版社 1992 年版，第 967 页。

书之义，为《中庸》首章"①，则王阳明主要还是以《大学》接初见之学者，因为他认为《大学》涵括了儒学的基本思想规模（圣学之全功），能使人知道"从入之路"。所谓"从入之路"，事实上即把《大学》视为一种学习儒学的方法论经典。

牟宗三亦曾指出《大学》在先秦儒家经典系统中具有方法论的意义，他认为这是一个探究实践之纲领的文本。牟宗三说：

> 宋明儒是把《论》《孟》《中庸》《易传》与《大学》划为孔子传统中内圣之学之代表。此五部经典，就分量方面说，亦并不甚多。但此中当有辨。据吾看，《论》《孟》《中庸》《易传》是孔子成德之教（仁教）中其独特的生命智慧方向之一根而发，此中实见出其师弟相承之生命智慧之存在地相呼应。至于《大学》，则是开端别起，只列出一个综括性的、外部的（形式的）主客观实践之纲领，所谓只说出其当然，而未说出其所以然。②

牟宗三对《论》、《孟》、《中庸》、《易传》与《大学》的分判，意在说明宋明儒之大宗实以《论》《孟》《中庸》《易传》为主，只有程颐、朱熹以《大学》为中心，由此对宋明儒进行了判教。牟宗三的判教指出了一个非常重要的观点，即《大学》在儒家经典系统中具有确定实践之纲领的方法论意义。实践之纲领是由思想之规模所确立的，牟宗三和朱熹的观点其实殊途同归，都是把《大学》看作是为学方法论的经典文献。

因为《大学》是讲为学工夫的方法论著作，所以在朱熹等儒者看来，就应该成为学者们最先讲习的一部文献。他说："熹尝闻之师友，《大学》一篇乃入德之门户，学者当先讲习，知得为学次第规模，乃可读《语》、《孟》、《中庸》。先见义理根原体用之大略，然后徐考诸经以极其趣，庶几有得。盖

---

① （明）王守仁撰，王晓昕译注：《传习录译注》，中华书局 2018 年版，第 81 页。
② 牟宗三：《心体与性体》（上），吉林出版集团有限责任公司 2013 年版，第 19—20 页。

诸经条制不同，功夫浩博，若不先读《大学》、《论》、《孟》、《中庸》，令胸中开明自有主宰，未易可遽求也。"①其实就方法论而言，既可以选择最先讲习，亦可以选择在对儒家思想具有一定了解的基础上再讲习，这不同的选择取决于诠释者对《大学》在儒家经典系统中的地位认识的差异。如牟宗三所说，程朱一系认为作为为学工夫方法论的《大学》对于其理学系统具有本质的作用，故以《大学》为主而决定《论》《孟》《中庸》《易传》；而宋明儒之大宗则将《大学》上提于《论》《孟》《中庸》《易传》，而以《论》《孟》《中庸》《易传》决定或规范《大学》。②换言之，按牟宗三的说法，程朱一系与宋明儒之大宗的区别在于，程朱一系以工夫方法论决定思想本体论，而宋明儒之大宗则以思想本体论规定工夫方法论。与朱熹在"四书"系统中和牟宗三在《论》《孟》《中庸》《易传》《大学》的"五书"系统中疏通理解《大学》的逻辑不同，我们是在《论语》《孟子》《荀子》《大学》《中庸》的"五书"系统中理解《大学》在儒家经典体系中的地位问题。我们的理解逻辑是从《论语》确立"学"为孔门第一义谛开始，由分析孟子和荀子的思想最终都落实在劝学上，而主张"学"为儒学之纲领，在此理解基础上进一步追问"学"的"纲领旨趣"和"条目工夫"等问题，自然将我们对儒家经典的理解眼光由《论语》《孟子》《荀子》转向《大学》。

（二）《大学》的思想主旨

《大学》的思想主旨是什么？朱熹在《大学章句序》中说：

> 大学之书，古之大学所以教人之法也。盖自天降生民，则既莫不与之以仁义礼智之性矣。然其气质之禀，或不能齐，是以不能皆有以知其性之所有而全之也。一有聪明睿智能尽其性者出于其间，则天必命之以

---

① （宋）朱熹：《晦庵先生朱文公文集卷二十六·与陈丞相别纸》，载《朱子全书》第21册，上海古籍出版社、安徽教育出版社2002年版，第1180页。

② 参见牟宗三：《心体与性体》（上），吉林出版集团有限责任公司2013年版，第19—20页。

为亿兆之君师，使之治而教之，以复其性。此伏羲、神农、黄帝、尧、舜所以继天立极，而司徒之职、典乐之官所由设也。①

按照朱熹的理解，《大学》阐述的是一种以教人复其性为目的的学习方法论。朱熹把复其性的人称之为大人，所以界定说："大学者，大人之学也。"② 朱熹的这种界定是比较符合儒学真义的。明末清初时的儒家思想家潘平格，尽管对朱熹的《大学》诠释思想有很尖锐的批评，一方面强调说"《大学》，求仁全书也"③，但另一方面也说"孔门之学，以求仁为宗。仁，人性也。求仁，所以复性也"④，也是以教人复性为《大学》的宗旨。如果我们把"性"的内涵理解为人之为人的规定性的话，那么复性指的就是人能遵从自己内在的生命律令而行动。

何以朱熹会以实现复性的人为"大人"？就思想渊源而言，可以追溯到孔子的"君子三畏"思想，即"畏天命，畏大人，畏圣人之言"（《论语·季氏》）。由这句话可见，孔子把天命、大人和圣人放在同一层次上进行言说。这里所谓的"同一层次"指的是天命、大人和圣人都是秩序的制定者和保证者，都是君子所"敬畏者"。正如赫舍尔所指出的，"畏"是对比自身更伟大的意义的洞察，因而，敬畏不只是一种感情，也是一种理解方式。他说："敬畏是对万物尊严的直观，是认识到事物不仅是它现存的样子，而且代表着某种最高的东西，不管它们多么遥远。敬畏是对超然性的辨识，是处处以超越万物的奥秘为参照。它使我们在世界中感到神的暗示，使我们在微小的事物中看到无限的意义露出端倪，使我们在普通而简单的事物中看到终极，在匆匆的流逝中看到永恒的静止。我们用分析的方法不能够理解的，却能通过敬畏来认识。"⑤

---

① （宋）朱熹：《四书集注》，凤凰出版社 2005 年版，第 1 页。

② （宋）朱熹：《四书集注》，凤凰出版社 2005 年版，第 4 页。

③ （清）潘平格：《潘子求仁录辑要》，中华书局 2009 年版，第 54 页。

④ （清）潘平格：《潘子求仁录辑要》，中华书局 2009 年版，第 1 页。

⑤ ［美］A.J. 赫舍尔：《人是谁》，隗仁莲、安希孟译，贵州人民出版社 2009 年版，第 61—62 页。

按照赫舍尔的看法，敬畏是对超然性的辨识，是对无限意义的认识。这意味着，敬畏的对象具有本体论的特征。在孔子这里，当君子以敬畏的方式认识天命、大人和圣人之言时，天命、大人和圣人之言也具有本体论的特征，是原初道德秩序的形象代表。事实上，从孔子开始，大人之"大"，主要不再指一个人具有较高的社会地位或政治地位，而是代表了道德秩序原初形象的伟大，即作为一个挺立于天地之间并贯通天地的"大写"的人。

"大人"概念由社会、政治意义向道德、生命意义的转化在孟子思想获得了进一步的发展。在孟子这里，"大人"概念以及与之对应的"小人"概念，已不再被看作是具有不同道德水平的两类人，而是指一个人塑造自己的人格时所实现的两种可能性，这意味着，"大人"成为代表理想人格的范畴。在谈到"小人"与"大人"之别时，孟子将小大之辨看作是一个人因动机不同而导致发展为不同人格之间的差异。

> 孟子曰："人之于身也，兼所爱。兼所爱，则兼所养也。无尺寸之肤不爱焉，则无尺寸之肤不养也。所以考其善不善者，岂有他哉？于己取之而已矣。体有贵贱，有小大。无以小害大，无以贱害贵。养其小者为小人，养其大者为大人。今有场师，舍其梧槚，养其樲棘，则为贱场师焉。养其一指，而失其肩背而不知也，则为狼疾人也。饮食之人，则人贱之矣，为其养小以失大也。饮食之人无有失也，则口腹岂适为尺寸之肤哉？"

公都子问曰："钧是人也，或为大人，或为小人，何也？"孟子曰："从其大体为大人，从其小体为小人。"曰："钧是人也，或从其大体，或从其小体，何也？"曰："耳目之官不思，而蔽于物，物交物，则引之而已矣。心之官则思，思则得之，不思则不得也。此天之所与我者，先立乎其大者，则其小者不能夺也。此为大人而已矣。"（《孟子·告子上》）

据上文可以看出，孟子由区分自己的"体有贵贱"而表明生命方向具有不同的可能性。这样，小人与大人变成了一个人在"养"自己时因动机不同而成就的不同人格之间的差异。这是孟子的小大之辨。所以孟子提出了"养大体""先立乎其大"的主张，主张"养其大者"方能为大人。那么，如何"先立乎其大"呢？《大学》的"大学之道"正可看作是对孟子问题的回答，所以朱熹说"大学者，大人之学也"。

前文指出《大学》是儒家的方法论文献，这从开篇就说"大学之道"可以看出。"道"在这里具有教导、引导的方法论意义，因为"道"标示了方向。走向这个方向的道路就是途径，而途径则意味着方向已经明晰。大学之道传授给我们的并不是一种儒者们总结出来的确定性的知识——例如，正因为不确定，所以才有朱子学与阳明学在理解《大学》内涵上的差异——而是传授一种方法，或者说是一条如何思考的道路，一种看待问题和解决问题的思维方式。孔子的"畏大人"向我们提出了成为大人的实践要求。这种实践从传习《大学》开始。程颐说："《大学》，孔子之遗言也。学者由是而学，则不迷于入德之门也。"[1]《论语》中孔子确立了儒家的纲领是"学习"，学习不仅仅是获得有关事物的确定性知识，更是获得一种看待问题和解决问题的思维方法。《大学》之道正是在教导我们这样一种思想方法。为什么大学之道首先提供的是方法？因为《大学》所要解决的问题是每个个体在具体的情境中所直面的现实性问题。当我们自己去思考自己的问题时，我们会发现没有任何普遍的回答对我们来说是直接有效的——这也正是为什么孔子针对不同弟子的相同问题却会有不同回答的原因所在。虽然我们必须重新走我们的前辈们已经走过的路，但我们并不是原样照搬，而是要以自己体认的方式去独自思索方能有所收获。任何人都可以走上儒家的这条路，但任何人在这条路上看到的风景和体验到的情感都是不一样的。所以程、朱的道问学路与陆、王的尊德性路代表了不同的人生体验。大学之道的目的是为了改变投身到解决生命问题这一任务的个体的思维方式及其观念，即直面的是"己"本身，所以《大学》中说"自天子以至于庶人，壹是皆以修身为本"。之所以大学之道还能导引个体走向"齐家治国平天下"的为了普遍问题和整体利益而进行

---

① （宋）程颢、程颐：《二程集》，中华书局 1981 年版，第 1204 页。

的事业，则是基于"推己及人"的原则。推己及人的原则之所以能够有效，则是因为儒家所直面的"己"的问题其实质是"人"的问题。儒家探究的是人的问题，是组成人类这一整体概念的一个一个的具体的个体之"己"之所以为人的问题所在。

《大学》提供了关于解决什么问题的方法论？概言之，是如何成为大人的方法论，所以称为"大学之道"。大学的"道"，就是一条如何成为大人的道路。成为大人的道路是一个人的修身过程。杜维明先生指出，《大学》呈现的是这样一种修身哲学：

> 《大学》所呈现的是步步扩展、层层深入的一种修身哲学。如果用一种形象的语言，就是我们可以想象，《大学》所体现的人文精神是一个逐渐向外扩展的同心圆，这个同心圆的外圆应该是开放的；从个人到家庭、到社会、到国家、到世界，乃至到人类的群体、宇宙，它是向外扩展的；同时，它层层深入，由我们的心知，到我们的灵感，再到我们的神明，就像陆象山说的，这个人文精神，一方面向外扩展，一方面向内深入。也就是孟子说的"掘井汲泉"，尽量在我们存在的条件之中向内发掘，一直要碰到一个能够向外通的源头活水。[1]

儒家的"大人"是"与天地合其德，与日月合其明，与四时合其序，与鬼神合其吉凶。先天而天弗违，后天而奉天时"（《周易·文言》）的一种理想人格。这种大人人格，也是如艾伦·布卢姆所说的，"他们会成为人类运用自己的伟大才智的典范，从而也能使我们大家受益，这并不取决于他们做了什么，而取决于他们是什么人。缺了他们（也许应该补充说，缺了他们值得敬重的表现），没有哪个社会能被称为文明社会，不管它多么富裕，多么舒适，也不管它有多么精湛的技术或多么温情脉脉"[2]。

---

① 杜维明：《儒家传统与文明对话》，彭国翔编译，河北人民出版社 2006 年版，第 10 页。

② [美]艾伦·布卢姆：《美国精神的封闭》，战旭英译，译林出版社 2007 年版，第 3 页。

　　大学之道也是对《论语》的"下学而上达"之精神的方法论阐释。如果我们接受人完全有必要通过学习而实现自我提升的话，那么，我们自然会追问这一问题：如何教人实现自我的提升？这意味着要教给他们一种自己实现提升自己的方法或途径。人的提升如何理解？是知识的储备？还是思维方式的观念变革？如何实现自我的问题是一个东西方哲人经常遭遇的普遍性问题。先秦诸子也意识到这一普遍性问题。儒学之所以为儒学，不是因为它发现了特殊性的哲学问题，而是因为它选择以自己特有的方式去解决人类所面临的共同问题。因此，区分思想的，永远不是思想所试图解决的问题，而是解决这些问题所采取的方法。而决定对同一问题采取不同方式方法的，也不是因为问题发生了变化，而是思考问题的思维方式不同。儒学在理解和解决人的问题上提供了一种独特的思维方式，这是它让自己跟其他思想实现区别的关键所在。随着人的成长，人对自己所困惑的问题的理解也在不断的深化和拓展中。这个不断深化和拓展的过程其实就是所谓的哲学史的过程，体现了理解和解决问题的思维方式也在不断地深化和拓展，乃至转型。所以，在某种意义上，我们可以把儒学理解为解决人的问题的一种思维方式。为了更深刻地理解问题和提供更好的解决问题的方法，我们需要不断地深化乃至转型我们的思维方式，而要深化和转型我们的思维方式，就需要不断地学习。对于成为大人而言，同样需要学习，而学习是有方法的。朱熹在《大学章句序》中说："而此篇者，则因小学之成功，以著大学之明法，外有以极其规模之大，而内有以尽其节目之详者也。"[①] 所谓极其规模之大者，指的是《大学》之三纲领；所谓尽其节目之详者，指的是《大学》之八条目。《大学》三纲领与八条目统摄于儒家的"学以成人"思想主题。"学以成人"的观点体现了儒家的这样一种理解：每个人的生活和幸福都是珍贵的，却也都需要由每个人自己去追求和实现，所以是"自天子以至于庶人，壹是皆以修身为本"。

　　这样，《大学》事实上引领我们自己去追问自己的"大学之道"是什么。

---

　　① （宋）朱熹：《四书集注》，凤凰出版社2005年版，第2页。

通过重走儒学先辈们已经走过的路，我们是否能尝试从某种全新的但却是最符合自身的视角去开始一段"大人之学"的新路程呢？大学之道意味着每一个现实的活生生的个体生命对生命问题的独立思考，但这种独立思考是可以建立在一个非常丰富的儒学传统上的。曾子曾提出"传习"的省身要求，而大学之道就是在阐释如何"传习"的问题。"传"是儒家先辈们已经获得的对生命问题所做的根本思考而形成的回答。这些回答并不会取消生命问题，相反甚至有可能让这些问题变得更加复杂，正如西班牙哲学家费尔南多·萨瓦特尔所说的："哲学回答不能解决现实中的问题（尽管某些时候的某些哲学家自以为解决了），它们毋宁说是培育了问题，突出了问题的本质，并帮助我们继续追问下去，使我们一次比一次问得更好，使我们能够与追问永久性地和谐共存。因为，如果人不是一种能够追问的动物，一种能够继续不断地对任何一种可想象的回答进行进一步追问的动物，人又能够是什么呢？"①所以，我们只是沿着传下来的对生命问题的各种回答所开启的各种可能性道路，不断独立地思考和探索（习）那条属于我们自己的道路罢了。这也正是孔子"人能弘道"的意义所在。

（三）《大学》的思想规模

何以《大学》在儒家经典系统中获得了方法论的地位？因为《大学》讲学以成人的工夫论，是为儒学"定其规模"而"指示圣学之全功"的。《大学》所确定的儒学规模，既包括直面自己的道德修养之学，也包括面向他人的道德实践之学，合而言之即孔子所谓的修己安人之学，后儒则概括为"内圣外王"。这一思想规模直接呈现在《大学》的三纲领与八条目中。所以，当有弟子问《大学》大意时，朱熹说："《大学》是修身治人底规模。"②王夫之说："《大学》之道，明德以修己，新民以治人，人道备矣，而必审之曰'止于至

---

① 〔西班牙〕费尔南多·萨瓦特尔：《哲学的邀请》，林经纬译，北京大学出版社2014年版，第15页。

② （宋）黎靖德编：《朱子语类》卷第十四，中华书局1986年版，第250页。

善'。"① 刘述先也指出，"内圣外王"一词虽最早见于《庄子·天下篇》，但它更适合于表达儒家的理想，《大学》所谓"三纲领""八条目"正是宣说这样的理想。②

朱熹曾指出他读《大学》的目的就在于"定其规模"。《大学》的思想规模，朱熹通过划分"经""传"的方式进行了建构。朱熹把《大学》篇章结构分为"经"1 章和"传"10 章。对于"传"，朱熹说："凡传十章：前四章统论纲领指趣，后六章细论条目工夫。其第五章乃明善之要，第六章乃诚身之本，在初学尤为当务之急，读者不可以其近而忽之也。"③《大学》所确立的思想规模主要包括"纲领旨趣"和"条目工夫"两方面。这两方面的具体内容在传 10 章中得到了详细的阐释。传 10 章又是由经 1 章所统摄的。在《大学》首章中，朱熹概括了"三纲领"与"八条目"。朱熹指出，"明明德""亲民""止于至善"是《大学》之三纲领。就三者关系而论，朱熹认为，"止于至善"是对"明明德"与"亲民"的共同要求。他说："止者，必至于是而不迁之意。至善，则事理当然之极也。言明明德、新民，皆当至于至善之地而不迁。"④ 显然，朱熹是将"皆当至于至善之地而不迁"看作是对"明明德"与"亲民"两大纲领的共同要求。朱熹还指出，"格物""致知""诚意""正心""修身""齐家""治国""平天下"是《大学》的八条目，并且认为，这"八条目"与"三纲领"有对应关系：格物、致知、诚意、正心、修身是"明明德之事"，即表现为个体道德修养的内圣之学；齐家、治国、平天下是"新民之事"⑤，即在人伦关系打开的道德实践之外王学。可以说，三纲领的旨趣与八条目的工夫共同建构了儒学之内圣外王的思想规模。

内圣外王思想的问题意识则源于如何解释身心、群己关系的问题。张灏

---

① （清）王夫之：《张子正蒙注》，中华书局 1975 年版，"序论"第 2 页。

② 刘述先：《论儒家"内圣外王"的理想》，载《理想与现实的纠结》，吉林出版集团有限责任公司 2011 年版，第 113 页。

③ 朱熹：《四书集注》，凤凰出版社 2005 年版，第 14 页。

④ 朱熹：《四书集注》，凤凰出版社 2005 年版，第 5 页。

⑤ 朱熹认同程颐"亲，当作新"的观点，主张"亲民"即"新民"。

指出，儒家德性伦理的核心是"四书"中《大学》所强调的三纲领、八条目，他称之为"大学模式"。这一模式包括两组理想：一，儒家的人格理想——圣贤君子；二，儒家的社会理想——天下国家。① 人格理想的实现属于个体道德修养问题，主要解决的是身心冲突，即孟子所谓"从其大体"抑或"从其小体"的问题。社会理想的达成，则需要解决我与他者的冲突而建构一良好的群体秩序问题。概言之，"内圣外王"所要解决的主要问题是身心、群己的关系问题，具体而言："明明德"是在身心关系中进行修身的实践，而"亲民"是在群己关系中构建善群的实践。

"明德"与"亲民"之间是怎样的关系？《大学》中有"物有本末，事有终始，知所先后，则近道矣"的说法，朱熹认为这一说法解释了"明德"与"新民"之关系，即"明德为本，新民为末。知止为始，能得为终"。② 朱熹以本末思维解释两者之关系。王夫之继承了这一说法。他说："故大学之道，以明德者推广之新民，而云'明德为本，新民为末'。末者，本之所生也。"③ 但朱熹论明德有"全体大用"之说法，与弟子讲学时也曾说："明德是直指全体之妙，下面许多节目，皆是靠明德做去。"④ 这显然是以"明明德"为体，而以"亲民"等为明德之作用的展开。王夫之说本末思维时，是从"理一分殊"思维而来的："且《大学》之教，理一分殊。本理之一，则众善同原于明德，故曰'明德为本'。因分之殊，则身自有其身事，家自有其家范，国自有其国政，天下自有其天下之经。本统乎末，而舍本向末，茎条枝叶之不容夷也。"⑤ 这意味着，在朱熹、王夫之等的思想中，本末、体用思维是一回事。但我们认为，体用思维不能简单地等同于本末思维⑥。本末思维主要思

---

① 张灏：《中国近代思想史的转型时代》，载许纪霖、宋宏编：《现代中国思想的核心观念》，上海人民出版社 2010 年版，第 8 页。

② （宋）朱熹：《四书集注》，凤凰出版社 2005 年版，第 5 页。

③ （清）王夫之：《读四书大全说》，中华书局 1975 年版，第 52 页。

④ （宋）黎靖德编：《朱子语类》卷第十四，中华书局 1986 年版，第 261 页。

⑤ （清）王夫之：《读四书大全说》，中华书局 1975 年版，第 48 页。

⑥ 笔者曾在《唐宋〈老子〉注诠释宗旨的转型研究》（《兰州学刊》2013 年第 11 期）一文中探讨了"体用"与"本末"思维的异同问题。

考的是事物的主要部分与次要部分之间的关系问题，是在整体与部分的逻辑中实现对事物的理解。而体用思维主要思考的是事物的本质与现象的关系问题，是在本质与现象的逻辑中实现对事物的理解。整体与部分的逻辑与本质与现象的逻辑是存在着差异的。

王阳明曾对本末思维有所批评。据《大学问》记载，钱德洪问王阳明："物有本末：先儒以明德为本，新民为末，两物而内外相对也。事有终始：先儒以知止为始，能得为终，一事而首尾相因也。如子之说，以新民为亲民，则本末之说亦有所未然欤？"王阳明则回答说：

> 终始之说，大略是矣。即以新民为亲民，而曰明德为本，亲民为末，其说亦未为不可，但不当分本末为两物耳。夫木之干，谓之本，木之梢，谓之末，惟其一物也，是以谓之本末。若曰两物，则既为两物矣，又何可以言本末乎？新民之意，既与亲民不同，则明德之功，自与新民为二。若知明明德以亲其民，而亲民以明其明德，则明德亲民焉可析而为两乎？先儒之说，是盖不知明德亲民之本为一事，而认以为两事，是以虽知本末之当为一物，而亦不得不分为两物也。①

按王阳明的分析，本末思维存在着分本末为两物的倾向，因此以本末思维解释"明德"与"亲民"之关系并不恰当。他自己的思维方式则主要是体用论的，他说："明明德者，立其天地万物一体之体也。亲民者，达其天地万物一体之用也。故明明德必在于亲民，而亲民乃所以明其明德也。"②这即是说，内圣与外王之间具有一种体用的思维逻辑：内圣是外王的基础和根据，外王是内圣的实践和表现。

《大学》的内圣外王之道本身具有政治哲学的特质。在谈到政治哲学的

---

① （明）王阳明：《大学问》，载《王阳明全集》下册，上海古籍出版社 1992 年版，第 970 页。

② （明）王阳明：《大学问》，载《王阳明全集》下册，上海古籍出版社 1992 年版，第 968 页。

知识领域时，列奥·施特劳斯指出："政治哲学这个知识领域，一方面包括道德哲学，另一方面包括狭义的政治学。"① 按照施特劳斯对政治哲学的界定，儒家的"内圣外王"学正好涵盖了这一知识领域：明明德的内圣之学是一种道德哲学，而亲民的外王学属于政治学。其中，"明明德"是以人为本追问政治价值问题，而"亲民"是以人为本追问政治实践问题。《大学》提出了儒家理解政治问题的一种基本范式。

二、《大学》之纲领

纲举才有目张。相较于条目工夫，纲领的确立则显得尤为重要。因为纲领指示着实践的方向。《大学》的"三纲领"在儒学的思想景观中具有"坐标"的意义。

（一）明明德

"明明德"范畴由动词性的"明"与名词性的"明德"两个概念组成，在思想上则包括两个基本问题：一，明德是什么？二，如何"明"？

"明德"是什么？《大学》并未给出直接的答案，宋明理学兴起后则有以"理"释"明德"与以"心"释"明德"的两种诠释路向。

以"理"释"明德"的代表人物是朱熹。朱熹在他的《大学章句》中解释说：

> 明德者，人之所得乎天，而虚灵不昧，以具众理而应万事者也。但为气禀所拘，人欲所蔽，则有时而昏；然其本体之明，则有未尝息者。

---

① ［美］列奥·施特劳斯：《霍布斯的政治哲学》，申彤译，译林出版社 2012 年版，第7页。

故学者当因其所发而遂明之，以复其初也。①

朱熹定义"明德"具有三个特征：一，"人之所得乎天"；二，"虚灵不昧"；三，"以具众理而应万事者"。具体而言：

第一，"人之所得乎天"这一特征是从来源上界定的，实质上是规定"明德"为"性"。朱熹在解《中庸》"天命之谓性"时说："命，犹令也。性，即理也。天以阴阳五行化生万物，气以成形，而理亦赋焉，犹命令也。于是人物之生，因各得其所赋之理，以为健顺五常之德，所谓性也。"② 在解《大学》"天之明命"时说："天之明命，即天之所以与我，而我之所以为德者也。"③ 结合朱熹这两段解释可见，"明德"是"天之所以与我，而我之所以为德者"的意思，指的正是"性"。但王夫之以为，朱熹是从心而非性上讲"明德"的。人之得于天而为人之所以为人的那个东西，是"性"，专属于人了则是"德"。

第二，"虚灵不昧"这一特征是从自身状态而言的，实质上定义"明德"表现一种本性明觉不惑的状态。关于"虚灵不昧"，王夫之解释说："'虚'者，本未有私欲之谓也。'不昧'有初终、表里二义：初之所得，终不昧之；于表有得，里亦不昧。只此三义，'明'字之旨已尽，切不可以光训'明'。"④ 显然，明觉不惑描述的是人之"初"的状态是"无有私欲""曲折洞达而咸善"以及"初终表里"如一。以"虚灵不昧"作"明德"的摹状词，意味着"明德"具有先验不惑性质而成为经验生活中是非善恶的判断者。

第三，"以具众理而应万事者"这一特征是从内容上说的，定义"明德"的内容为"理"。这是由朱熹"性即理"的思想所决定的。朱熹主张"性即理"，又主张"心统性情"，心之本体即是"性"，亦即"理"。当朱熹以"明德"为心之本体时，明德即是性，亦即是理。

① （宋）朱熹：《四书集注》，凤凰出版社 2005 年版，第 4—5 页。
② （宋）朱熹：《四书集注》，凤凰出版社 2005 年版，第 18 页。
③ （宋）朱熹：《四书集注》，凤凰出版社 2005 年版，第 5 页。
④ （清）王夫之：《读四书大全说》，中华书局 1975 年版，第 3 页。

以"心"释"明德"的代表人物是王阳明。当钱德洪问:"敢问大人之学何以在于明明德"时,王阳明解释说:

> 大人者,以天地万物为一体者也,其视天下犹一家,中国犹一人焉。若夫间形骸而分尔我者,小人矣。大人之能以天地万物为一体也,非意之也,其心之仁本若是,其与天地万物而为一也。岂惟大人,虽小人之心亦莫不然,彼顾自小之耳。是故见孺子之入井,而必有怵惕恻隐之心焉,是其仁之与孺子而为一体也;孺子犹同类者也,见鸟兽之哀鸣觳觫,而必有不忍之心焉,是其仁之与鸟兽而为一体也;鸟兽犹有知觉者也,见草木之摧折而必有悯恤之心焉,是其仁之与草木而为一体也;草木犹有生意者也,见瓦石之毁坏而必有顾惜之心焉,是其仁之与瓦石而为一体也;是其一体之仁也,虽小人之心亦必有之。是乃根于天命之性,而自然灵昭不昧者也,是故谓之"明德"。小人之心既已分隔隘陋矣,而其一体之仁犹能不昧若此者,是其未动于欲,而未蔽于私之时也。及其动于欲,蔽于私,而利害相攻,忿怒相激,则将戕物圮类,无所不为,其甚至有骨肉相残者,而一体之仁亡矣。是故苟无私欲之蔽,则虽小人之心,而其一体之仁犹大人也;一有私欲之蔽,则虽大人之心,而其分隔隘陋犹小人矣。故夫为大人之学者,亦惟去其私欲之蔽,以自明其明德,复其天地万物一体之本然而已耳;非能于本体之外而有所增益之也。①

从上引话中可见,王阳明首先论"一体之仁",接着说"是乃根于天命之性,而自然灵昭不昧者也,是故谓之'明德'",从语义上看是指"一体之仁"具有"根于天命之性,而自然灵昭不昧"的特质,所以称之为"明德"。可见,王阳明界定"明德"也具有三个特征:一,"根于天命之性";二,"自

---

① (明)王阳明:《大学问》,载《王阳明全集》下册,上海古籍出版社 1992 年版,第968 页。

然灵昭不昧"，三，"一体之仁"或"心之仁"。前两个特征的界定继承了朱熹的说法，在第三个特征的界定上，王阳明与朱熹存在着分歧。

为什么说王阳明是以"心"释"明德"？在上述引文中，王阳明首先指出，大人之所以能以天地万物为一体，并非"意之也"，即并非在思维观念上将天地万物看作是一体的，而是"其心之仁本若是"。为了论证这一点，王阳明举人见孺子掉到井里而必有怵惕恻隐之心，见鸟兽之哀鸣觳觫而必有不忍之心，有知觉的鸟兽见草木之摧折而必有悯恤之心，有生意的草木见瓦石之毁坏而必有顾惜之心等事例证明"仁"的普遍性，进而论证了天地万物一体的道理。所以王阳明认为，之所以有"一体之仁"，不是观念的如此，而是事实的如此。王阳明说："明德是此心之德，即是仁。仁者以天地万物为一体，使有一物失所，便是吾仁有未尽处。"① 可见，"一体之仁"即"明德"。关于仁，阳明曾说"仁是造化生生不息之理"②；关于明德，则说"天理即是明德"③。可见"仁"与"明德"是一回事，都是"理"。但阳明的"理"与朱子的"理"不同。在阳明看来，朱子的"理"与"心"为二，自己的"理"与"心"为一。这意味着阳明的"理"就是"心之理"，即《大学问》中所说的"心之仁"。在阳明这里，"心即理"首先指的是本体之心纯是天理，这一观点中包含着有此"心"方有此"理"的逻辑，故"心"为本体，而"理"是此心之所发，所以阳明才说"明德是此心之德"。

虽然对"明德"是什么宋明儒者间存在着分歧，但也有一些共识性的判断：第一，"明德"是纯然至善的，是道德实践的终极源泉和最高保证。第二，"明德"具有形上本体的特质。第三，"明德"本身是光明不昧的，不会自蔽，但能为他者所蔽，因而需要"明"的工夫。

作为工夫的"明"首先是一种思考的行动。因为正是思考让我们对自己的人性产生了自觉意识，而人性就在那里不增不减，发生改变的是我们对人性的自觉意识而已。所以王夫之发现，作为"性"的明德是不能教导和学习

① （明）王守仁撰，王晓昕译注：《传习录译注》，中华书局 2018 年版，第 124 页。
② （明）王守仁撰，王晓昕译注：《传习录译注》，中华书局 2018 年版，第 127 页。
③ （明）王守仁撰，王晓昕译注：《传习录译注》，中华书局 2018 年版，第 29 页。

的，能教导和学习的只是发现觉解这一生命本性的方法而已。所以"大学之道"是在传授一种觉解生命本性的方法。宋明理学家都重视"明"的方法，但对"明"之工夫的进路存在不同的见解。对于朱熹而言，明明德就是明理，由所明之对象为"理"而决定了"明"之工夫的重心在格物致知上，所以朱子也说："《大学》首三句说一个体统，而用力处却在致知、格物。"① 而王阳明则说："天命之性，粹然至善，其灵昭不昧者，此其至善之发见，是乃明德之本体，而即所谓良知也。"② 如果说阳明语境中的"本体"指本来面目的话，那么，明德的本来面目就是良知，所以"明明德"就是"致良知"，而良知是心之本体，所以"明明德"也就是明"心"。所明之对象为"心"，决定了阳明学"明"之工夫的重心在诚意上，而将格物看作是诚意的工夫。所以王阳明说："《大学》'明明德'之功，只是个诚意。诚意之功只是个格物。"③ 虽然朱子和阳明对"明"之工夫的理解存在偏差，但都主张"明德"之发挥作用需要一种"明"的工夫。

（二）亲民

儒学传统中对"亲民"的理解主要有两种路向：一是引申发挥"亲"为"新"义说，以程、朱为代表；二是坚持原意说，以王阳明为代表。

发挥"亲民"为"新民"之思想，始自程颐，由朱熹而阐发为主流观点。朱熹《大学章句》中引程颐的观点并发挥说："程子曰：'亲，当作新。'……新者，革其旧之谓也，言既自明其明德，又当推以及人，使之亦有以去其旧染之污也。"④"新"与"旧"相对而言，按照朱熹的解释，"新"是"革其旧"的意思。但"革其旧"的解释并未解释"新"的内涵，反而会加深人们的

---

① （宋）黎靖德编：《朱子语类》卷第十四，中华书局 1986 年版，第 260 页。

② （明）王阳明：《大学问》，载《王阳明全集》下册，上海古籍出版社 1992 年版，第 969 页。

③ （明）王守仁撰，王晓昕译注：《传习录译注》，中华书局 2018 年版，第 25 页。

④ （宋）朱熹：《四书集注》，凤凰出版社 2005 年版，第 4—5 页。

疑惑："革其旧"意味着什么？因为"革其旧"的内涵亦非明确的，其内涵至少有二义：指的是从沾染污俗中洗脱出来叫作"新"，还是说经过了一番自觉为学的人，其所实现的进步较之过去的不足为"新"？朱熹"去其旧染之污"的理解属于前者，所以在解"汤之盘铭"时，他说："汤以人之洗濯其心以去恶，如沐浴其身以去垢。故铭其盘，言诚能一日有以涤其旧染之污而自新，则当因其已新者，而日日新之，又日新之，不可略有间断也。"①王夫之则反对朱熹的这种理解。他说："新安引《书》'旧染污俗，咸与惟新'以释此，则是过泥出处而成滞累。如汤之自铭'日新'也，岂亦染桀之污俗乎？况《书》云'咸与惟新'，只是除前不究意，与此何干？"②由对朱熹的批评可见，王夫之的理解属于后者，即所谓新"只是除前不究意"。所以王夫之解释"新"是更进、重新的意思。他说："'旧染之污'有二义，而暴君之风化、末世之习俗不与焉。大学之道，初不为承乱之君师言也。一则民自少至长，不承德教，只索性流入污下去。一则人之为善，须是日迁，若偶行一善，自恃为善人，则不但其余皆恶，即此一善，已挟之而成骄陵。故《传》云'日新'，云'作新'，皆有更进、重新之意。"③事实上，王夫之以"更进""重新"解释"新民"之"新"的内涵，更能体现儒家"下学而上达"的生命境界层层提升之意涵。在这一点上，王夫之的理解近于张载。张载认为，"学"是日新之道。他说："学者观书，每见每知新意则学进矣。"何谓知新意？王夫之说："义理有碍，则濯去旧见以来新意。"所以，张载为学主张："多求新意以开昏蒙。吾学不振，非强有力者不能自奋。足下信笃持谨，何患不至！正惟求自粹美，得之最近。"④"新民"，正是张载所谓"自粹美"。

王阳明则以《大学》古本为正，坚持"亲民"的观点。所谓"亲民"，在王阳明看来是"亲亲而仁民"的意思。他说："'亲民'犹孟子'亲亲仁民'

---

① （宋）朱熹：《四书集注》，凤凰出版社2005年版，第6页。
② （清）王夫之：《读四书大全说》，中华书局1975年版，第4页。
③ （清）王夫之：《读四书大全说》，中华书局1975年版，第4页。
④ （宋）张载：《张载集》，中华书局1978年版，第321页。

之谓，亲之即仁之也。"①王阳明为什么反对"新民"说？按王阳明自己的解释，他反对"新民"说的根本原因在于思维方式上，他认为"新民说"析"明德"与"亲民"为本末两物，而王阳明自己的观点则认为"明明德"与"亲民"是体用一如的一事。

《大学》为什么主张"亲民"要基于"明明德"呢？儒家认识到"我"并非是一个可以离群索居的独立的个体，而是在关系中的。那么，我与关系中的他者是如何相处的？儒家用"推己及人"的思维方式思考我与他者的相处之道。"及人"是亲民事。如何及人？从推己开始。如何推己？按照两条最基本的原则进行"推"：一是"己所不欲，勿施于人"；二是"己欲立而立人，己欲达而达人"。问题在于，无论是己所不欲的，还是己所欲的，如何能够保证正是人所不欲的或人所欲的呢？这就需要有一个能够对己所不欲的或欲的正是人所不欲的或欲的进行普遍立法的东西。这个能够进行普遍立法的东西，首先是能够为己所遵从的，也能够为人所遵从的，所以它一定不是让"己"区别于他人的特殊之处，否则无论是所不欲的还是所欲的都只是对自己具有个体意义和单独效应的特殊性东西而已。因此，一定是为"己"和"他人"共有的东西，只有既为自己所拥有，也为他人所拥有才能够推己及人。所以，为了最普遍地施及所有人，这个"立法者"应该平等地存在于所有人身上，而有什么比人人都有的东西更有资格成为一个立法者呢？所以"明德"是立法者。

（三）止于至善

英国学者爱德华·克雷格说："面对一种哲学思想，质疑接下来会发生什么事情，即这种思想的支持者意欲何为，总是一件好事。"②为了更好地理解和确定儒家思想，首先弄清楚这种思想的支持者"意欲何为"往往也是一

---

① （明）王守仁撰，王晓昕译注：《传习录译注》，中华书局 2018 年版，第 9 页。
② ［英］爱德华·克雷格：《哲学的思与惑》，曹新宇译，译林出版社 2008 年版，第 62—63 页。

种有效途径。不关注一种思想的目的和动机，往往就很难准确有效地理解这种思想的价值和意义。要理解大学之道意欲何为，首先要理解这一纲领的内涵是什么。《大学》的第三纲领"止于至善"，正是在探讨大学之道的目的或意图问题。

为什么说这一纲领显现了《大学》的意图呢？主要从"止"谈起。"止"在《大学》首章中出现了两处，一是"止于至善"，二是"知止"。这两个"止"，在前一个语境中为动词词性，后一个语境中为名词词性。按照朱熹的解释，"止于至善"的"止"是"必至于是而不迁之意"，而"知止"之"止"是"所当止之地，即至善之所在也"①。在朱熹的解读中，这两个"止"都与"至善"相关联，故可以合为"止于至善而止"之命题，这一命题表达了对《大学》第三纲领的整体性认知，即"至于至善之地而不迁"之意。这一整体性认知包含两层意思：一，未到极致便停止，不可谓"止"；二，到了极致处又不能守住不迁，不可谓"止"。故"止"有二义：一为"至"，即达到；二为"不迁"。朱熹的这两层意义也为王夫之所发挥。王夫之进一步解释说：

> "必至于是"是未得求得，"不迁"是已得勿失。"止于至善"须一气读下，归重"至善"一"至"字。言必到至善地位，方是归宿，而既到至善地位，不可退转也。朱子以"不能守"反"不迁"，最为明切。此中原无太过，只有不及。②

在王夫之看来，"止于至善"这一纲领的完整内涵，是"必到至善地位，方是归宿，而既到至善地位，不可退转"，即未得至善而求得，已得至善则勿失。由"必到""既到而不退转"的涵义可以看出，"止"意味着方向、目标和目的等意义。所以朱熹以为知止则"志有定向"③。在这个意义上，我们说第三纲领是指示方向和目标的目的论纲领。

---

① （宋）朱熹：《四书集注》，凤凰出版社 2005 年版，第 5 页。
② （清）王夫之：《读四书大全说》，中华书局 1975 年版，第 4 页。
③ （宋）朱熹：《四书集注》，凤凰出版社 2005 年版，第 5 页。

作为一目的论纲领，"止于至善"明确地指示出所止的方向和目标是"至善"。换言之，"至善"即"大学之道"的目的。"至善"具有内在的目的论特征，因为《大学》第三纲领中的"至善"，指的并不是一种高悬于人之外的崇高目的，而是内在于人的本性之中以及内在于人的生命实践之中的一种崇高目的。之所以说"至善"具有内在目的论特征，是因为在儒家学者们的解释中，都普遍地将"至善"理解为一种完美的理想状态，而非一外在于人的具有目的论特征的实体或法则等。以朱熹和王阳明为例。朱熹说：

> 止者，必至于是而不迁之意。至善，则事理当然之极也。言明明德、新民，皆当至于至善之地而不迁。盖必其有以尽夫天理之极，而无一毫人欲之私也。①

在朱熹这里，"至善"被定义为"事理当然之极"，被看作是对"明明德"与"新民"两大纲领的共同要求，即明明德事应做到事理当然之极致，新民事应做到事理当然之极致。所谓"事理当然之极致"，指的是"尽夫天理之极，而无一毫人欲之私"。在这一点上，王阳明也赞同朱熹的解释。他说：

> 至善是心之本体，只是"明明德"到"至精至一"处便是，然亦未尝离却事物，本注所谓"尽夫天理之极，而无一毫人欲之私"者得之。②

在这里，王阳明对朱子思想表达了肯定的态度，认为他用"尽夫天理之极，而无一毫人欲之私"来理解"至善"是准确的，因为"至善"指的就是"'明明德'到'至精至一'处"，即"至善"描述的是"明明德"达到"精

---

① （宋）朱熹：《四书集注》，凤凰出版社2005年版，第5页。

② （明）王守仁撰，王晓昕译注：《传习录译注》，中华书局2018年版，第12页。

一"的完美状态。需要特别指出的是，王阳明说"至善是心之本体"①，不是指至善是心的本原性实体，而是指至善是心的本来状态或本来面目②。所以，在王阳明看来，"至善只是此心纯乎天理之极便是"③。作为一种完美的理想状态，"至善"概念本质上也必然含有理则规范的意义。因为作为一种完美的理想状态，至善对于未臻至理想状态的事物而言就具有规范意义。朱熹说"至善"是"事理当然之极"就蕴含着这一意义。而在《大学问》中，王阳明也明确地说："至善者，明德、亲民之极则也……故止至善之于明德、亲民也，犹之规矩之于方圆也，尺度之于长短也，权衡之于轻重也。故方圆而不止于规矩，爽其则矣；长短而不止于尺度，乖其剂矣；轻重而不止于权衡，失其准矣；明明德、亲民而不止于至善，亡其本矣。故止于至善以亲民，而明其明德，是之谓大人之学。"④ 将"止于至善"与"明明德""亲民"的关系看作是规矩与方圆、尺度与长短、权衡与轻重的关系，显然是将"止于至善"纲领视为对"明明德""亲民"的规范和要求，也正是在这个意义上，"止于至善"才具有了与"明明德""亲民"同等地位的纲领意义。

三、《大学》之条目

朱熹将"格物""致知""诚意""正心""修身""齐家""治国""平天下"八者称为《大学》之条目。八条目是成人的为学之工夫。《大学》所提出的

---

① 吴震指出，在宋明理学中，"本体"一词可有不同涵义：或指某种存在的本来状态、本来面目、本来属性；或于"体用"范畴中，指的是存在于表象背后的本原性实体、现象之中的原因和本质；或是与工夫相对的本体，指行为的根据。见氏著：《〈传习录〉精读》，复旦大学出版社 2011 年版，第 65—66 页。

② 笔者以为，在阳明哲学中，"心"就具有本原性实体的地位，因此如果将"至善是心之本体"中的本体理解为"本原性实体"之义，这一命题就成为"至善是本原性实体的本原性实体"之义，显然是床上架床多此一举，故此处的本体应理解为本来状态。

③ （明）王守仁撰，王晓昕译注：《传习录译注》，中华书局 2018 年版，第 17 页。

④ （明）王阳明：《大学问》，载《王阳明全集》下册，上海古籍出版社 1992 年版，第 969—970 页。

成人思想，可以看作是沿着一条明晰的阶梯而依次展开的人生实践路径。有目的，则有过程，过程是有目的的过程，目的需要过程来实现。如果说三纲领是目的导向的人生景观，那么，八条目就是过程导向的人生景观。八条目的规划设计了一个实现修身目的的实践过程，这一实践过程的逻辑起点是"格物"。潘平格说："盖《大学》自'欲明明德于天下'，直推其本于格致，不特谓最先入德之工夫在格致，实谓步步得力之要领在格致也。盖一格致而诚意、正心、修身、齐家、治国、平天下无不该括也。"[1]

（一）格物致知

《大学》谈为学工夫为什么要从"格物致知"开始？孔子有"知""仁""勇"为天下之三达德的思想，对此三达德，孔子又进一步说"好学近乎知，力行近乎仁，知耻近乎勇"（《中庸》）。孔子强调通过学习的启蒙能够获得明辨是非善恶的智慧，这样的智慧需要从探究事物的终极原因中获得。这正是《大学》主张"致知在格物"的原因所在。

格物致知的目的在于探究事物的终极原因。按照亚里士多德对因果律的解释，因果的链条不能无限性地追溯下去，所有的理由都有一个最初开始的原因，这个开始的原因就是第一原因，就是本体。《大学》说："物有本末，事有终始，知所先后，则近道也。"《大学》同样遵循着因果律的逻辑去追问事物的本末、终始问题。"格物"首先需要认识物。而我们最初并不认识物，即我们对"物"首先是一种困惑，因为困惑，所以才有了认识的要求。"格物"是因为我们对"物"有了困惑，所以才有了"格"的问题。"格物"是对自己困惑的问题进行理解，并对解决问题的方法进行探究。因为"哲学的题中之义首先应该是感到困惑，其次才是提出能够解答我们所面临的困惑的理论"[2]。作为一种人生哲学的儒学，首先就应该对人生的问题感到困惑，然

① （清）潘平格：《潘子求仁录辑要》，中华书局 2009 年版，第 59 页。
② ［西班牙］费尔南多·萨瓦特尔：《哲学的邀请》，林经纬译，北京大学出版社 2014 年版，第 18 页。

后我们才能提出解答这些人生困惑的一种理论。以关注人生问题为主要目标的儒学，其所追问的"物"之概念必然是与"人"密切联系在一起的。这反映在《大学》中，其所强调的"物"和"事"两个概念之内涵自有其特殊的规定性。潘平格说："身、家、国、天下是物，格身、家、国、天下之物即是事。"① 按照潘平格的说法，"物"指的是人，由个体的人而及于群体的人，所以在"人"的类概念下又具体地分为"身"、"家"、"国"和"天下"。由此，"事"指的就是修身、齐家、治国和平天下。统而言之，"事"指的是成人——成人的真正实现由身修、家齐、国治和天下平所表现与证明。

当然，对于"物"，我们也可以从人之外的客观存在的角度去理解。如何理解儒家所提出的"格物"命题？首先在这个命题里，人是主体，物是客体，格是行动，是人的行动本身将作为主体的人和作为客体的物联系在一起，这种联系叫作"事"，有"事物"概念。因此，作为一件事的格物，是通过人的行动将人与物联系在一起的一种实践活动。可以说，《大学》一篇的思想主旨就是"实践"。朱熹曾说：《大学》近再看过，方见得下手用功处……但读《大学章句》，恐无长进，须向里面寻讨实下手处乃佳耳。"② 人为什么会采取格物的行动？当然是因为人有格物的需求。"格物"是从满足人的需求开始的。人有什么需求？究其根本而言有二：一是满足作为一种物质性存在的物质性需求，即满足养"身"的需求；二是满足作为一种精神性存在的精神性需求，即满足养"心"的需求。满足养身之需求的格物是客观的物质性实践活动，而满足养心之需求的格物是主观的精神性实践活动。这两种实践活动都存在于儒家对《大学》格物思想的诠释传统中，但主流的态度还是把格物看作是实现"理义之悦我心"的主观性精神实践活动。

理义娱悦我心，是因为理义满足了心的需求而自然使心愉悦。人能够驱使自己去"格物"的品质是什么？是理性。作为一种人的品质，理性对于人而言具有重要的意义，一是在于让我们拥有进行理性选择的能力，有了需求

① （清）潘平格：《潘子求仁录辑要》，中华书局 2009 年版，第 78 页。

② （清）李绂：《朱子晚年全论》，中华书局 2000 年版，第 22 页。

就能够采取行动，使需求尽可能地得到满足。二是理性让我们拥有设定什么样目标的推理能力，即在知道一定的真理之后，还能根据这些为真的真理推断出其他还有什么也可能是真的。"止于至善"这一纲领本身就体现了理性的这种自我设定目标的能力。这种能力推动我们自己去探究人之所以为人的根由，审视自己和自己的行为，并能够控制、改变自己的观念和行为。就此而言，大学之道之所以从格物开始，显然是教导我们学会反思。那么，儒家反思的是什么问题？生活在先秦时期的儒者与我们的生活相隔两千多年，出身不同、环境不同，我们思考和谈论的能是同一个问题吗？能。我想我们可以有这样一个肯定的回答。我们发现他们所关心的事情依然是我们今天还在关心的事情。这是因为"许多哲学思想都源自关于人类和人类生活的未定不变的事实——不管怎样，在过去的三千年里这些事实都没有很大的改变"①。这最关心的事情就是每个人的人生。这是一种对人生的反思。孔子"十有五而志于学"，按照朱熹的理解，所志于学的就是大学之道。也就是说，孔子从十五岁开始就自觉地过一种经过反思的人生。这意味着，《大学》格物所致知的是关于人生的学问，也是关于生命的学问。在《大学》由"明明德"与"亲民"所架构的内圣外王之思想格局中，这一生命的学问正如牟宗三所说的，"由真实生命之觉醒，向外开出建立事业与追求知识之理想，向内渗透此等理想之真实本源，以使理想真成其为理想，此是生命的学问之全体大用"②。

《大学》虽然提出了格物致知的思想，但并未对格物致知的内涵做详细的解释，这也造成了后世儒者往往对其内涵做创造性的诠释。潘平格指出："《大学》，求仁全书也。而造道之要在于格物。顾格物之说多端，学者所信从，则穷至事物之理，与正事之不正以归于正两说而已。"③按照潘平格的观点，思想史上关于"格物"的观点很多，但为学者所信从的主要观

---

① 〔英〕爱德华·克雷格：《哲学的思与惑》，曹新宇译，译林出版社 2008 年版，第64 页。

② 牟宗三：《生命的学问》，广西师范大学出版社 2005 年版，"自序"第 1 页。

③ （清）潘平格：《潘子求仁录辑要》，中华书局 2009 年版，第 54 页。

点有二：

一是"穷至事物之理"说，这主要指的是朱熹的观点。朱熹《大学章句》中说："格，至也。物，犹事也。穷至事物之理，欲其极处无不到也。"①

二是"正事之不正以归于正"，这主要指的是王阳明的观点。王阳明说："物者，事也，凡意之所发必有其事，意所在之事谓之物。格者，正也，正其不正以归于正之谓也。正其不正者，去恶之谓也。归于正者，为善之谓也。夫是之谓格。"②

关于"知"的理解，思想史上主要有两种观点，即"知识"说和"良知"说。

知识说的代表者是朱熹。朱熹说："致，推极也。知，犹识也。推极吾之知识，欲其所知无不尽也。"③

良知说的代表者，其一是王阳明。王阳明说："'致知'云者，非若后儒所谓充广其知识之谓也，致吾心之良知焉耳。良知者，孟子所谓'是非之心，人皆有之'者也。是非之心，不待虑而知，不待学而能，是故谓之良知。是乃天命之性，吾心之本体，自然灵昭明觉者也。"④

良知说的另一代表人物是潘平格。潘平格说："夫后世格物之说多端，而究无与于《大学》之旨者，非特误在格物也，误在知，故误在格物也。夫知者，吾性之良知也，孟子所谓'不虑而知者'是也。"⑤潘平格所谓的"致知"指的是致吾性之良知，亦即"致浑然天地万物一体之知"⑥，而浑然天地万物一体即"仁"，在潘平格看来，致知即"致仁之知"。这也正是他把《大学》的思想主旨定位为"求仁之学"的缘由所在。

有意思的是，潘平格对朱熹和王阳明的观点都进行了批评。潘平格说：

① （宋）朱熹：《四书集注》，凤凰出版社2005年版，第5页。
② （明）王阳明：《大学问》，载《王阳明全集》下册，上海古籍出版社1992年版，第972页。
③ （宋）朱熹：《四书集注》，凤凰出版社2005年版，第5页。
④ （明）王阳明：《大学问》，载《王阳明全集》下册，上海古籍出版社1992年版，第971页。
⑤ （清）潘平格：《潘子求仁录辑要》，中华书局2009年版，第55页。
⑥ （清）潘平格：《潘子求仁录辑要》，中华书局2009年版，第59页。

后世之学不明乎知之所以为知，或曰"知即是识"，或曰"知体本空"。知即是识，是俗学也；知体本空，是佛学也。昭昭灵灵之识，不待学而后知，虽引市井之夫而诘之，未有不以昭昭灵灵为知者，故曰俗学。大约以灵明知觉为内心，以灵明知觉之所照为外境，立我缘物而与物对待，故内外体用之说起焉。然昭昭灵灵之识，其粗者也。不明吾性之良知而惑于佛老之学，又不能透，则虽当体本空之知，力辨其非识而仍不脱乎识也，知可冒昧言哉！①

由上述所引话语可见，潘平格既批评了"知即是识"的观点，也批评了一种"知体本空"的观点。"知即是识"是朱熹的观点，潘平格则批评说："夫良知不虑而知，力行乃所以致。若穷至事物之理，则但可谓之开长其知识，而不得谓之致。言致则必行也。……今不信良知自能直达曲致，而穷理以明诸心，使不惑于所往；不直提示良知，俾学者信吾性之良知本自具足，本自见成，充达吾爱敬、恻隐之良，以力尽人伦日用，而先教之逐事逐物理会，驰于闻见，长其知识，恐《大学》教人之道不如是也。"②在潘平格看来，如果把格物致知理解为"穷至事物之理"，则所致之"知"只能是知识，而非吾性之良知，知识增长无益于良知之发明。潘平格说："苟其于博学、审问、慎思、明辨之功，不用之于审明为学之脉络，而用之于穷至事物之理，无事不要理会，无书不要读，不读这一件书，便缺这一件道理；不理会这一件事，便缺这一事道理。逐件讲明，逐事研究，久久贯通，而后治人治己始能尽道，此正所谓学养子而后嫁者也。知识增而不虑之良知不出头，事理审而仁恕之学脉不归宗，复性之途路有日趋而日远矣，而反疑其不可废，不亦误耶？"③

潘平格认为，王阳明及其后学的"致良知"，实质上是一种"知体本空"的观点，对此也进行了批评。他说：

---

① （清）潘平格：《潘子求仁录辑要》，中华书局 2009 年版，第 56 页。

② （清）潘平格：《潘子求仁录辑要》，中华书局 2009 年版，第 58—59 页。

③ （清）潘平格：《潘子求仁录辑要》，中华书局 2009 年版，第 62 页。

佛氏之道，"空有不二"而已。于凡境遇事物之当前未尝起识心，曰"真空"；恰恰当机妙应，曰"妙有"。若未尝起识心而不能妙应，则断见枯空，非"真空"也；当机妙应而有识心，则识神作用，非"妙有"也。未尝起识心而恰恰当机妙应，空即不空，有原非有，故谓之"空有不二"。后世之言良知者，曰："良知无知，而无不知。"曰："无知而知，知而无知。"曰："知是知非，而未尝有是非。"曰："良知本体，原来无有本体。"曰："目无体，以万物之色为体；耳无体，以万物之声为体；心无体，以万物感应之是非为体。"为其学者有悟于此，曰："无心之心则藏密，无意之意则应圆，无知之知则体寂，无物之物则用神。"岂非空有不二，佛氏之学乎？①

上述这段话中，潘平格所引"后世之言良知者"是王阳明，而"为其学者有悟于此"者是王畿。潘平格认为，阳明及其后学所说的"良知"实质上是"性空"义，而孟子的"良知"实质上是"性善"义。潘平格说：

孟子尝言不忍觳觫之牛矣，倘见食草饮水之牛，则必夷然若不见；尝言怵惕恻隐于将入井之孺子矣，倘见含饴鼓腹之孺子，则必夷然若不见。何以夷然若不见也？当可安则安之也。何以怵惕不忍也？当不可安则不安之也。何以当可安则安之也？性善也。何以当不可安则不安之也？性善也。当可安则安之，当下不自知其安。当不可安则不安，当下亦不自知其不安。未尝起识心而当机恰中天则，所谓"不识不知，顺帝之则"也，所谓"不虑而知"也，所谓"浑然天地万物一体"也，岂得以其不自知而谓之当体本空乎？性空之非性善明矣，智慧之非良知明矣……如是以误格物，又岂得谓《大学》致知格物之旨乎哉！②

---

① （清）潘平格：《潘子求仁录辑要》，中华书局 2009 年版，第 57 页。
② （清）潘平格：《潘子求仁录辑要》，中华书局 2009 年版，第 57—58 页。

潘平格对朱熹和王阳明的格物致知思想都进行了批评。他指出："后世格物之说多端，而究无与于《大学》之旨者，非特误在格物也，误在知，故误在格物也。"①在潘平格看来，朱、王两家思想之所以有误，是因为没有正确地理解致知之"知"的内涵，导致对"格物"的思想也没有理解正确。他认为，朱熹以"知识"为知，王阳明以"空慧"为知，都未能正确地理解"知"，知是良知，其内涵为性善。他说："格事则或以知识为知，或以空慧为知，失却性善本来。格物始是求仁，所以知即是仁，不失本来性善。"②

朱熹、王阳明以及潘平格三人对"格物致知"的理解虽有差异，但却都基于由格物而致知之一贯逻辑而来，而王夫之对"格物致知"的理解在思维逻辑上与此有异：析格物与致知为二之分殊逻辑。王夫之说：

> 天下之物无涯，吾之格之也有涯。吾之所知者有量，而及其致之也不复拘于量。颜子闻一知十，格一而致十也。子贡闻一知二，格一而致二也。必待格尽天下之物而后尽知万事之理，既必不可得之数。是以《补传》云"至于用力之久，而一旦豁然贯通焉"，初不云积其所格，而吾之知已无不至也。知至者，"吾心之全体大用无不明"也。则致知者，亦以求尽夫吾心之全体大用，而岂但于物求之哉？孟子曰："梓匠轮舆，能与人规矩，不能使人巧。"规矩者物也，可格者也；巧者非物也，知也，不可格者也。巧固在规矩之中，故曰"致知在格物"；规矩之中无巧，则格物、致知亦自为二，而不可偏废矣。③

王夫之强调"格物"和"致知"是两层意思。事实上，对于"知"的理解，王夫之受张载区分"德性之知"与"闻见之知"思想的影响，把"知"区分为知识之知与"知是非善恶"的良知之知。其中，知识之知指的是"知天下之物"，其所知之"识"指的是关于事物的原理，这种知识由格物所

---

① （清）潘平格：《潘子求仁录辑要》，中华书局 2009 年版，第 58 页。
② （清）潘平格：《潘子求仁录辑要》，中华书局 2009 年版，第 79 页。
③ （清）王夫之：《读四书大全说》，中华书局 1975 年版，第 11 页。

得；良知之知指的是"吾心之全体大用无不明"所以能知是非善恶的德性智慧，如王夫之所说："知字，大端在是非上说。人有人之是非，事有事之是非，而人与事之是非，心里直下分明，只此是智。……此智字则是性体。"① 这样的性体所直发的德性智慧由致知而发明。在王夫之看来，致知之"知"即是"明德"，"致"是明"明德"之工夫。他说："明是复性，须在心意知上做工夫。"② 即认为：明"明德"的工夫是在致知、诚意和正心上用力，而格物不是明"明德"的工夫。由此，王夫之认为，致知之"知"并非全由格物上来。他说："便知吾心之知，有不从格物而得者，而非即格物即致知审矣。"③ 当然，王夫之也指出，格物与致知之间具有"格致相因"的一种逻辑关系。他说："若统论之，则自格物至平天下，皆止一事。若分言之，则格物之成功为物格，'物格而后知至'，中间有三转折。藉令概而为一，则廉级不清，竟云格物则知自至，竟删抹下'致'字一段工夫矣。"④

诸儒对"格物"的理解是不同的。深究起来，所谓的理解不同，其实是思维方式的不同。对于很多儒者而言，"格物"的目的不在于认识到物如何，核心是对思维方式的觉知与改变。例如，就朱熹和王阳明对"格物致知"的理解分歧而言，其实质是思考人类及其周围环境问题的思维方式的差异。王阳明对朱熹的看待人类及其周围环境问题的思维方式提出了挑战。具体来说，程朱理学的"格物穷理"说在某种意义上，追问的根本问题是一个认识论问题，即"我们如何认识它"？因为在程朱理学这里，所有事物都包含着一种根本的本质，这种根本的本质是让事物呈现为如此这样的所以然，这种本质，程、朱定义为"理"。"理"是规定一个具体事物之性质的永恒的根本结构。对于程朱理学而言，我们了解事物的根本结构，即事物永恒的、普遍的、先验的本质规定，就能够真正地认识事物本身。而真正地认识到事物本

---

① （清）王夫之：《读四书大全说》，中华书局 1975 年版，第 1 页。
② （清）王夫之：《读四书大全说》，中华书局 1975 年版，第 13 页。
③ （清）王夫之：《读四书大全说》，中华书局 1975 年版，第 10 页。
④ （清）王夫之：《读四书大全说》，中华书局 1975 年版，第 10 页。

身，表明我们真正地认识到了理。朱熹曾自信地认为《大学》有缺文，并作了著名的补传。刘述先就指出，由此可见，朱熹自己是有一套通贯的思想的，是按自己的思想在阐释自己对《大学》思想的理解，"他真正的意思是，人必须就事上磨练，久之乃可以有一异质之跳跃，掌握到通贯之理，由人事而至于自然，通天下莫非此理之呈现。对朱子来说，修养工夫、知识、价值的践履，是紧密不可分的。很明显，他所谓知，决不是西方式严守价值中立、通过经验推概建立的科学知识"①。而在某种意义上，王阳明的"格物致良知"说，追问的根本问题则是一个形而上学的问题，即"它是什么"？格物的实践活动之目的，在于认识自己本有的良知之心，而良知之心是宇宙本体，是万物存在的依据。在格物致知的理解上，朱熹和王阳明的观点中针锋相对之处在于：朱熹认为道德原则和标准（理）应该向外在世界寻找，主张即物而穷理；而王阳明则认为道德原则和标准不能够向外在世界去寻找，相反，它就是自己的"心"，主张心即理。

（二）诚意正心

儒学以生命为学问。格物致知的理性反思之光最终是指向生命本身的。对生命而言，指向自身的自我反思是最切己最真实的反思，因为这一反思多指向的是"人所不知而己所独知之地"②。这就是《大学》在解"诚意"思想时特别发挥"慎独"的原因所在，因为"诚于中"自然能"形于外"。按照"诚于中，形于外"的逻辑，《大学》虽分别"诚意"与"正心"为两条目，但事实上"诚意"与"正心"是不可分的，其中诚于中说的是"意"诚于中，意诚于中者为"心"；形于外说的是"心"形于外，心形于外者为"意"。意诚于为心，表明"意"以心为体；心之所发为"意"，表明"意"为心之作用。所以在"心"与"意"之关系上，宋明以来的儒者多从体用思维上谈，这也

---

① 刘述先：《儒家思想的转型与展望》，河北人民出版社 2010 年版，第 48—49 页。

② （宋）朱熹：《四书集注》，凤凰出版社 2005 年版，第 8 页。

意味着诚意正心必须结合起来理解。

既然"意"为"心"之作用，则有"心"必然就会有"意"。对于"意"，《大学》用"诚其意"来发挥，并解释说"所谓诚其意者，毋自欺也"。"诚"与"欺"相对，即《大学》的作者认为，"意"有"诚"与"欺"两种状态。既然"意"为心之所发，所以"诚"与"欺"实质上是说心之所发有"诚"与"欺"的不同。心所发表现为"如恶恶臭，如好好色"，是心真实无妄地显现它的作用。而心所发表现为"掩其不善，而著其善"，是心自欺欺人地遮掩它的作用。所以，由心之所用表现处可见生起此意向的"心"是善还是不善的。因而《大学》接着说："身有所忿懥，则不得其正；有所恐惧，则不得其正；有所好乐，则不得其正；有所忧患，则不得其正。"朱熹解释说："盖是四者，皆心之用，而人所不能无者。"① 如果忿懥、恐惧、好乐、忧患表现出过度或不及的趋向，则意味着"心"不正。换言之，要做到忿懥、恐惧、好乐、忧患的恰到好处，则需要"正其心"。由《大学》释"诚意"一段最后落在"富润屋，德润身，心广体胖，故君子必诚其意"上，可见"诚意"工夫的目的最终是要回到"心"的问题上，即要解决"心"所面临的困境问题。

"心"面临着怎样的困境？《大学》中只是说一句"心不在焉"。应当怎么理解？在这一点上，儒者存在着很大的分歧，主要的理解有二：一是将"心不在焉"解释为未能处理好道心与人心之关系而导致道心被人心遮蔽而未能发明道心的主宰作用，代表人物为朱熹。二是将"心不在焉"理解为心被私欲私意遮蔽而未能如实地发挥它的主宰身体之作用，代表人物是王阳明。这两种理解的根本分歧在于对"心"的理解上。朱熹的"心"主要指人的现实心，分为"道心"与"人心"两截。他说：

> 心之虚灵知觉，一而已矣，而以为有人心、道心之异者，则以其或生于形气之私，或原于性命之正，而所以为知觉者不同，是以或危殆而不安，或微妙而难见耳。然人莫不有是形，故虽上智，不能无人心，亦

---

① （宋）朱熹：《四书集注》，凤凰出版社 2005 年版，第 9 页。

莫不有是性，故虽下愚，不能无道心。二者杂于方寸之间，而不知所以治之，则危者愈危，微者愈微，而天理之公卒无以胜夫人欲之私矣。精则察夫二者之间而不杂也，一则守其本心之正而不离也。从事于斯，无少闲断，必使道心常为一身之主，而人心每听命焉，则危者安、微者著，而动静云为自无过不及之差矣。①

朱熹所谓的"方寸"就是人的现实心。"道心"与"人心"虽共同组成这一现实心，却又不能无区别。《大学》的"正其心"在朱熹这里是"本心之正"，即道心为主而人心听道心之命令。朱熹的解释遵循的是心二元论的思路。王阳明则认为"心一也"，他所谓的"心"是本体之心，本体之心因其超越善恶所以是无善无恶的，正因为它超越善恶所以为至善而能评判善恶。他说：

何谓身心之形体？运用之谓也。何谓心身之灵明？主宰之谓也。何谓修身？为善而去恶之谓也。吾身自能为善而去恶乎？必其灵明主宰者欲为善而去恶，然后其形体运用者始能为善而去恶也。故欲修其身者，必在于先正其心也。然心之本体则性也。性无不善，则心之本体本无不正也。何从而用其正之之功乎？盖心之本体本无不正，自其意念发动，而后有不正。故欲正其心者，必就其意念之所发而正之……②

在王阳明看来，主宰形体运用的"心"本来是无不善的，之所以在现实实践中会表现出善与恶的差别，原因在于意念发动的不正。而意念虽然是由纯善的心所发动的，但决定意念正与不正的原因却不仅仅在于心。因为在王阳明这里，"心之所发便是意"，而"意之所在便是物"③。这样看来，"意"概念本身是联系着"心"和"物"的一个关系性概念，正是"意"使得"心"

① （宋）朱熹：《四书集注》，凤凰出版社 2005 年版，第 15—16 页。
② （明）王阳明：《大学问》，载《王阳明全集》下册，上海古籍出版社 1992 年版，第 971 页。
③ （明）王守仁撰，王晓昕译注：《传习录译注》，中华书局 2018 年版，第 25 页。

与"物"之间的关系得以建立。在关系中，"意"也就具有了方向性的特征：如果"意"纯粹是心之所发，阳明认为此意就是天理，此意向为善；如果"意"被物所牵引，阳明认为此意就是人欲，此意向为恶。所以，在阳明这里，善恶是意向性活动的产物，而非"心"的产物。王阳明认为，心本来就是正的，也没有不正的时候，因而不存在一个"正其心"的工夫。所以他将"诚意"与"正心"视为是一个工夫。

但在朱熹这里，"诚意"与"正心"则被视为是相对独立的两种工夫。因为在朱熹的思想中，"意"为心之所发，而"心"是二元的，所以"意"究竟是由哪个"心"所发的呢？由人心所发之"意"，因其生于形气之私，往往流于欲；由道心所发的"意"，因其源于性命之正，所以是善的。这就使得我们需要首先反思"意"的"诚"或"不诚"，然后通过对此"意"的"诚"或"不诚"的反思而发现此"意"到底是人心之所发还是道心之所发，进而才能发现"心"的正或不正。"心"之正意味着道心为主而人心听令，"心"之不正则表示人心为主而道心隐微，所以人的现实心必然需要一个使其正的工夫，这个正心的工夫，既存养扩充道心，又省察克治人心。

（三）修齐治平

在谈到人在具体关系逐步展开自己道德践履的实践过程时，《大学》给出了从修身、齐家、治国到平天下的步步推进的逻辑。这一实践过程具有如下几个基本特征：第一，人的实践具有道德的特征，这意味着衡量实践行为是否合理的首要判断原则是道德。第二，人的实践对象是包括自己在内的人本身，所以，从修身开始，要解决的是人的问题。第三，这一实践的逻辑起点是修身，个体的修身在他的道德实践过程中具有根本地位。第四，这一实践遵循着儒家推己及人的原则，某种意义上说，修身、齐家、治国和平天下只不过是实践领域的差别，就其本质而言，则是同一的，即都是实践自己仁爱德性的具体活动而已——修身是以德润身，齐家是以德润家，治国是以德润国，平天下是以德润天下。第五，虽然遵循着同一的实践法则，在具体语境中，修身、齐家、治国和平天下各自具有特殊的实践原则。

就基本特征而言，上述第四、第五特征被概括为"理一分殊"原则。王夫之明确地说：

> 且《大学》之教，理一分殊。本理之一，则众善同原于明德，故曰"明德为本"。因分之殊，则身自有其身事，家自有其家范，国自有其国政，天下自有其天下之经。本统乎末，而躐本向末，茎条枝叶之不容夷也。①

按照王夫之的解释，"理一"之"理"指的是《大学》第一纲领的"明德"，它是众善之源，即一切实践原则的终极依据。作为终极依据，"明德"统摄一切实践活动而为根本法则，这意味着"明德"承担着衡量一切实践活动正当与否的责任，而一切实践活动本质上都是在明"明德"，即修身是明"明德"于身，齐家是明"明德"于家，治国是明"明德"于国，平天下是明"明德"于天下。也正是在这一意义上，《大学》所理解的人的实践活动在根本上具有道德的特质。就具体目的不同，人的实践活动也有"分殊"之别，即"身自有其身事""家自有其家范""国自有其国政""天下自有其天下之经"。

儒家对修身事的分析和阐释当然有各种角度，而《大学》中则特别发挥以"理"治"情"的思想。这从《大学》对为什么"齐其家在修其身"的原因阐释中可以看出。《大学》认为，在具体的人际关系中，人总是易于受情感的驱动而陷入一偏之中的，如人总是亲爱自己所亲爱的，厌恶自己所厌恶的，畏敬自己所畏敬的，哀矜自己所哀矜的，敖惰自己所敖惰的。所以《大学》说，喜欢一个人却能看到其人身上的恶，厌恶一个人却能看到其人身上的美，这样的人是非常少的。这表明，人总是易于受到情感的影响而导致自己无法正确地认识他人身上的优缺点。换言之，人的理性总是易于被情感所

① （清）王夫之：《读四书大全说》，中华书局1975年版，第48—49页。

遮蔽。由此而言，修身的关键在于对治自己的情感，而对治情感的关键恰恰就是运用理性，即"好恶知其恶，恶而知其美"的"知"。

《大学》将齐家视为治国的逻辑前提，其理由是"其家不可教而能教人者，无之"。这一理由至少涵盖两层意思：第一层意思是，基于血缘情感的基础，人人都希望自己的家人能够过更有道德和尊严的生活，所以能够自觉地在家庭中推行道德教育而教导家人，这是"亲亲"之义中所包含的基本内涵之一。"亲亲"也意味着选择和施行的齐家之原则，首先对于家庭成员而言都是积极的，这些积极的原则若运用到社会、国家层面，因其从民所好则民易从之。若一个人都不能在自己的家庭中重视家人的道德教育，我们又如何相信他会重视无血缘亲情的他人之道德教育呢？在儒家看来，道德教育是引导一个人提高自我道德修养的必经途径，忽略了这一点，意味着放弃了自己承担的对待他人的最大责任。所以，第二层意思是，《大学》把齐家看作是治国的预先练习，认为一个人若是不具备齐家能力的话，在治国问题上也会陷入困境，即"所藏乎身不恕，而能喻诸人者，未之有也"（《大学》）。换言之，不能齐家的人却说自己能够治国，在儒家看来是无法想象的，所以《大学》说"未有学养子而后嫁者也"。在谈到如何齐家时，《大学》提出了三原则，即"孝""弟""慈"，并认为"孝"的原则可以扩充到"事君"上，"弟"的原则可以扩充到"事长"上，"慈"的原则可以扩充到"使众"上。同时，《大学》也进一步强调，要使这三原则能够真正地贯彻和落实，不可忽略自己的修养问题，即"君子有诸己而后求诸人，无诸己而后非诸人"，因为"所藏乎身不恕，而能喻诸人者，未之有也"。这显然是在进一步强调欲齐家必先治身的重要性，所以朱熹在注解这一段话时说："有善于己，然后可以责人之善。无恶于己，然后可以正人之恶。皆推己以及人，所谓恕也。不如是，则所令反其所好，而民不从矣。"①

《大学》将治国视为平天下的理论前提。如何治国？《大学》并未给出具体的施政措施，而是给出了一个根本的治理原则，即"絜矩之道"。《大学》说：

①　（宋）朱熹：《四书集注》，凤凰出版社2005年版，第11页。

> 所恶于上，毋以使下；所恶于下，毋以事上；所恶于前，毋以先后；
> 所恶于后，毋以从前；所恶于右，毋以交于左；所恶于左，毋以交于右。
> 此之谓絜矩之道。

可以看出，这一"絜矩之道"是从"己所不欲，勿施于人"的消极面说治理原则的。当然，儒家也有从"己欲立而立人"的积极面说治理原则，所以上述"絜矩之道"亦可以从积极面予以规定，即：

> 所好于上，务以使下；所好于下，务以事上；所好于前，务以先后；
> 所好于后，务以从前；所好于右，务以交于左；所好于左，务以交于右。
> 此之谓絜矩之道。

因此，《大学》所强调的"絜矩之道"，就其判断准则而言，根据的是人的好恶情感。所以在接着解释"絜矩之道"内涵的话之后，《大学》引用《诗经》"乐只君子，民之父母"语而发挥出君子为"民之父母"义。君子如何为民之父母？《大学》主张"民之所好好之，民之所恶恶之"，即以民之好恶来规定治理原则的基本内涵。民之好恶何以具有规范意义？从"好人之所恶，恶人之所好，是谓拂人之性，菑必逮夫身"的观点可以看出，《大学》是在人性意义上谈民之好恶。《大学》并未明确地说所拂乱的人性到底是怎样的，但从"德本材末""国不以利为利，以义为利"以及引用《康诰》《楚书》《秦誓》等文献的内容来看，此处的人性是偏向于说性善的。民之好恶，与孟子所说"理义之悦我心"同理，即民之好理义而恶非理义。因而，行理义则民好之，行非理义则民恶之。同时，《大学》也进一步强调，真正能够理解和把握民之好恶的，只有仁人，即"唯仁人为能爱人，能恶人"。这逻辑上将治国的根本途径又归结为修身问题。这也正是《大学》开篇在提出三纲领与八条目之后而特别强调"自天子以至于庶人，壹是皆以修身为本"的原因所在。

第六章 《中庸》：疏通思想境界

在儒家经典理论体系中，《中庸》被视为孔门心法。朱熹说："此篇乃孔门传授心法，子思恐其久而差也，故笔之于书，以授孟子。其书始言一理，中散为万事，末复合为一理。'放之则弥六合，卷之则退藏于密'，其味无穷，皆实学也。善读者玩索而有得焉，则终身用之，有不能尽者矣。"① 所谓心法，往往强调一思想在一理论体系中带有根本义、究竟义和真实义，意味着这一思想是这一理论学说的精髓和核心所在。在这个意义上可以说，《中庸》思想呈现了儒家之道的"极高明"。同时，《中庸》对儒家之道的开显是"造端乎夫妇，及其至也，察乎天地"，即是从人的最平常的人伦生活开始而及于天地运行的根本规律的，所以说，《中庸》使儒家精神在天道与性命相贯通的过程中真实显现，从最平常说到最高明，因而疏通了儒家的思想境界。所以钱穆将中庸思想视为我们的思想传统。他说："惟其中国传统，特重此中庸之道，故中国传统思想，亦为一种中庸思想。此种思想，则必尊德性，致极于人性之广大共通面，温故而崇礼。明儒王阳明所倡'知行合一'之学，殆为真得中国传统思想之精义。此亦可谓之中庸之学。"②

---

① （宋）朱熹：《四书集注》，凤凰出版社 2005 年版，第 18 页。
② 钱穆：《中国思想通俗讲话》，生活·读书·新知三联书店 2013 年版，第 5 页。

一、中庸的主旨：修道之谓教

《中庸》阐释了儒家哲学的基本精神。在儒家经典系统中理解《中庸》，陈赟指出，《中庸》在儒家经典系统中处于核心位置。他说："事实上，宋代黎立武在他的《中庸指归》中曾经断言：'《中庸》者，群经之统会枢要也。'这意味着，儒家的'六经'展示了一个彼此相互通达的思想世界，在某种意义上，它们都是对中庸之道的不同揭示方式。"① 正如陈赟所意识到的，《中庸》在儒家哲学思想体系中具有思想的"本体"地位。说它是思想的本体，意味着它代表了儒家哲学最基本的思想内涵及其理论特质。

（一）自《大学》以至于《中庸》

我们对《中庸》思想的理解承接对《大学》的理解而来的。为什么要由《大学》讲到《中庸》？在谈及《大学》的特点时，牟宗三指出："是则《大学》只列举出一个实践的纲领，只说一个当然，而未说出其所以然，在内圣之学之义理方向上为不确定者，究往哪里走，其自身不能决定，古人得以添彩而有三套之讲法。"② 按照牟宗三对《大学》的判断，《大学》其实是一个实践的纲领性文件，这个纲领性文件展示了一种实践的方略，但为什么要选择这样一种实践？这一实践的方向在哪里？这些问题《大学》并未说出其"所以然"，《中庸》正是承接这一问题意识而讲一个实践的"所以然"。

按照牟宗三的说法，在《大学》与《中庸》之间，具有一个"所然"和"所以然"的内在逻辑关系。如何理解这种关系？这可以从对《大学》和《中庸》两部经典的思想主旨之判断谈起。在我看来，《大学》的思想主旨在于"学"，着重阐释如何成为大人的为学之工夫，最能体现其思想主旨的是"大学之道，

---

① 陈赟：《中庸的思想》，浙江大学出版社 2017 年版，第 15 页。
② 牟宗三：《心体与性体》（上），吉林出版集团有限责任公司 2013 年版，第 18—19 页。

在明明德，在亲民，在止于至善"一句。《中庸》的思想主旨在于"教"，着重阐释何谓圣人之道的立教之本体，最能体现其思想主旨的是"天命之谓性，率性之谓道，修道之谓教"一句。关于《中庸》之"教"与《大学》之"学"的区别，王夫之曾指出：

> 至于教非学，学非教，义之必不可通也，则尤明甚。"繇教而入"者，贤人之学，而必不可谓教者贤人之事。故蓝田于此，亦有所不能诬，而必云"圣人之所教"。夫学以学夫所教，而学必非教；教以教人之学，而教必非学。学者，有事之词也；教者，成法之谓也。此而可屈使从我之所说，则亦何不可抑古人以徇其私见哉？①

按照王夫之的理解，《大学》之"学"是落实于"有事"上的实践活动，必须有一种原则和精神（即"教"）进行指引，所以需要"学夫所教"。《中庸》之"教"是凝聚提炼而成为"成法"的立人之道，这种立人之道必须有一种方法和途径（即"学"）进行实践，所以需要"教人以学"。王夫之把前者概括为"贤人之学"，而把后者称为"圣人之教"，并且说"君子学由教入"②，其实质在于指出：君子学以成人的实践是奠定在人之为人的思想基础之上的。显然，就经典系统而言，这是在强调"明教"的《中庸》比"为学"的《大学》更为根本。

如何进一步理解这种"学"与"教"的差别？我们可以结合王夫之对《大学》之"慎独"与《中庸》之"慎独"的比较进行理解。王夫之说：

> 《大学》言慎独，为正心之君子言也。《中庸》言慎独，为存养之君子言也。唯欲正其心，而后人所不及知之地，己固有以知善而知恶……唯尝从事于存养者，则心已习于善，而一念之发为善，则善中之条理以

---

① （清）王夫之：《读四书大全说》，中华书局 1975 年版，第 147 页。
② （清）王夫之：《读四书大全说》，中华书局 1975 年版，第 152 页。

动天下而有余者，人不知而已知之矣。心习于善，而恶非其所素有，则恶之叛善而去，其相差之远，吉凶得失之相为悬绝者，其所自生与其所必至，人不知而已知之矣。①

照王夫之的观点，《大学》是为正心君子而言的，这是一种指引我们去辨明是非善恶的"初学入德之门"，而《中庸》则是为存养君子而言的，这是一种已经明了至善而可以为君子终生行之而"须臾不可离"的人道精神。对于《大学》而言，是指引我们"知"一种方向，所以《大学》首先强调的是"知止"，由此而后"有定""能静""能安""能虑""能得"；对于《中庸》而言，是推动我们"行"一种方向，所以《中庸》综括《大学》三纲领、八条目为"修道之谓教"。概言之，《大学》侧重于强调学以致知，故其论八条目由格物致知开始；《中庸》侧重于强调思以明觉，故其论工夫境界以"至诚"为高。可见《中庸》在工夫与境界上对《大学》的扩充与提升。所以，在谈到《大学》与《中庸》的关系时，王阳明曾说："子思括《大学》一书之义，为《中庸》首章。"②

如果说《大学》的思想特质在实践论，阐发了儒家"内圣外王"的实践哲学的话，那么，《中庸》则建构了这一实践哲学的形而上学基础，并在形而上学的基础上进一步阐发了这一"内圣外王"的实践哲学。具体而言，《中庸》对形而上学基础的建构，体现在"唯天下至诚可以与天地参"的对"性"问题的追问；《中庸》对实践哲学的阐发，则体现在"唯天下至诚为能化"的对"化"何以成行逻辑的思考。

（二）《中庸》的思想主题

托马斯·内格尔在探讨"人的问题"时，曾指出："哲学涵盖的论题范

① （清）王夫之：《读四书大全说》，中华书局1975年版，第73—74页。
② （明）王守仁撰，王晓昕译注：《传习录译注》，中华书局2018年版，第81页。

围很广，但它关注的问题始终有一部分与凡人的生活相关：如何理解人生，以及如何度过人生。"那么，应如何理解人生以及如何度过人生？内格尔则认为："要着手解决这样的难题，必须运用这样一种哲学方法，它不断要达到理论的理解，还要达到个人的理解，它力图把理论的成果融入人的自知之明的框架之中，从而实现两者的结合。"①《中庸》作为一部哲学著作，恰恰也体现了儒家学者运用哲学思维来思考人的问题的独特方式。这种独特的思维方式是天人合一。杜维明指出："其实，天人合一乃《中庸》的基本主题，它构成《中庸》所有哲学论述的基础。"②

最能体现天人合一思维方式的，是《中庸》对天道和人道以"诚"的精神进行的贯通。《中庸》说："诚者，天之道也；诚之者，人之道也。"对此，朱熹的解释是："诚者，真实无妄之谓，天理之本然也。诚之者，未能真实无妄而欲其真实无妄之谓，人事之当然也。"③按照朱熹的理解，天人合一的基本内涵，就是"天理之本然"真实无妄地化为"人事之当然"。这种思想，实质上是在强调人的存在及其实践是由天道所决定的。以"诚之"来论人道，说明人的存在方式是由人之为人的本性真实呈现的，而人的实践方式也是由人之为人的本性真实所要求的。在这里，"方式"意味着规范性，即为什么我们必须这么做才是对的。何谓规范性？美国学者克里斯蒂娜·科尔斯戈德说："当我们寻求道德的哲学根基时，我们寻求的就不仅仅是一个道德实践的解释，我们要问的是，是什么东西确证了道德对我们的要求。这就是我称之为'规范性问题'的东西。"④在克里斯蒂娜看来，规范不只是在描述我们实际调节行为的方式，还向我们提出了要求，规范"能够命令我们、强迫我们，或建议我们、引导我们"⑤。在儒家哲学中，这正是被称为"道"的东西，

---

① ［美］托马斯·内格尔：《人的问题》，万以译，上海译文出版社 2004 年版，第 1 页。

② 杜维明：《中庸：论儒学的宗教性》，生活·读书·新知三联书店 2013 年版，第 5 页。

③ （宋）朱熹：《四书集注》，凤凰出版社 2005 年版，第 32 页。

④ ［美］克里斯蒂娜·科尔斯戈德：《规范性的来源》，杨顺利译，上海译文出版社 2010 年版，第 10 页。

⑤ ［美］克里斯蒂娜·科尔斯戈德：《规范性的来源》，杨顺利译，上海译文出版社 2010 年版，第 9 页。

即《中庸》所谓"道也者，不可须臾离也，可离非道也"的"道"。

那么，这种必须或不得不的规范性，其来源是什么？《中庸》凝练并发挥孔子"知天命"之后才能"从心，所欲不逾矩"的生命实践过程为开篇三句话，即"天命之谓性，率性之谓道，修道之谓教"，将规范性的源头归结为"天命"上。陈赟说："《中庸》在其首章通过'天命之谓性，率性之谓道，修道之谓教'所提供的，并不是性、道、教的各自定义，而是意在引出这样的一个思想：中庸的本质就在于命、性、道、教四者之间的相互贯通，而这种贯通正是中庸思想的原初经验。"① 天人合一的"合"是一种贯通，这种贯通，按照陈赟的说法，是通过"命"—"性"—"道"—"教"的相互贯通而实现的。这一思想的目标，在为人的存在和实践提供一种带有必然性的规范性，儒家把这种要求人如何实践的规范性，称为"人之道"。

在天人合一的逻辑中思考人的问题，何以使这种对人的理解成为人必须实践的一种规范性呢？这种规范性依靠的是敬畏的力量。杜维明指出，"中庸"不是宗教，但具有一种宗教性的精神。② 我们理解，所谓的宗教性，指的是一种对待问题的思维方式，这是一种以信仰的方式来对待问题的思维方式。之所以会形成这种以信仰为特征的思维方式，根源是由所思考的问题决定的。我们往往能够将"信仰"与"经验"相对待来看，经验的方式是以科学实证的态度来对待问题，并获得一种关于事实的知识体系。因此，经验所要解决的问题是有关具体事物的问题；而信仰则是以相信承认的态度来对待问题，并获得一种关于价值的观念体系，所要解决的问题则是整全的问题。整全的问题实质上是哲学上的本体论问题。

宗教性的思维方式就属于一种本体论的信仰思维。《中庸》之所以具有宗教性，正是因为它追问有关本体及其作用的问题。因为在《中庸》的解释者的理解中，"中"就是本体，"庸"是本体之"用"。《中庸》说"喜怒哀乐之未发，谓之中"，按照程朱理学的解释，未发之"中"即为"性"，而性是

---

① 陈赟：《中庸的思想》，浙江大学出版社 2017 年版，第 4 页。

② 杜维明：《中庸：论儒学的宗教性》，生活·读书·新知三联书店 2013 年版，第112 页。

自天命而出的，即《中庸》所说"天命之谓性"，由此而言，"中"亦可说就是"天命"。孔子有"畏天命"的说法。对于天命的态度何以是"敬畏"呢？因为"敬畏"是理解天命的恰当方式。谈到敬畏，A.J.赫舍尔说："敬畏不只是一种感情；它也是一种理解方式，是对比我自身更伟大的意义的洞察。敬畏起源于惊奇，而智慧起源于敬畏。"①因强调敬畏的对象具有比我自身更伟大的意义，所以，对这一意义的洞察方式就主要表现为信仰而非分析。敬畏的理解方式是基于信仰的，因为它相信存在崇高与至上的决定性力量，所以相信它、仰望它并希望皈依它。正如赫舍尔所说的："尽管我们自命不凡，尽管我们贪得无厌，但由于意识到我们被要求做某事，意识到我们被要求惊讶、崇敬、思考并按照与生存的庄严性和神秘性相称的方式去生存，我们便受到推动。"②事实上，我们亦可以看出，对于"天命"，《中庸》并未提供任何理性的证明，而是直接以之为形而上的真实根基。

（三）"中庸"的思想内涵

如何理解"中庸"的思想内涵？

一种理解是把"中庸"定义为道德原理。代表者是程朱理学。如程颐解释说："不偏之谓中，不易之谓庸。中者天下之正道，庸者天下之定理。"③朱熹解释说："中庸者，不偏不倚、无过不及，而平常之理，乃天命所当然，精微之极致也。"④

另一种理解则把"中庸"定义为道德实践。代表者是王夫之。王夫之认为，"中庸"在语法结构上是"言中之用"，因此，"中庸"指的是"天下事物之理

---

① [美] A.J.赫舍尔：《人是谁》，隗仁莲、安希孟译，贵州人民出版社 2009 年版，第 61 页。

② [美] A.J.赫舍尔：《人是谁》，隗仁莲、安希孟译，贵州人民出版社 2009 年版，第 77 页。

③ （宋）程颢、程颐：《二程集》，中华书局 1981 年版，第 100 页。

④ （宋）朱熹：《四书集注》，凤凰出版社 2005 年版，第 19—20 页。

而以措诸日用者也"①。当然，道德实践的前提是已经存在一种需要遵守的道德原理。所以王夫之把"中"也理解为是一种道德原理。但他与程、朱的区别在于，他认为《中庸》的主旨主要是落在"用"上。他说："《中庸》一部书，大纲在用上说。即有言体者，亦用之体也。乃至言天，亦言天之用；即言天体，亦天用之体。大率圣贤言天，必不舍用，与后儒所谓'太虚'者不同。"②

我们对"中庸"的理解，则主张通过体会《中庸》这一段话来揭示。这段话是：

> 喜怒哀乐之未发，谓之中；发而皆中节，谓之和。中也者，天下之大本也；和也者，天下之达道也。

我们以为，这里的"中""和"即是"中庸"。从"达道"的说法来看，"中庸"代表所有人都要遵循的一种实践法则；就"大本"的说法来看，"中庸"意味着这种法则之所以成为实践法则，是因为它具有一种内在的规定性。合"大本"与"达道"而言的中庸，实质上探讨了人之为人在"所应然"和"所以然"意义上的规范性。从这一角度来理解"中庸"之内涵的话，"中"实质上是规范性的所以然，儒家称之为"理"，"庸"原初意义为"用"，指的是将这样一种规范性贯通于人的人伦日用之中，"中"实际上是一种规范性的要求，即所应然。"中庸"即是"道在伦常日用"的意思，指的正是要求我们应该怎么做的一种规范性。在这种理解的基础上，我们同意王夫之对"中庸"的界定。

作为一种规范性，"中庸"的基本内涵是由"中"所规定的。因为"庸"只是"用"，以何为用则由"中"表示。王夫之说："天下之理统于一中：合仁、义、礼、知而一中也，析仁、义、礼、知而一中也。"③ 即在王夫之看来，"中"的内涵是"仁""义""礼""知"。这四种内涵的共同规定则是"善"。

---

① （清）王夫之：《读四书大全说》，中华书局1975年版，第65页。

② （清）王夫之：《读四书大全说》，中华书局1975年版，第138页。

③ （清）王夫之：《读四书大全说》，中华书局1975年版，第59—60页。

《中庸》说："诚身有道，不明乎善，不诚乎身矣。"朱熹解释"不明乎善"："谓未能察于人心天命之本然，而真知至善之所在也。"[①] 可见，"善"既然是"人心天命之本然"，则"善"正是作为本体的"中"的属性。王夫之即说："善者，中之实体，而性者则未发之藏也。"[②]

陈赟指出："《中庸》直接指向了中国思想触摸实体的独特方式，因而它历来被理解为（文化）中国之灵魂的直接展现与直接诠释。"[③] 那么，中庸之道展现和诠释了中国文化所具有的是怎样一种哲学精神？是关于生命的精神。中国哲学关注的是生命，儒学更是如此。牟宗三指出："中国哲学，从它那个通孔所发展出来的主要课题是生命，就是我们所说的生命的学问。它是以生命为它的对象，主要的用心在于如何来调节我们的生命，来运转我们的生命、安顿我们的生命。"[④] 作为一种规范性的"中庸"，指的是儒家所开辟的用来调节我们的生命、运转我们的生命和安顿我们的生命的一种做人的根本道理。陈赟说："中庸所确立的是'天地之间'这样一个生活境域，它教导人们如何在天地之间堂堂正正、'顶天立地'地做人。"[⑤] 作为一种规范性的"中庸"，指的是按照这样一种做人的根本道理贯彻于人伦日用之中。《中庸》把君臣、父子、夫妇、昆弟和朋友这五种最基本的人际关系称为"天下之达道"，意味着人人均须在这样的人伦关系中磨炼自己的生命，实现自己的人性之善。

二、中庸的思想：即本体、即工夫、即境界

儒家在说到究竟义、根本义时，经常用"道"字来表示。"中庸"是儒

---

① （宋）朱熹：《四书集注》，凤凰出版社 2005 年版，第 32 页。
② （清）王夫之：《读四书大全说》，中华书局 1975 年版，第 81 页。
③ 陈赟：《中庸的思想》，浙江大学出版社 2017 年版，"初版自序"。
④ 牟宗三：《中国哲学十九讲》，上海古籍出版社 2005 年版，第 12 页。
⑤ 陈赟：《中庸的思想》，浙江大学出版社 2017 年版，第 2 页。

学的究竟义、根本义，所以往往被视为一种"道"。陆九渊就曾说："故某尝谓儒为大中……吾儒之道，乃天下之常道，岂是别有妙道？谓之典常，谓之彝伦，盖天下之所共由，斯民之所日用，此道一而已矣，不可改头换面。"①在陆九渊看来，儒家之道就是"大中之道"，即"中庸之道"。"道"在儒家哲学中，或做本体讲，或做工夫讲，或做境界讲。由此，所谓中庸之道，即本体，即工夫，即境界。王夫之就说："故《中庸》一篇，无不缘本乎德而成乎道，则以中之为德本天德，而庸之为道成王道，天德、王道一以贯之。"②其中，"以中之为德本天德"揭中庸为本体论，"庸之为道成王道"揭中庸为工夫论，"天德、王道一以贯之"揭中庸为境界论。

（一）作为本体论的"中庸"

何谓本体论？简言之，本体论是关于事物的本质，即事物到底是什么的问题之探究。因此，本体论即是形而上学。对于《中庸》而言，它首先是儒家关于人的一种形而上学。这一形而上学的目的在于回答"人是谁"的问题。A.J.赫舍尔说："关于人的问题是一个根本问题，我们所提出的其它一切问题有没有意义，都取决于我们为这个问题所提供的答案。"③

那么，什么是关于人的形而上学式提问？这种提问基于这样一种认识，即对人的真正认识必须基于一种整体性的探索。正如赫舍尔所指出的，现代社会的大量科学活动，如人类学、经济学、语言学、医学、生理学、政治学、心理学和社会学等等，都是致力于探索人类生活的不同方法，然而，这种孤立地探索人的某种机能或活动的专门研究，都只是从特殊的机能或行动出发来看待人的，这种做法使我们对人的认识并不是越来越整体和全面，恰恰是越来越支离与破碎。这导致人格的破裂，比喻上的误解以及把部分当作

---

① （宋）陆九渊：《陆九渊集》，中华书局 1980 年版，第 20 页。

② （清）王夫之：《读四书大全说》，中华书局 1975 年版，第 61 页。

③ ［美］A.J.赫舍尔：《人是谁》，隗仁莲、安希孟译，贵州人民出版社 2009 年版，第21 页。

整体，概言之，这样的探索使我们离对人的整个存在的关心越来越远。① 因此，对"人是谁"这一问题的探索需要的是一种哲学的取径，因为按列奥·施特劳斯对哲学的定义："探求智慧的哲学是对普遍知识的探求，对整全知识的探求。"② 哲学提供的正是一种对人的整全知识进行探求的方法。

《中庸》对"人是谁"这一问题进行了形而上学的探究。这种形而上学的探究从追问"人的本质是什么"开始。《中庸》开篇三句话就是对人的本质是什么这一问题的回答。王阳明说："子思性、道、教，皆从本原上说天命。于人则命便谓之性；率性而行，则性便谓之道；修道而学，则道便谓之教。"③ 天命即是人的本质所在，按照王阳明的理解，《中庸》性、道、教三句话都是对"天命"的揭示。"天命"即"天理"。朱熹说："天以阴阳五行化生万物，气以成形，而理亦赋焉，犹命令也。"④"天理"即"中"。王阳明说："中只是天理。"⑤"中"是本体。王夫之说："中无往而不为体。"⑥ 前文分析中指出，世界的大本即"中"，就其性质而言是纯粹的"善"。因此，对儒家而言，宇宙本体是道德的本体，由此本体所决定的宇宙世界是一个道德的世界。

既然是道德本体，那么，本体不仅决定了人的存在，而且还为人的存在提供了意义。赫舍尔说："人的存在从来就不是纯粹的存在；它总是牵涉到意义。意义的向度（dimension）是做人所固有的，正如空间的向度对于恒星和石头来说是固有的一样。正像人占有空间位置一样，他在可以被称作意义的向度中也占据位置。人甚至在尚未认识到意义之前就同意义有牵连。他可能创造意义，也可能破坏意义；但他不能脱离意义而生存。人的存在要么获得意义，要么叛离意义。对意义的关注，即全部创造性活动的目的，不是自

① ［美］A.J.赫舍尔：《人是谁》，隗仁莲、安希孟译，贵州人民出版社2009年版，第3页。
② ［美］施特劳斯：《什么是政治哲学》，李世祥等译，华夏出版社2014年版，第2页。
③ （明）王守仁撰，王晓昕译注：《传习录译注》，中华书局2018年版，第179页。
④ （宋）朱熹：《四书集注》，凤凰出版社2005年版，第18页。
⑤ （明）王守仁撰，王晓昕译注：《传习录译注》，中华书局2018年版，第114页。
⑥ （清）王夫之：《读四书大全说》，中华书局1975年版，第60页。

我输入的；它是人的存在的必然性。"①《中庸》则把这种意义形象地比喻为"味道"。孔子说："道之不行也，我知之矣：知者过之，愚者不及也。道之不明也，我知之矣：贤者过之，不肖者不及也。人莫不饮食也，鲜能知味也。"在这里，孔子以饮食来比喻人的实践，而以"味"来比喻"道"。那么，这里的"道"怎么理解？王夫之说："此章及下章三'道'字，明是'修道之谓教'——'教'字在事上说。"②也就是说，这里的"道"是人实践活动所要达成的意义，因而是一种"味道"，是做人的"味道"。在儒家看来，具有这种"味道"的人是君子，不具有这种"味道"的人是小人。在本体论意义追问人，儒家也意识到："人类的对立面不是动物，而是恶魔一般的人。"③正是基于这样的理解，儒家在思考人的问题时，总是以君子和小人作对比，而不是人和禽兽相比较。君子和小人的区别在于是否真实无妄的体验和显现着本体。杜维明指出："即按照《中庸》的思维方式，君子的自我修养（'修身'）决不是一件私人的事情，因为对人性中原本的宁静状态的体验，不仅只是一种对于这些基本感情出现之前的平静状态所进行的心理学意义上的体验，而且还是一种对终极实在做的本体论意义上的体验。或者用《中庸》中的话来说，是一种对世界'大本'的体验。"④何谓"君子"？按照杜维明的解释，君子就是体验着世界"大本"的人，君子是"诚之者"——这里的"之"是本体；小人与君子相反，是"反之者"。所以孔子说："君子中庸，小人反中庸。君子之中庸，君子而时中；小人之中庸也，小人而无忌惮也。"（《中庸》）

道德本体的"自诚明"规定了人是道德上的真实之人，所以说"自诚明，谓之性"；现实之人的"自明诚"推动着人实践着一种道德的世界观，所以说"自明诚，谓之教"。对《中庸》而言，除非道德本体是真实存在的，否

---

① ［美］A.J.赫舍尔：《人是谁》，隗仁莲、安希孟译，贵州人民出版社2009年版，第35—36页。

② （清）王夫之：《读四书大全说》，中华书局1975年版，第92页。

③ ［美］A.J.赫舍尔：《人是谁》，隗仁莲、安希孟译，贵州人民出版社2009年版，第71页。

④ 杜维明：《中庸：论儒学的宗教性》，生活·读书·新知三联书店2013年版，第4—5页。

则我们的道德动机和道德行为就不会是真实的。如果我们的道德动机和道德行为是真实的，那一定是有一个真实的道德本体的存在在推动着我们必须如此想、如此做。

（二）作为工夫论的"中庸"

"中"作为本体在人的实践活动中则转为实践原则，规范着人的实践活动。由此，"中庸"具有了实践论的内涵。孔子就说："不得中行而与之，必也狂狷乎！狂者进取，狷者有所不为也。"（《论语·子路》）可见，孔子是在用"中"的"行"的意义上阐发不偏不倚的意义。对于儒者而言，"中庸"是一种用"中"的实践活动。王夫之就说："《中庸》一部书，大纲在用上说。即有言体者，亦用之体也。乃至言天，亦言天之用；即言天体，亦天用之体。大率圣贤言天，必不舍用，与后儒所谓'太虚'者不同。"①

儒家所谓的实践活动，概而言之，即是《大学》所谓的修身、齐家、治国和平天下四件主要的大事。《大学》探究了这四件大事间的内在逻辑及其因果关系：为什么欲平天下必先治其国，为什么欲治其国必先齐其家，为什么欲齐其家必先修身。《中庸》则总括《大学》修齐治平的实践方法而为"中庸之道"，在分别论述修身、齐家、治国和平天下的过程中阐述用"中"之理。因而，中庸是一种所有人都应当遵守的普遍原则。普遍意味着最大的公共性。所以，中庸不是因人而异的行为准则。一种行为准则如果是因人而异的，这种行为准则就是特殊的。中庸所追寻的是对所有人都有引导和规范意义的行为准则。王夫之就说："中庸之道，圣以之合天，贤以之作圣，凡民亦以之而寡过。国无异政，家无殊俗，民之能也。"②

作为实践的指导原则，"中庸"也是我们认识世界的思维方式。因为一种用"中"的行动本身就包含着一种关于"中"的方法论，由此而言，用"中"

---

① （清）王夫之：《读四书大全说》，中华书局1975年版，第138页。
② （清）王夫之：《读四书大全说》，中华书局1975年版，第91—92页。

首先就是一种实践观点的思维方式。这种思维方式本用"中"之人来理解和对待他的实践对象。那么，作为一种思维方式，"中庸"是如何指导人们去认识世界的呢？作为一种认识世界的思维方式，"中庸"的基本内涵是：一，"一分为三"，即对事物的认识从三个方面进入。二，"执两用中"。所谓"两"指的是矛盾的对立双方，"中"是对立双方的矛盾关系。三，"会三归一"。即"两"和"中"构成了理解事物的"三"个方面，必须把这"三"个方面都纳入考虑之中才是对事物的整全理解，这是"一"。

以儒家对世界的看法为例。世界作为我们要认识的对象，是"一"，儒家认为，对世界的认识主要可以分为天、地、人三个方面，这是"一分为三"。天、地、人三方面构成了某种形式的圆形之环：对于天地而言，人具有天地之中而能够"上下通达"①；对于人而言，"天"被视为形而上者，赋予人具有"道"的特征，"地"被视为形而下者，赋予人具有"器"的特征，兼具道器的是有形之人，这就是《周易·系辞上》所说的"形而上者谓之道，形而下者谓之器"中的"道—形—器"思想结构。按照传统的天为阳、地为阴的说法，"天"和"地"在儒家看来是组成宇宙的矛盾双方，即"两"，而兼有天、地属性的人则是矛盾双方合和的产物，即"中"。人总是以自身的立场和视角为中心看待宇宙，所以是"执两用中"。在儒家看来，如果这三者中的任何一环崩溃，其余两者也会跟着崩溃。由此形成了儒家式的天人合一思想。这种天人合一思想的产生，是基于这样的认识："因为生命的自然和道德秩序始自天的创造力，所以被儒家视为占据宇宙中心位置的人，能够匹配最高的创造能力。以这种方式儒家发展出了一种以人为中心的宇宙观以作为价值中心的人生观之前奏。"② 所以，相对于"天"和"地"这上下的两端，处于其中的人，既具有天的属性，因而可取法于天，也具有地的属性，因而可取法于地。这意味着"人"以自己的实践将天、地、人三才之道进行贯通，这是"会三归一"。

---

① 陈赟：《中庸的思想》，浙江大学出版社 2017 年版，第 31—51 页。

② 方东美：《中国哲学之精神及其发展》，匡钊译，中州古籍出版社 2009 年版，第 86 页。

当然，中庸的这种方法论往往也可以运用到对具体问题的思考中。如就对人的理解而言，"执两"是指将人分身和心为二，"用中"则意味着对人的理解需要合身心内外为一。如果把"两"理解为"正"与"反"的话，"中"则是正反的"合"，那么，"中庸"也可以理解为是正—反—合的儒家式"辩证法"。

（三）作为境界论的"中庸"

在学理上，境界论是承接方法论来的。在实践上，工夫论就是境界论，因为实践工夫的每一步达成都意味着境界的逐步提升。当作为本体的规范性转化为道德行为者的实践同一性时，《中庸》说就是"致中和"。所谓"中和"，描述的是道德行为者以喜怒哀乐等形式表现出来的实践活动，是由"中"而发并由"中"而节的一种状态。这种状态是中国哲学所说的境界，《中庸》把这种境界称为"中和"。对这种境界的思想阐释也是"中庸"的基本内涵之一。所以陈赟把"中庸"视为一种上下通达的"智慧"或"道艺"。他说：

> "中"不是任何一种形式的实在，普遍的与特殊的、具体的与抽象的；而是上下之间的贯通。"庸"意味着"用"，但又不是那种工具性、策略性的实用和实效之用，"唯达者知通为一，为是不用而寓诸庸。庸也者，用也；用也者，通也；通也者，得也"。相对于工具性、功效性之"用"，"庸"毋宁说是一种"无用之用"，它对应着的不是"技"术，而是"艺"术。由此，"中庸"意味着如何上下通达的"智慧"或"道艺"。①

既然是上下通达的"智慧"，那么，获得了这种智慧，就意味着生命达到了它应有的高度。这种高度是思想和精神的境。《中庸》说："唯天下至诚，为能经纶天下之大经，立天下之大本，知天地之化育。夫焉有所倚！肫肫其仁，渊渊其渊，浩浩其天。苟不固聪明圣知达天德者，其孰能知之？"

---

① 陈赟：《中庸的思想》，浙江大学出版社 2017 年版，第 1—2 页。

将视野放在"达天德"上，《中庸》呈现了一种"洋洋乎发育万物，峻极于天"的思想境界。《中庸》还说："唯天下至诚，为能尽其性；能尽其性，则能尽人之性；能尽人之性，则能尽物之性；能尽物之性，则可以赞天地之化育；可以赞天地之化育，则可以与天地参矣。"将目光放在"赞天地之化育"上，《中庸》呈现了一种"至诚如神"的精神境界。所以杜维明把"中庸"的思想视为儒家人文精神的全部展开。他说："《中庸》里有一个非常有明确价值的信念，如果我充分了解自己的人性，我就可以了解一般人的人性；如果可以了解一般人的人性，我就可以了解物性；假如我能真正地了解物性，我就可以'参天地之化育'，参加天地大化流行的创生性。也就是说，如果我们参加天地之化育，则我可以与天地为参。这也就是说，天地人可以成为一个全面的、整体的人文关怀，这是人文精神全部的开展。"① 儒家的人文精神浓缩在《中庸》的三句话中："尊德性而道问学，致广大而尽精微，极高明而道中庸。"

《中庸》何以说"尊德性而道问学"？德性是人之为人的"所以然"，是人人禀受的同一人性，儒家强调对这一思想的基本态度是不怀疑、不否定、不分殊，认为所有人是"一兮趋同"的。所以，对于德性的态度是"尊"——在这一点上，与道家的"贵德"思想是同一态度。如何对待人性的态度，反映了如何认识人的观念，而如何认识人的观念，将决定在现实中如何对待人的态度。这正是儒家为什么主张"反求诸己"的原因所在。这种反求的态度正是"尊"。"尊"是一种对待德性的理解方式和基本态度。按照"天命之谓性"的逻辑，《中庸》的"尊德性"就是《论语》中孔子所说的"畏天命"。可见，在儒家这里，"尊"与"畏"是同样的理解方式。在天命的意义上"尊"德性，恰恰是赫舍尔所说的，在洞察一种比人自身更伟大的意义，并且主张这种伟大的意义可以在人身上实现。"尊"的态度体现了一种对待生命必然性的思维方式，因为，德性正是人的生命必然性。同时，儒家也看到，现实的人都表现为各具特点的差异性，并把这差异性的形成归因于"习"，即后天的文

---

① 杜维明：《儒家传统与文明对话》，彭国翔编译，河北人民出版社 2006 年版，第 13 页。

化学习和生活实践。既然"习相远"，所以儒家认为，"习"表现出人所具有的自由意志。这种自由意志决定了人在实践过程中所表现出的差异性，所以导致了人的分殊：或为君子，或为小人。当我们说现实的人分为"君子"和"小人"的时候，其实已经在根据一种判断标准对人的自由选择作出了评判，因而，这种判断的标准在儒家的思想概念体系中是高于自由意志的，这种判断的标准正是"德性"。作为自由意志的"习"以是否"尊"德性而形成对自由选择之结果的价值判断（或成为君子，或成为小人）。可见，儒家的自由意志，以人是否自觉依照自己的德性而发为现实的实践活动来定义，即自德性而发，由德性而行，方为人的自由意志。人的自由意志体现了对必然性的真正遵从。对于人而言，要实现自己的真正自由意志，根本途径在于从尊重自己的德性即生命必然性开始。而要形成一种尊重德性的自觉意识，首先需要在观念上认识德性。这种认识是一种"学问"，是"大学之道"。儒家的理念在于相信人人都有善良的天性，但现实是真正的君子总是为数不多的。正如杜维明所意识到的："这个事实就意味着，只有少数人才有内在力量把他们身上所固有的人性充分地实现出来。"① 这种内在力量是两种美德：一种是好学的美德，即对知识的渴求；一种是行动的美德，即勇敢的实践意愿。这两种美德由《大学》"格物致知"说进行了揭示，《中庸》将其凝练为"道问学"。

　　《中庸》何以接着说"致广大而尽精微"？《中庸》认为"天命之谓性"，主张人的德性来自天命，由此而言，尊德性就是尊天命，人能成就德性就意味着成就了天命，在这个意义上，人的最高成就是与天命合一。与天命合一也就意味着与天合一。"天"的境界是广大的，人与天合一，人的境界自然也是广大的。《中庸》认为要求致广大，须从尽精微入手。所谓"尽精微"，要求于事事上能够"尊德性"。这里"事"，指人的日常生活实践。在儒家看来，人的日常生活实践，按照活动展开的场域和对象不同，主要分为"修身""齐家""治国""平天下"这四件最基本也是最主要的大事情。这四件

---

① 杜维明：《中庸：论儒学的宗教性》，生活·读书·新知三联书店 2013 年版，第 32 页。

事，合而言之是政治的事：对于儒家而言，修身是政治的事，齐家是政治的事，治国和平天下都是政治的事。所以《中庸》凝《大学》的大学之道为"尽精微"三字。尊德性的道问学，要求在修身、齐家、治国和平天下的事事上尽精微，由尽精微而成于高明，方见广大，方致人道。这正是孔子"人道政为大"之思想。

《中庸》何以接着又说"极高明而道中庸"？在"天道与性命相贯通"的思维获得关于人的道理，显然是极为高明的，这种极高明的做人道理通过修身、齐家、治国和平天下的具体事件展开为人的生命实践活动。这种做人的道理，因其贯通天人，所以极为高明；因其在日用常行中表现，因而又极为平常。就实践而言，修身要解决的是自我的身心关系问题，而齐家、治国和平天下要解决的是人与他人（他人包括亲人、朋友、陌生人以及万物）的关系问题。概言之，这种极高明的做人道理实质上是人在处理各种关系。既然是处理关系，则需要遵循一种基本原理，使之成为规范我们实践的基本准则。反过来说，我们的实践活动，也以做到与这一基本原则不偏不倚、无过无不及的相契合为最高要求。这就是"道中庸"：既代表一种实践的原则和根据，即本体；又代表一种实践的方法和路径，即工夫；更代表一种实践的要求和追求，即境界。

即本体、即工夫、即境界的中庸，合而言之是生存论的中庸。正如陈赟指出："中庸所开辟的思想方向，不同于思辨性的 philosophy（哲学）与metaphysics（形而上学、元物理学或后物理学），也不同于史诗与神化传统中的追求超验之内在神秘体验的宗教与神学，它为思想提供的独特形态是无名的，因而也是无封无畛的，它就是'原—始'而充满活力的清澈的思想本身，以及一种能够转化为内在德性同时又可在'践形'中给出世界的'文—化'形式与力量，这种'文—化'形式，小可以文面修身，大则至于惊天动地、变易世界。"[①] 一句话，中庸就是生存。

---

① 陈赟：《中庸的思想》，浙江大学出版社 2017 年版，第 48 页。

三、中庸的实践：人道敏政

《中庸》说："优优大哉！礼仪三百，威仪三千，待其人而后行。故曰：苟不至德，至道不凝焉。"即本体、即工夫、即境界的中庸思想，关键点则落在工夫上。有工夫方见本体之效用，因为是"人能弘道"而"非道弘人"；有工夫方见境界之圆成，因为"道行之而成"。《中庸》强调必待其人能够达到至德，而后至道能行，因而《中庸》的思想主旨落在"修道之谓教"上。这里的"修道"强调的是人于事事上磨炼自己的修身实践。《中庸》把人的修身看作是政治实践的前提，在此基础上提出了一种"以人治人"的思考政治哲学的解释原则。

（一）人道与政治

整体而言，儒家是在人道与政治的辩证关系中思考和建构自己的政治哲学的。儒家所谓理解的人道，就字面意思而言，指人应该走的道路。而道路总是与方向联系在一起，这样说来，儒家对人道问题的追索实际上体现了儒家的历史意识：人道实际上就是对人类社会历史发展方向的追问，这其实就是历史哲学。儒家的特点在于，它所理解的人本质上是一种"道德的人"，因此"人道"是对"道德的人及其历史发展"的哲学思考。既然已经意识到是在追问一种历史发展，自然就涉及人的实践问题。儒家把道德人的实践活动归纳为修身、齐家、治国和平天下四件"大事"，而在孔子看来，"修身"即是政治实践活动，特别是政治家的修身正是如此。所以季康子问政于孔子时，孔子对曰："政者，正也。子帅以正，孰敢不正？"（《论语·颜渊》）"齐家"亦是政治实践活动。如有人问孔子："子奚不为政？"孔子回答说："《书》云：'孝乎惟孝，友于兄弟，施于有政。'是亦为政，奚其为为政？"（《论语·为政》）至于治国、平天下，更是最通常意义上的政治实践活动。

就人道与政治的辩证关系而言，孔子提出了两个思考这一问题的基本原则或前提：一是"人道政为大"，主张人道最主要的实践方式是政治；二是"人道敏政"，认为人的自我修身是政治得以有效实现的基本前提。

"人道政为大"的思想出自《礼记·哀公问》。据载：

> 孔子侍坐于哀公。哀公曰："敢问人道谁为大？"孔子愀然作色而对曰："君之及此言也，百姓之德也，固臣敢无辞而对。人道政为大。"

"人道政为大"的说法，强调重点在"政"上，指人道实现的最主要实践方式是政治。"人道政为大"这一原则，体现了儒家对政治的特殊理解：政治的目的不在于惩罚人，而在于成就人，即实现人向着理想人格的自我圆成。这体现在孔子以"正"来定义"政"的内涵上，因为"正"意味着人的端正，基本上是个道德修养的概念。所以朱熹说："政之为言正也，所以正人之不正也。"[①]对于儒家而言，如果说人道是对人之为人的地位的肯定的话，那么，政治就是让人成为人的最基本的实践作为。之所以强调"人道政为大"，是因为"赞同提供保障人之地位的原则，却没有必要的有效行动来支持这种保障，这就完全是一种假惺惺的举动"[②]。

"人道敏政"的思想出自《中庸》。《中庸》中说：

> 哀公问政。子曰："文武之政，布在方策。其人存，则其政举；其人亡，则其政息。人道敏政，地道敏树。夫政也者，蒲卢也。故为政在人，取人以身，修身以道，修道以仁。"

"人道敏政"的说法，强调点则在"人道"上，指政治得以有效落实的根本在于人按照道的要求去行道，即做人。关于这一点，我们可以从朱熹和王夫之的理解中推断出。朱熹在解释"人道敏政"时说："敏，速也。蒲

---

① （宋）朱熹：《四书集注》，凤凰出版社2005年版，第55页。

② ［美］郝大维、安乐哲：《先贤的民主：杜威、孔子与中国民主之希望》，何刚强译，江苏人民出版社2004年版，第149页。

卢，沈括以为'蒲苇'是也。以人立政，犹以地种树，其成速矣，而蒲苇又易生之物，其成尤速也。言人存政举，其易如此。"①王夫之承接朱熹的思路而说："《中庸》全在天理上生节文，故第二十章言'人道敏政'。"其后自注："人道，立人之道，即性也。"②都是在强调政治的根本在于人道。《中庸》"人道敏政"的思想强调"修身是为政之本"，所以其后接着说："知斯三者，则知所以修身；知所以修身，则知所以治人；知所以治人，则知所以治天下国家矣。凡为天下国家有九经，曰：修身也，尊贤也，亲亲也，敬大臣也，体群臣也，子庶民也，来百工也，柔远人也，怀诸侯也。……凡为天下国家有九经，所以行之者一也。凡事豫则立，不豫则废。言前定则不跲，事前定则不困，行前定则不疚，道前定则不穷。在下位不获乎上，民不可得而治矣；获乎上有道：不信乎朋友，不获乎上矣；信乎朋友有道：不顺乎亲，不信乎朋友矣；顺乎亲有道：反诸身不诚，不顺乎亲矣；诚身有道：不明乎善，不诚乎身矣。"可见，《中庸》的逻辑是从修身推导出治天下国家，然后又从治天下国家复归于明善诚身，是在发挥修身为本的思想。牟宗三把这种思想称为"就个体而顺成"，认为这是儒家的最高原则。他说："以人各当身所自有之道以治人，即能使政治简易迅速而易有成功，亦犹顺地道种树而易于成树也。此即所谓'顺成'。政治的最高原则是就个体而'顺成'。"③

由此，"人道政为大"与"人道敏众"构成了人道与政治之间的辩证关系：一方面，人道是政治的本源；另一方面，政治则是人道的工夫。《中庸》侧重于从"人道敏政"的角度建构儒家政治哲学。

（二）"以人治人"：《中庸》政治哲学的思想范式

人，只有人自己，既是政治的出发点，也是政治的归宿。这正是上述"人道敏政"与"人道政为大"两个基本原则试图建构的儒家关于政治的一

---

① （宋）朱熹：《四书集注》，凤凰出版社 2005 年版，第 30 页。
② （清）王夫之：《读四书大全说》，中华书局 1975 年版，第 101 页。
③ 牟宗三：《政道与治道》，吉林出版集团有限责任公司 2010 年版，第 115 页。

种基本信仰。所以,《中庸》在"命—性—道—教"的思想逻辑中提出了一种解释政治问题的思想范式,即"以人治人"。《中庸》说:"故君子以人治人,改而止。忠恕违道不远,施诸己而不愿,亦勿施于人。"王夫之解释"以人治人"这一观念的内涵说:"'以人治人',观乎人而得治人之道也。"① 在王夫之看来,以人治人的观念,并非强调以某一类人来治理所有人的一般意义上的与"法治"相对的一种"人治"思想,而是强调按照对人的真正理解来进行治人实践的一种政治思想。在"以人治人"的政治哲学解释原则中,前一个"人"指的是人的自我理解;后一个"人"指的是人的自我成就。"以人"对儒家学者提出了建构人性论的要求,"治人"则对儒家学者提出了建构政治哲学的要求。"以人治人"作为《中庸》建构政治哲学的解释原则,强调的是以对人的自我理解来指导现实的政治实践,而以更好的现实政治实践而实现人的自我理解。

为什么说这种"以人治人"的解释原则是基于对人的真正理解呢? 因为它思考的出发点是人的真正需要,这可以由上述所引那句话中的"愿"这个概念表现出来。"愿"是人对自己真正需要什么的内心思索,而这种思索的结果可以成为行为规范,即"施诸己而不愿,亦勿施于人"。自己的"愿"和"不愿"如何具有成为行为尺度的地位? 这里的"愿"是真正体现人的意欲所向的一种"愿"。"愿"是理想,"愿"是志向,"愿"是心之所可欲的那些东西。人所"愿"的东西是什么? 就是"仁"。孔子说:"故为政在人,取人以身,修身以道,修道以仁。""仁"是人之为人的本质所在,也是人之为人的本性,人对"仁"的渴望完全是发自内心的一种生命诉求和冲动渴望。

在这里,对人真正需要的理解意味着一种人性的自我理解。事实上,儒者在思考自己的政治哲学主张时,都是将其放在一种人性论的考虑之上的。《中庸》按照"以人治人"的解释原则思考政治哲学的构建问题,实质上涉及追问"政治的人性基础"问题。这一问题包含着"政治奠定于什么样的人性根基之上?""政治应该成就怎样的人格?"等更具体的问题。我们如何理

---

① (清)王夫之:《读四书大全说》,中华书局 1975 年版,第 106 页。

解人，决定了我们将选择一种什么样的政治实践方式。对人性的不同理解将决定对政治的不同要求和期待，由此开启了儒家传统中孟子和荀子两条不同的解释路径。

在孟子这里，他对"政治的人性基础"问题的思考，可以由这样一句话总结概括，即"孟子道性善，言必称尧、舜"（《孟子·滕文公上》）。前面讲到孟子时，我们已经分析指出，孟子期待的最好的政治是尧、舜等先王所代表的王道仁政，所以"言必称尧、舜"。对于孟子而言，他认为王道仁政的政治理想是完全有可能实现的，因为它基于的是人人皆有恻隐之心这一人性事实本身。既然人性本善，只要能够创造良好的社会环境使人能够按照自己的本性去行动，这样良好有序的共同体社会自然就会形成，"以善养人"的政治目的也就完成了。在孟子看来，"善"虽然源自人的本性，但"善"的实现关键却在于人能够自觉到这种"善"并努力扩而充之。这种自觉的实现则需要文化的教养。

对于荀子而言，他对"政治的人性基础"问题的思考，可以用"人之性恶，其善者伪也"（《荀子·性恶》）这一句话来概括。前面分析荀子思想时，我们已经指出，荀子人性恶理论的重点在于强调，人人都有一些基于生命肉体的生理欲望如"饥而欲食""寒而欲衣""劳而欲休"等，如果顺从这些欲望，将会导致人与人之间出现"争夺生而辞让亡"的战争状态。因此，为了对抗人性的这种自然趋向，我们就需要创造出能与这种人性趋向（恶）相对抗的东西来改造这种人性趋向。这种东西就其属性而言应该是"善"的，因为"善"被期望为对抗人性的自然趋向即恶的。所以，形成"善"的根本原因就不在人性的自然趋向中，而在人对抗自己人性欲望的生活实践中。生活实践就是文化。在荀子看来，"善"是人为创造的结果，即"善"是文化孕育而生的。文化是人的实践，因而"善"体现着人的尊严和伟大。由此而言，只有不断地推进文化的更好发展，才能让人不断地远离人性的自然趋向。对于荀子而言，善的实现关键在于人自己能够创造出对自己最负责任的文化，所以荀子特别强调文化的力量。

孟子和荀子虽然在人性问题上有很大的差别，但最终都指向对文化的憧憬。在这一问题上，孟子和荀子的思想与其说是存在着差异，不如说是一个硬币的两面：现实的人既有向善的可能性，也有向恶的可能性，这就要求文化承担着既能惩恶也能扬善这样两项根本任务。从儒家"礼乐刑政"的文化分类中可以看出这一点。

事实上，对于孟子和荀子而言，他们都未超出孔子对这一问题的思考。在《论语》中，孔子谈到了人性与政治的关系问题，这就是"性相近，习相远"的思想。在我们看来，人性思考的是人的自然状态问题，在中国哲学中主要表现为"性"的问题，而政治思考的是人的文化教养问题，在中国哲学中主要表现为"习"的问题。孔子的这一思想开启了这样的问题意识：人的自然状态与文化教养之间应该是一种什么样的关系？孟子和荀子思想的差别，正在于对人性的自然状态的不同理解：孟子把人的自然状态理解为是"善"的始端，因而把回归自然人性看作是最理想的观念；荀子把人的自然状态理解为"恶"的始端，因而主张沿着发展人类文化创造力的方向而超越自然人性。基于此，他们虽都指向对文化的憧憬，但期望却各不相同：孟子期望文化能够存养人的自然状态，所以主张文化与自然的和谐；荀子期望文化能够变化人的自然状态，所以主张文化与自然的冲突。无论是和谐还是冲突，他们的思考都未超出孔子的"性/习"之模式。孔子虽未明确地说人性是善还是恶，却特别强调人性平等，这正是"性相近"的基本内涵。既然人性平等，那么，让人与人之间出现不平等现象的，自然就是人为实践的结果，所以说"习相远"。于儒家而言，最大的"习"就是政治。因此，一方面，孔子意识到政治是实现人的自我发展的最主要方式，指出"人道政为大"；另一方面，孔子也意识到政治的过度发展有损害人性的可能，所以强调人性对于政治的前提和基础性意义，指出"人道敏政"。需要着重指出的是，孔子关心的不是政治的人性基础到底是性善还是性恶的理论思辨问题，而是政治的实践能否将人养育成有德之人的现实实践问题。所以在自然与文化即"性"与"习"的关系上，孔子既主张存在"相胜"的冲突关系，也主张要求取"彬彬"关系的和谐。孔子说："质胜文则野，文胜质则史。文质彬彬，然后君子。"（《论语·雍也》）朱熹解释"彬彬"的内涵说："犹班班，物相杂而适均之貌。"① 显然，孔子在"彬彬"的关系模式中理解文与质的相胜而和谐之关系。

《中庸》指出："凡为天下国家有九经，曰：修身也，尊贤也，亲亲也，敬大臣也，体群臣也，子庶民也，来百工也，柔远人也，怀诸侯也。"在这九经中，以修身为最基础性的事业，也是最根本的事业，"修身则道立"。"修身"，对于政治家而言，是让自己的道德能够配得上自己的职位；对于民众而言，是让自己成为共同体的组成要素，参与共同之善的培育之中。对于政治家而言，艾伦·布卢姆说："政体的缔造者首先必须塑造政体所属的人民。"② 这涉及政治的教化维度。儒家就是一种教化的政治。《礼记·学记》中说："君子如欲化民成俗，其必由学乎。玉不琢，不成器。人不学，不知道。是故古之王者，建国君民，教学为先。"民众为什么需要学？就是学习如何成为这种政体所需要的人民。这是政治哲学思考的问题。政治哲学为什么必须建立在人性论的基础上？因为在塑造政体所需要的人民之前，需要有从事这一项人类教化工程的思想图纸。对人性问题的追问就是在描绘这样一种图纸。所以《中庸》说："其人存，则其政举；其人亡，则其政息。"中国哲学对"人"的理解，按照牟宗三的说法，人虽有限而可无限。由此，就实践而言，这一人的自我理解理论的基本要求就是如何克服人的有限性而引导人走向无限。对于现实的人的具体实践而言，其首要的问题是人如何克服自己的有限性。这种有限性，我们是通过自我反思的人性论探讨出来的。因而，荀子相较于孟子，其"人之性恶，其善者伪也"的政治思想更具有现实实践的可操作性，他对文化的强调更切近孔子重视"斯文"的精神。

概言之，《中庸》"以人治人"的解释原则思考的是人性与政治的关系问题。如何理解人性？人性问题指的是人的自然状态问题。这里的"自然状态"指的是未经文化教养而变化的人，生而就有的品格或行为。如何理解政治？政治就是体现着人的创造力的一种文化活动。就人性论与政治的关系而言，

---

① （宋）朱熹：《四书集注》，凤凰出版社 2005 年版，第 93 页。

② ［美］艾伦·布卢姆：《美国精神的封闭》，战旭英译，译林出版社 2011 年版，第145 页。

人性论决定了政治的基本精神及其建构方向，而政治的实践决定了人性论能够被实现的程度。对儒家而言，人性论是政治哲学的根基。这意味着我们对人性的思考将决定我们对政治的思考。儒家在人性论问题上的思想纷争，实质上提供的是人对自我进行更加全面的认识，这种认识反过来会促使我们更全面地理解政治问题。

（三）重建政治哲学的人性根基

《中庸》提出的"以人治人"这一理解政治哲学的解释原则，对我们最重要的启发意义在于它引导我们将对政治的思考指向更为根本的人性论问题。为什么把对人性问题的思索看作是政治哲学建构中更根本的问题呢？

当我们将目光投向儒家政治思想史，在儒家政治哲学思想发展的内在逻辑中审视"人性"与"政治"的关系问题时，我们发现了在今天理解儒家政治哲学的两个基本的思想前提：

第一个前提是人性平等的自我理解理论。自两汉之际传入中国的佛教，在人性论上对中国哲学的最大刺激就是它的"众生平等"的佛性论主张。这一主张认为人人皆有佛性，人人皆可成佛。由此，无论是在过去还是在未来的视野中，人人都是平等的——尽管现实人与人之间存在着不平等，但这既不是起点，也不是终点，而只是人类发展过程中需要克服的低谷。与此相对应的儒家哲学，汉唐时期所流行的人性论是以董仲舒、韩愈为代表的"性三品说"，这一人性理论将人先天地分为上性、中性和下性之人，这三类人之间具有先验的不平等性，即在"性三品说"看来，人是生而不平等。当理论上的不平等成为人们的普遍共识时，对于现实的不平等就会视为当然。在古印度，主张众生平等的佛性理论主要是针对婆罗门教的种姓不平等制度的批评，那么当批判不平等的佛教思想传入中国以后，对这样的"性三品说"自然就会构成挑战和批评。由此，受佛教之刺激而兴起的宋明理学，在对人性的理解上，自然不能再回到汉唐时期主张不平等的性三品说，所以，整个宋明理学试图通过"道德的形而上学"的建构而完成一种主张人性平等的自我理解理论。就人性与政治的分析模式来重新理解儒学，宋明理学的兴起是儒家哲学实现的一次思想的启蒙。此次思想启蒙的高峰是主张"满街都是圣人"的阳明心学的出现。这次宋明理学所实现的启蒙，是由主张人类自然状态的不平等转为承认人类自然状态的平等的一场人性论的思想启蒙。

第二个前提是现实的政治实践应以实现人人平等作为它的基本追求之一。阳明心学只是完成了一种人性平等的心性论建构，并未将对平等的要求转向对现实不平等政治制度的批评。思想上的启蒙召唤政治上的启蒙。理论上的人性平等呼吁，作为一种思想之光，必然会照进现实，因而呼唤现实政治关系的平等，由此激发了对现实政治不平等的批评。这一批评最初由明末清初的顾炎武、黄宗羲和王夫之所发出，主要集中在对封建君主专制制度的批评，所以这些知识分子被视为具有与西方启蒙运动相似的"启蒙"特征。主张平等的人性理论所呼唤的政治哲学应该是反对极权主义的。在当时的历史时期，就是反对君主专制制度。在此意义上，明末清初的三大启蒙思想家的出现是宋明理学所实现的思想启蒙在政治哲学领域的延续。但这一始于知识分子的现实政治批判思潮随着清王朝的建立而逐渐式微，并未引领一种真正的现实政治变革。而随着西学东渐，特别是两次鸦片战争打开古老中国的大门的同时，也刺激有识之士开始"开眼看世界"，在学习西方的过程中，儒家哲学也开始了自我更新的发展。按照牟宗三的"儒学三期发展"说，儒学的第三期发展也就是儒学的现代新开展，基本任务是本内圣之学而开新外王。所谓"新外王"，简言之就是"民主"和"科学"；而所谓"内圣"，指的是宋明理学所建构的道德的形而上学。何以本传统的"内圣"之学能够开出民主与科学的"新外王"呢？这是因为，宋明理学所建构道德的形上学，是一种主张人人都能成圣的成德之教，在人的自我理解中蕴含着追求平等的思想，但却没有建立与之相符的实现这种人道之"教"的"化的手段"，此时儒家所依据的化的手段还是汉唐以来的封建礼法制度。所以牟宗三主张儒学的第三期发展是开出"新外王"的问题，即建设儒家式民主的问题。如果说支撑"民主"制度的最基本的理论前提之一是人的平等思想的话，那么，宋明理学的人性理论事实上已经开始建构人的平等理论，其所欠缺者是没有发展出与之相适应的现实政治制度，这成为现代儒学的基本任务。这也意味着，儒家对民主政治的追求，虽然受到了西方的刺激，但理论上却是源自自家思想发展的内在逻辑之要求。自由、平等和民主等现代政治价值，不是因为它们最先在西方实践就是西方的，而我们追求这样的价值就是否定自己的传统。如果把传统看作是开放的、动态的、创造性的中国人的实践过程，对民主的追求恰恰也正是中国哲学自身发展逻辑所要求的现实任务。

当政治哲学成为儒学研究的基本典范时，我们需要充分发挥我们的想象力来构建一种关于未来儒家政治哲学的思想愿景，那么，上述两个基本原则应该成为我们思考这一问题的思想起点。今天，当我们再在"人性"与"政治"的关系中重新理解儒家政治哲学时，我们的基本判断是：自佛教传入中国以后，在人性论上理解儒家，我们应把儒家看作是人性平等思想的拥护者；自西学东渐以来，在政治哲学上理解儒家，我们应把儒家看作是任何形式的集权主义的反对者。由此，把儒家哲学的每一次发展看作是儒学受到外来思想的极大刺激后而自觉实现的自我更新。佛教的传入让我们对人性在平等与不平等的问题上有了新的思考。西方政治哲学传入中国，启发我们在个体与社群之关系的问题上重新思考人性——人的自我理解问题。郝大维、安乐哲指出，西方存在着两种互相对立的理解民主的基本模式，即以权利为基础的自由主义民主和以共同善为基础的社群主义民主。这两种民主模式的根本理论差别之一在于对人的自我理解上：对于自由主义民主而言，它所强调的人是原子式的独立自主的个人，这样"在自由主义的民主理论中，权利是由个人而不是共同体来承担的。美好生活的构建基本上是个人的责任，因为个人拥有自主意志，完全可以自由选择其生活的目标"①；而在社群主义民主看来，组成共同体的个人是由独特的社会关系和公认的角色构成的，"这就意味着这样来理解个人：他决不与共同体的具体环境分离，在这个环境里，人

---

① ［美］郝大维、安乐哲：《先贤的民主：杜威、孔子与中国民主之希望》，何刚强译，江苏人民出版社 2004 年版，第 47 页。

们又是以经验的集中者而出现的"①。在这样理解的基础上，郝大维、安乐哲认为，儒家民主的希望更接近于社群主义民主模式，而非以权利为基础的自由主义民主模式，因为在他们看来，儒家和社群主义在人的理解上具有共同点，即人都是"具体语境下的人"，因而"在传统儒家的态度中有许多是向着共同体生活的，它们推动了一种强健的、可承受的甚至是宗教上强化的民主概念"②。郝大维、安乐哲的分析也推动我们去思考这样一个问题：当我们把儒学看作是"先贤的民主"时，我们能够找到哪些支撑民主制度的儒家态度呢？这一思考的取径之一就是重新理解人，这就回到了《中庸》的启示——"以人治人"。

---

① 〔美〕郝大维、安乐哲：《先贤的民主：杜威、孔子与中国民主之希望》，何刚强译，江苏人民出版社2004年版，第64页。

② 〔美〕郝大维、安乐哲：《先贤的民主：杜威、孔子与中国民主之希望》，何刚强译，江苏人民出版社2004年版，第110页。

主要参考文献

陈登元：《荀子哲学》，上海三联书店 2014 年版。

陈赟：《中庸的思想》，浙江大学出版社 2017 年版。

陈鼓应：《老子今注今译》，商务印书馆 2003 年版。

陈鼓应：《庄子今注今译》，商务印书馆 2007 年版。

陈来：《古代宗教与伦理：儒家思想的根源》，生活·读书·新知三联书店 2009 年版。

陈来：《论道德的政治——儒家政治哲学的特质》，《天津社会科学》2010 年第 1 期。

陈嘉映主编：《教化：道德观念研究》，华东师范大学出版社 2009 年版。

蔡仁厚：《孔孟荀哲学》，台湾学生书局 1984 年版。

蔡仁厚：《中国哲学史》，台湾学生书局 2009 年版。

陈文洁：《荀子的辩说》，华夏出版社 2008 年版。

[德] 哈贝马斯：《交往与社会进化》，张博树译，重庆出版社 1989 年版。

[德] 海德格尔：《形而上学导论》，熊伟、王庆节译，商务印书馆 1996 年版。

[德] 黑格尔：《精神现象学》，贺麟、王玖兴译，商务印书馆 1996 年版。

[德] 卡尔·雅斯贝斯：《历史的起源与目标》，魏楚雄、俞新天译，华夏出版社 1989 年版。

[德]诺贝特·埃利亚斯：《个体的社会》，翟三江、陆兴华译，译林出版社 2003 年版。

[德] 尼采：《论道德的谱系》，周红译，生活·读书·新知三联书店 1992 年版。

杜维明：《儒学第三期发展的前景问题：大陆讲学、答疑和讨论》，生活·读书·新知三联书店 2013 年版。

杜维明：《中庸：论儒学的宗教性》，生活·读书·新知三联书店 2013 年版。

杜维明：《东亚价值与多元现代性》，中国社会科学出版社 2001 年版。

杜维明：《道、学、政：论儒家知识分子》，钱文忠、盛勤译，上海人民出版社 2000 年版。

杜维明：《儒家传统与文明对话》，彭国翔编译，河北人民出版社 2006 年版。

恩伯莱、寇普编：《信仰与政治哲学——施特劳斯与沃格林通信集》，谢华育、张新樟等译，华东师范大学出版社 2007 年版。

［法］爱弥尔·涂尔干：《道德教育》，陈光金、沈杰、朱谐汉译，上海人民出版社2006年版。

［法］卢梭：《论人与人之间不平等的起因和基础》，李平沤译，商务印书馆2007年版。

［法］米歇尔·福柯：《主体解释学——法兰西学院演讲系列1981—1982》，佘碧平译，上海人民出版社2010年版。

方东美：《中国哲学之精神及其发展》，匡钊译，中州古籍出版社2009年版。

费孝通：《反思·对话·文化自觉》，《北京大学学报（哲学社会科学版）》1997年第3期。

冯友兰：《中国哲学简史》，北京大学出版社1985年版。

冯友兰：《中国哲学史》，华东师范大学出版社2000年版。

傅伟勋：《从西方哲学到禅佛教》，生活·读书·新知三联书店1989年版。

郭沫若：《郭沫若全集·历史编》第一卷，人民出版社1982年版。

［韩］林孝宣：《从孟、荀看战国儒家政治文化之演进》，《天津师范大学学报（社会科学版）》2002年第5期。

贺麟：《文化与人生》，商务印书馆1988年版。

黄寿祺、张善文：《周易译注》，上海古籍出版社2004年版。

康香阁、梁涛主编：《荀子思想研究》，人民出版社2014年版。

康有为：《康有为大同论二种》，朱维铮编校，中西书局2012年版。

克莱恩、艾文贺编：《荀子思想中的德性、人性与道德主体》，陈光连译，东南大学出版社2016年版。

李景林：《教化的哲学——儒学思想的一种新诠释》，黑龙江人民出版社2006年版。

李泽厚：《美学三书》，天津社会科学院出版社2003年版。

李泽厚：《中国古代思想史论》，天津社会科学院出版社2004年版。

梁启超：《梁启超全集》，北京出版社1999年版。

梁启超：《先秦政治思想史》，东方出版社1996年版。

梁漱溟：《东西文化及其哲学》，商务印书馆1999年版。

梁漱溟：《人心与人生》，上海人民出版社2011年版。

刘述先：《理想与现实的纠结》，吉林出版集团有限责任公司2011年版。

刘述先：《儒家思想的转型与展望》，河北人民出版社2010年版。

楼宇烈：《荀子礼乐论发微》，《传统文化与现代化》1994年第3期。

吕思勉：《先秦学术概论》，岳麓书社2010年版。

罗国杰：《罗国杰自选集》，中国人民大学出版社2007年版。

（明）陈继儒等：《小窗幽记》（外二种），上海古籍出版社2000年版。

（明）刘宗周：《刘宗周全集》，浙江古籍出版社2012年版。

（明）王守仁撰，王晓昕译注：《传习录译注》，中华书局2018年版。

［美］A.J.赫舍尔：《人是谁》，隗仁莲、安希孟译，贵州人民出版社2009年版。

［美］E.希尔斯：《论传统》，傅铿、吕乐译，上海人民出版社 1991 年版。

［美］艾伦·布卢姆：《美国精神的封闭》，战旭英译，译林出版社 2007 年版。

［美］安靖如：《当代儒家政治哲学》，韩华译，江西人民出版社 2015 年版。

［美］本杰明·史华兹：《古代中国的思想世界》，程钢译，江苏人民出版社 2008 年版。

［美］大卫·库尔珀：《纯粹现代性批判——黑格尔、海德格尔及其以后》，臧佩洪译，商务印书馆 2004 年版。

［美］汉娜·阿伦特：《过去与未来之间》，王寅丽、张立立译，译林出版社 2011 年版。

［美］汉娜·阿伦特：《人的条件》，竺乾威等译，上海人民出版社 1999 年版。

［美］郝大维、安乐哲：《汉哲学思维的文化探源》，施忠连译，江苏人民出版社 1999 年版。

［美］郝大维、安乐哲：《先贤的民主：杜威、孔子与中国民主之希望》，何刚强译，江苏人民出版社 2004 年版。

［美］赫伯特·芬格莱特：《孔子：即凡而圣》，彭国翔、张华译，江苏人民出版社 2002 年版。

［美］亨利·戴维·梭罗：《瓦尔登湖》，徐迟译，外文出版社 2014 年版。

［美］克里斯蒂娜·科尔斯戈德：《规范性的来源》，杨顺利译，上海译文出版社 2010 年版。

［美］克里斯托弗·博姆：《道德的起源——美德、利他、羞耻的演化》，贾拥民、傅瑞蓉译，浙江大学出版社 2015 年版。

［美］理查德·J.伯恩斯坦：《根本恶》，王钦、朱康译，译林出版社 2015 年版。

［美］列奥·施特劳斯：《霍布斯的政治哲学》，申彤译，译林出版社 2012 年版。

［美］罗伯特·所罗门：《哲学的快乐：干瘪的思考 vs.激情的生活》，陈高华译，广西师范大学出版社 2015 年版。

［美］施特劳斯：《什么是政治哲学》，李世祥等译，华夏出版社 2014 年版。

［美］托马斯·内格尔：《人的问题》，万以译，上海译文出版社 2004 年版。

《马克思恩格斯选集》第 1 卷，人民出版社 1995 年版。

孟宪承等编：《中国古代教育史资料》，人民出版社 1961 年版。

牟宗三：《历史哲学》，吉林出版集团有限责任公司 2010 年版。

牟宗三：《生命的学问》，广西师范大学出版社 2005 年版。

牟宗三：《宋明儒学的问题与发展》，华东师范大学出版社 2004 年版。

牟宗三：《心体与性体》，吉林出版集团有限责任公司 2013 年版。

牟宗三：《政道与治道》，吉林出版集团有限责任公司 2010 年版。

牟宗三：《中国哲学的特质》，吉林出版集团有限责任公司 2010 年版。

牟宗三：《中国哲学十九讲》，上海古籍出版社 2005 年版。

彭华选编：《王国维儒学论集》，四川大学出版社 2010 年版。

（清）戴震撰，张岱年主编：《戴震全书》，黄山书社 1995 年版。

（清）黄宗羲：《明儒学案》，中华书局 2008 年版。

（清）黄宗羲：《宋元学案》，中华书局 1986 年版。

（清）李绂：《朱子晚年全论》，中华书局 2000 年版。

（清）潘平格：《潘子求仁录辑要》，中华书局 2009 年版。

（清）王夫之：《船山全书》，岳麓书社 1996 年版。

（清）王夫之：《读四书大全说》，中华书局 1975 年版。

（清）王夫之：《张子正蒙注》，中华书局 1975 年版。

（清）王先谦：《荀子集解》，中华书局 2013 年版。

钱穆：《中国思想通俗讲话》，生活·读书·新知三联书店 2013 年版。

阮元校刻：《十三经注疏》，上海古籍出版社 1997 年版。

[日]沟口雄三、小岛毅主编：《中国的思维世界》，孙歌等译，江苏人民出版社 2006 年版。

[瑞士]耿宁：《心的现象——耿宁心性现象学研究文集》，倪梁康、张庆熊、王庆节 等译，商务印书馆 2012 年版。

隋思喜：《礼乐的没落与重光——追寻儒家和谐秩序的生命韵律》，《孔子研究》2016 年第 3 期。

隋思喜：《唐宋〈老子〉注诠释宗旨的转型研究》，《兰州学刊》2013 年第 11 期。

（宋）陈淳：《北溪字义》，中华书局 1983 年版。

（宋）程颢、程颐：《二程集》，中华书局 1981 年版。

（宋）黎靖德编：《朱子语类》，中华书局 1986 年版。

（宋）陆九渊：《陆九渊集》，中华书局 1980 年版。

（宋）赜藏主编集：《古尊宿语录》，中华书局 1994 年版。

（宋）张载：《张载集》，中华书局 1978 年版。

（宋）朱熹：《四书集注》，凤凰出版社 2005 年版。

谭嗣同：《仁学》，吴海兰评注，华夏出版社 2002 年版。

吴光等编校：《王阳明全集》，上海古籍出版社 1992 年版。

吴震：《〈传习录〉精读》，复旦大学出版社 2011 年版。

熊十力：《读经示要》，岳麓书社 2013 年版。

熊十力：《熊十力论学书札》，刘海滨编，上海书店出版社 2009 年版。

[西班牙]费尔南多·萨瓦特尔：《哲学的邀请》，林经纬译，北京大学出版社 2014 年版。

[西班牙]何塞·奥尔特加-加塞特：《哲学是什么》，谢伯让、高慧涵译，电子工业 出版社 2013 年版。

徐复观：《中国艺术精神》，华东师范大学出版社 2001 年版。

许纪霖、宋宏编：《现代中国思想的核心观念》，上海人民出版社 2010 年版。

杨伯峻：《论语译注》，中华书局 1958 年版。

杨伯峻:《孟子译注》,中华书局 1960 年版。

杨国荣:《善的历程——儒家价值体系研究》,华东师范大学出版社 2009 年版。

[意] 伊塔洛·卡尔维诺:《为什么读经典》,黄灿然、李桂蜜译,译林出版社 2006 年版。

[英] 爱德华·克雷格:《哲学的思与惑》,曹新宇译,译林出版社 2008 年版。

[英] 霍布斯:《利维坦》,黎思复、黎廷弼译,商务印书馆 1985 年版。

[英] 齐格蒙·鲍曼:《生活在碎片之中——论后现代道德》,郁建兴、周俊、周莹译,学林出版社 2002 年版。

余英时:《士与中国文化》,上海人民出版社 1987 年版。

张君劢:《新儒家思想史》,中国人民大学出版社 2006 年版。

朱杰人等编:《朱子全书》,上海古籍出版社、安徽教育出版社 2002 年版。

宗白华:《美学与意境》,人民出版社 1987 年版。

后　记

美国学者赫钦斯认为，教育的一个重要使命就是把过去的文化传统和伦理美德传递下去，而不是将它们遗忘在历史的角落，所以他倡导经典阅读，认为"经典名著是普通教育必不可少的组成部分"。事实上，经典阅读正越来越为各高校的哲学专业教育所重视。设计此书的初衷是为东北师范大学哲学院的本科生学习中国哲学经典著作提供一本思想性的参考教材。

东北师范大学哲学院为自己的专业学生开设了一门课程，叫作"中国哲学经典著作选读"。之所以将课程的名称定为"选读"，我们的意图是对可以视为基础性和根源性的核心经典著作进行精读。最初的设计是选择先秦儒道两家的经典著作，按照道家重"自然"精神，儒家重"文化"精神，在儒道互补的思想格局中对这些经典著作作思想性的导读，但限于学力和时间，最终呈现出来的主要是对《论语》《孟子》《荀子》《大学》《中庸》五部经典的思想解读。至于《老子》和《庄子》，则希望在以后学力长进和时间充裕的时候能够完成。作为先秦儒家经典的导读性作品，本书的目的是引导性的。所谓引导性的目的，指它的意图不是提供有关古典儒家经典思想的所谓"标准解释"，而是提供一种如何理解与诠释经典的个性化视角，希望能够激起阅读者的思想波澜。

任何一项作品的问世往往都是因缘和合的产物。对于帮助这一著作使之能够呈现在读者面前的因缘助力，在此表达真诚的谢意。感谢马克思主义学部提供的出版经费支持。感谢哲学院的同事们在学术上相互切磋琢磨而给予灵感启发。感谢王绍雷、武萌、邱墨、徐硕、王瑞雪、苏杭和赵禹等研究生的帮助。最后，真诚地希望学界同仁能够对本书提出宝贵的批评意见。

责任编辑：张　燕
封面设计：徐　晖
责任校对：黄常委

图书在版编目（CIP）数据

先秦儒家经典的理解与诠释／隋思喜 著 . — 北京：人民出版社，2021.10
ISBN 978 - 7 - 01 - 022696 - 5

I.①先⋯　II.①隋⋯　III.①儒家 – 哲学思想 – 研究 – 中国 – 先秦时代
　IV. ① B222.05

中国版本图书馆 CIP 数据核字（2020）第 233033 号

先秦儒家经典的理解与诠释
XIANQIN RUJIA JINGDIAN DE LIJIE YU QUANSHI

隋思喜　著

人民出版社 出版发行
（100706　北京市东城区隆福寺街 99 号）

中煤（北京）印务有限公司印刷　新华书店经销

2021 年 10 月第 1 版　2021 年 10 月北京第 1 次印刷
开本：710 毫米 ×1000 毫米 1/16　印张：16.25
字数：246 千字

ISBN 978 - 7 - 01 - 022696 - 5　定价：65.00 元

邮购地址 100706　北京市东城区隆福寺街 99 号
人民东方图书销售中心　电话（010）65250042　65289539